LE DERNIER EFFORT

DE

LA VENDÉE

VICOMTE A. DE COURSON

LE DERNIER EFFORT

DE

LA VENDÉE

(1832)

D'après des documents inédits

PARIS
ÉMILE-PAUL, ÉDITEUR
100, RUE DU FAUBOURG-SAINT-HONORÉ, 100
PLACE BEAUVAU

1909
Tous droits réservés

LE
DERNIER EFFORT DE LA VENDÉE

CHAPITRE I

La Vendée en 1830. — Formation des bandes de réfractaires. — État d'esprit de l'armée. — Cantonnements et visites domiciliaires. — Tracasseries, cruautés et assassinats. — La vérité sur les chouans de 1830.

A peine installé au pouvoir, le gouvernement de Louis-Philippe avait été hanté par la crainte d'un soulèvement en Vendée, et tout de suite il avait inondé les campagnes de policiers, offrant aux délateurs les récompenses les plus tentantes. Le 3 novembre 1830, le général Pinoteau[1], rappelé à l'activité en sa qualité de vieux débris républicain, écrit au général Lamarque, com-

---

[1]. Chef de bataillon commandant l'arrondissement de Fougères en 1799. Colonel à Rennes en 1804. Officier médiocre, mais jacobin avancé, il trouvait Bonaparte trop modéré, et il prit part à la conjuration de Bernadotte. Arrêté, puis relâché quelque temps après, il se retira à Ruffec. En 1808, Napoléon passant dans cette ville, Pinoteau obtint d'être réintégré dans l'armée. Il fit la campagne d'Espagne et fut nommé général de brigade en 1811. Mis en non-activité en 1815, il fut exhumé par Louis-Philippe en 1830, et définitivement retraité au mois de mai 1832. (Voir, concernant cet officier, *les Insurrections Normandes*, de M. de la Sicotière, et *Un Chouan, le Général du Boisguy*, par le vicomte de Pontbriand. Il en est également parlé dans Marbot, dans les *Pacifications* de Chassin, et aussi dans le *District de Fougères*, par Lemas.)

mandant en chef les divisions de l'Ouest, que l'on fait bonne garde sur la côte et que les *carlistes* ne paraissent pas avoir réussi à débarquer des armes. Le 29 du même mois, le chef de la 13ᵉ division à Nantes, le général Dumoustier (protestant et franc-maçon) adresse au même Lamarque une lettre dans laquelle il lui communique une note d'un délateur, officier d'infanterie à Fontenay-le-Comte, où sont dénoncés un certain nombre d'habitants du pays : M. d'Orfeuille, Mgr Soyer, évêque de Luçon, l'abbé Chantreau, M. Raison, avocat, M. Tendron de Vassé et M. Benjamin de Maynard. Les tracasseries perpétuelles, les abus de pouvoir des nouveaux fonctionnaires, les déprédations et les excès de la troupe, et surtout de la gendarmerie, devinrent tels que la Vendée sortit enfin de la stupeur où l'avaient plongée la révolution de Juillet et la fuite éperdue de la famille royale.

« Lorsque Charles X se laissa conduire à la terre d'exil, écrit l'historien Johanet[1], la Vendée fut

---

[1]. Cet historien a écrit l'histoire des événements de 1832 presque sous la dictée de MM. de Goulaine et Benjamin de Goyon, et de leurs amis qui voulaient se venger des railleries des partisans de Charette au sujet de leur trop grande tiédeur au moment du soulèvement; son récit est d'une partialité flagrante, il contient de graves inexactitudes, avec des lacunes volontaires quand il s'agit de rapporter quelque trait à l'honneur des royalistes d'action. Cependant, comme M. Johanet défendit en tant qu'avocat un grand nombre de paysans devant la cour d'assises, il connaît mieux que personne tout ce qui touche les réfractaires; c'est pourquoi nous invoquerons fréquemment son témoignage dans le présent chapitre.

contrainte d'imiter sa résignation, car elle fut à la fois saisie d'étonnement et de douleur, et on n'en appela pas à son dévouement. Elle ne put songer à improviser une insurrection en faveur d'un trône qu'une tempête de trois jours avait renversé ; mais si, à cette époque, Charles X se fût jeté dans cette fidèle contrée, elle eût encore tout sacrifié pour sa cause.....

« Paris vit l'émeute parcourir ses rues, renverser les croix, démolir et profaner les temples et répandre une terreur telle que la royauté elle-même lui fit une étrange concession en effaçant les fleurs de lis sur ses armoiries et sur son écusson. Cette capitale corrompue, que la monarchie et la religion ne touchaient guère, oublia tous ces désordres lorsque la tranquillité fut un instant rétablie. Dans un pays, au contraire, où la religion et la légitimité avaient leurs signes et leurs monuments presque à chaque pas, où le seul nom de *République*, que les événements de Paris avaient pour but avoué, est un sujet d'effroi général et pour ainsi dire un appel aux armes, de si révoltantes mesures irritèrent les habitants, et il était facile de le prévoir. Bientôt la destruction des croix qui présidaient à la culture des champs, la proscription des cérémonies du culte, les visites domiciliaires dans les châteaux de leurs bienfaiteurs servirent de texte à leurs plaintes trop légitimes. Alors l'espionnage, les dénonciations, les menaces d'emprisonnement furent à l'ordre du jour. Il se trouva, dans chaque village, des hommes que leurs services dans les premières guerres et les regrets qu'ils osaient manifester rendirent suspects, à ce point que, pour éviter une arrestation, ils se crurent obligés de quitter leur domicile; ils errèrent çà et là, se cachant avec soin pour se soustraire aux poursuites dirigées contre eux. Ils furent bientôt rejoints par des réfractaires.....

« Tout à coup le désarmement général fut ordonné et devint la cause de l'accroissement subit des premières bandes. Un grand nombre de vieux guerriers d'autrefois et de jeunes gens, qui n'avaient point encore pensé à prendre part à la chouannerie, ne purent voir sans colère les soldats et les gendarmes venir, au nom de la loi, enlever à la cheminée de leurs chaumières ces *fusils d'honneur*, véritables trophées de la famille. Ils ne s'en tinrent pas à une résistance que la force seule maîtrise, leurs discours retracèrent amèrement leur juste indignation.

« Dès lors on incrimina leurs larmes, on trouva leurs plaintes séditieuses, et, dans la certitude d'une arrestation, ils allèrent grossir la bande voisine, préoccupés avant tout d'une pensée, ou plutôt d'une résolution que leur énergique franchise n'a pas dissimulée devant les cours d'assises, celle de braver la mort pour reprendre ces mêmes fusils, leurs titres de noblesse et leurs brevets de gloire héréditaire. Tel est impartialement l'historique de l'origine des bandes; la cause de leur continuation est dans la conduite du gouvernement avec elles. »

La Révolution poursuivit méthodiquement son œuvre de haine en Vendée ; les agents que Montalivet et Casimir Périer envoyaient dans l'Ouest organisèrent un système de vexations qui, selon l'expression très juste de Crétineau-Joly, auraient épuisé la patience d'un martyr. Des bandes de faux chouans recrutés par l'autorité militaire parmi les soldats et les gendarmes, et souvent dans les prisons et dans les bagnes même, parcouraient le pays, se faisant poursuivre mollement par leurs compères de la gendarmerie, suivant un programme tracé d'avance par les officiers de cette arme avec l'approbation des généraux commandant les subdivisions territoriales. Ces *chouans de contrebande*[1] avaient pour mission de commettre toutes sortes de méfaits au cri de « Vive Henri V ! » Comme leurs devanciers de 93, ils s'efforçaient de déshonorer la chouannerie en semant des médailles et des scapulaires partout où un mauvais coup venait de se commettre. Les journaux *libéraux*, payés par le gouvernement pour mentir (le mensonge est l'arme par excellence de la Révolution), publiaient des articles émus sur les prétendues atrocités commises par les chouans, plaignaient le triste sort

---

1. Nous faisons allusion ici à une lettre où le général républicain Krieg se plaint au représentant Ballet des galériens travestis en paysans qu'on envoie en Bretagne pour déshonorer la chouannerie, et où il demande qu'on sabre « ces chouans de contrebande », dont l'opinion n'est pas dupe.

des *infortunées victimes* des *carlistes*, et perfidement, doucereusement, excitaient la troupe et les populations aux plus abominables excès contre ceux-ci, en ayant toujours soin de diriger la haine et le meurtre dans le sens de leurs inimitiés personnelles.

Travaillée par la franc-maçonnerie, à laquelle appartenaient la plupart des officiers républicains et bonapartistes, l'armée avait joué un rôle plus que louche pendant les journées de Juillet. Le coup fait, écrit le général d'Hautpoul, elle se donna au gouvernement qui la payait, « mais seulement parce qu'il la payait, car, un peu humiliée du métier qu'on lui faisait faire, elle eût encore préféré ce qui existait auparavant ». Cependant, le gouvernement ayant semé sans compter les croix et les médailles, et procédé à de nombreuses nominations pour remplacer les officiers démissionnaires par refus de serment, les nouveaux promus, y compris les royalistes restés au service sous le prétexte avantageux de ne pas « laisser leur place aux gens mal pensants, » commencèrent à voir d'un œil plus sympathique un régime inauguré par une si abondante distribution de grades et de récompenses. Quant aux hommes de troupe, comme on ne les trouvait pas tout d'abord assez hostiles aux légitimistes, on leur raconta de sombres histoires, dans lesquelles les soldats tombés aux mains des chouans avaient été invariablement mis à mort, après avoir subi diverses tortures aussi atroces qu'imaginaires ; à dater de ce moment, les soldats commencèrent à tuer les Vendéens de peur d'être pris par eux, puis, quand on leur eut promis *quinze francs* par cadavre de royaliste, ils tuèrent par intérêt. Enfin ils tuèrent par simple férocité et par plaisir « lorsque leurs officiers, prêchant d'exemple, leur eurent appris à considérer la poursuite des réfractaires comme une véritable partie de chasse, où ne manquaient pas même les chiens ». Ce fut pour se défendre contre de si cruels ennemis que Buffard, de Beaupréau, Sortant, de la Tourlandry, Mercié, Secondi et tant d'autres entrèrent en campagne. Mais les bandes les plus importantes étaient celles de Diot et Delaunay, dont nous dirons ici quelques mots.

Vieux royaliste austère, Delaunay avait pris une part glorieuse au soulèvement de 1815 ; il avait marché contre Berton, lors de la fameuse conspiration bonapartiste. Peu de temps après la chute de Charles X, le ministre de l'Intérieur, redoutant sa grande influence sur les populations voisines de Maulévrier, lui avait offert le double de la pension que lui avait accordée la Restauration, s'il consentait à s'éloigner du pays. Delaunay refusa cette proposition avec dédain, et dès lors, en prévision d'un nouveau soulèvement de la Vendée, il se mit à rassembler tout ce qu'il put se procurer d'armes et de munitions. Compromis par son refus, bientôt sous le coup d'un mandat d'amener, il arbora résolument l'étendard de la révolte. D'anciens chouans de Maulévrier, des conscrits qui ne voulaient pas servir sous le drapeau de l'usurpateur, formèrent autour de lui une nombreuse troupe de partisans. Constant de Caqueray et un nommé Doué, sous-officiers de cavalerie[1], le rejoignirent avec quelques soldats qui, d'après les journaux, avaient cru comme eux à une prochaine prise d'armes royaliste. Delaunay subdivisa ses hommes en plusieurs petites bandes ; Caqueray était son second. Ces bandes, le plus souvent, circulaient sans armes, se bornant à une action de propagande en faveur d'un soulèvement ultérieur.

Tout autre que Delaunay était le nommé Diot, natif de Boismé (près de Clisson), et sous-officier de gendarmerie démissionnaire en 1830. Joignant à un courage souvent poussé jusqu'à la plus folle témérité un esprit fertile en ressources, le Vendéen avait groupé autour de lui tous les conscrits du pays qu'il avait empêchés de rejoindre leurs régiments. Il se mettait comme à plaisir dans les situations les plus dangereuses, et s'en tirait toujours par son audace. Un de ses passe-temps favoris était de dépister les gendarmes et les soldats lancés à sa recherche. Il se mêlait volontiers à ceux-ci, buvait avec eux dans les cabarets, ou bien pénétrait au cœur des cantonnements pour demander

---

[1]. Doué perdit courage, fit sa soumission et trahit ses camarades.

une prise de tabac aux officiers. Au mois de février 1831, le capitaine Guesdon, du 32º de ligne, chassait aux environs de Bressuire avec quatre de ses camarades. Tout à coup les chasseurs sont entourés par les réfractaires, ces réfractaires qu'ils traquent sans pitié et dont les cadavres sont payés quinze francs pièce à leurs soldats. Diot s'approche en souriant des officiers, il leur recommande d'être plus humains à l'avenir, les raille de leurs vains efforts pour le prendre, et, pour toute vengence, il les oblige à boire à sa santé l'eau-de-vie de sa gourde[1]. A quelque temps de là, près du bois de Pugny, il rencontre deux soldats se promenant dans la campagne. — « Qui donc cherchez-vous comme ça, mes gars? leur dit-il. — Nous cherchons cette canaille de Diot. — Vous cherchez Diot? Ben! qu'est-ce que vous lui ferez si vous le trouvez? — Nous lui passerons nos sabres au travers du corps. — Vraiment? Eh bien! c'est moi qui suis Diot. » Les soldats veulent tirer leurs sabres : — « Eh là, là! fait le Vendéen en éclatant de rire, avant de me sauter à la gorge, regardez donc autour de vous! » Les philippistes, tout tremblants, se voient cernés par plusieurs hommes armés qui viennent de s'élancer des broussailles environnantes. — « N'ayez pas peur, patauds, reprend le chouan, nous ne vous ferons pas de mal. Tenez, voilà

---

1. Le capitaine Guesdon et ses camarades ne témoignèrent leur reconnaissance au brave partisan qu'en redoublant d'acharnement contre lui et les siens.

cinq francs pour chacun. Allez dire à vos camarades que Diot vous a tenus prisonniers, et qu'il vous a renvoyés avec un pourboire. Buvez tous à ma santé ! » Nos deux héros se retirèrent plus morts que vifs, et rendirent compte de l'aventure à leur sergent, un nommé Lebrun.

Un jour, le procureur du roi et sa séquelle judiciaire étaient en train de verbaliser dans une métairie. Diot entre dans la salle, présente ses hommages au magistrat, lui décline ses noms, prénoms et qualités. Le procureur bondit : — « Au nom de la loi, je vous arrête ! » Un rire moqueur et un coup de sifflet lui répondent : les chouans envahissent la pièce, et le procureur, fort heureux de ne pas être arrêté lui-même, s'en retourne à Bressuire, *honteux comme un renard qu'une poule aurait pris.*

Pour se défaire de cet ennemi insaisissable, le ministre de l'Intérieur eut recours à un procédé qui donnait la consécration légale à l'assassinat politique, comme le montre la lettre ci-dessous[1], adressée par le général Delaage-Saint-Cyr[2] au général Lamarque, le 23 janvier 1831 :

---

1. Manuscrits de la Bibliothèque de Nantes, collection Dugast-Matifeux.
2. Delaage, né à Angers le 23 janvier 1766, sergent, puis officier dans les canonniers volontaires d'Angers en 1789, assista aux batailles de Jemmappes et de Nerwinde. — Adjudant chef de brigade au siège de Lyon. — Dirigé sur l'Ouest pour prendre le commandement de l'artillerie. — Assiste à la bataille de Dol. — Défait Charette au Bourg-Saint-Cyr (d'où le nom de Saint-Cyr ajouté au sien). — Campagnes d'Italie, d'Espagne, de Russie. — Com-

« Mon Général,

« J'ai l'honneur de vous rendre compte qu'un soldat du 16e [1], ayant entendu dire que *je donnerais vingt-cinq louis à celui qui nous débarrasserait de Diot*, ou qui nous le livrerait mort ou vif, s'est déterminé à faire le déserteur pour rejoindre sa bande.

« Il ne veut pas d'argent, il me demande la croix ou son congé ; je lui ai fait promettre votre appui en cas de réussite.

« Et pour le soutenir au besoin, le capitaine Moreau est parti de nouveau. Il est convenu des lieux où ils doivent communiquer ; le capitaine, parlant le patois, est nanti d'une blouse, d'un bâton de marchand de bœufs ; il a son détachement toujours à quelque distance ; il a l'ordre de prendre des hommes dans les cantonnements de la 12e division.

« Je ne crois pas que vous me désapprouviez, car les habitants craignent la bande de Diot, et cependant ne veulent ni lui courir sus ni dire où elle est. Il faut se hâter d'écraser cette boule de neige, *et ce n'est pas envers un ancien domestique, entouré de mépris, qu'il faut employer des moyens délicats.*

---

mandant des Deux-Sèvres en 1815. — Retraité en 1826, rappelé à l'activité en 1830. — Retraité définitivement le 5 avril 1832. — Mort à Angers, le 22 décembre 1840.

1. Le nommé Veyral.

« Il paraît que le *ministre de l'intérieur* a mis des fonds à la disposition du sous-préfet de Bressuire POUR FAIRE DÉTRUIRE DIOT ; je crois que cette mesure *devrait être générale*, car demain il peut être dans le Maine-et-Loire, et M. Barthélemy n'a pas les mêmes moyens à sa bonne volonté. »

. . . .

Cependant, effrayé du nombre toujours croissant des insoumis et des déserteurs, le gouvernement se crut sérieusement menacé d'une nouvelle chouannerie. Les troupes locales furent hâtivement renforcées. Le 16ᵉ de ligne avait été envoyé à Cholet, le 57ᵉ à la Roche-sur-Yon, le 41ᵉ dans le Haut-Poitou ; de nombreuses compagnies de gendarmerie mobile, des renforts de toutes sortes vinrent les appuyer ; en peu de jours tous les départements de l'Ouest se trouvèrent occupés militairement. Les troupes, fractionnées en petits détachements, furent logées chez l'habitant dans les bourgs, dans les hameaux, et jusque dans les chaumières isolées ; mesure absurde, grâce à laquelle les soldats eussent été cueillis et désarmés en une nuit, suivant le plan du maréchal de Bourmont, si la sottise de beaucoup de chefs vendéens, et peut-être la *trahison* de quelques-uns, n'eussent donné l'éveil au gouvernement, quand le moment d'agir fut venu. Les *cantonnements* (on appelait ainsi par extension les troupes qui les occupaient) opéraient nuit et jour des patrouilles, pénétraient à toute heure dans les domiciles privés, au mépris de l'article 76 de la loi de l'an VIII, sous prétexte d'y chercher des réfractaires. Ils vidaient les étangs pour savoir si leurs eaux ne cachaient pas de munitions de guerre, ils démolissaient les fours, enlevaient le carrelage des fermes; dans les châteaux ils brisaient les secrétaires et fouillaient les tables à ouvrage des femmes. Les officiers s'amusaient à faire déshabiller les paysannes par les soldats, soi-disant pour s'assurer qu'elles ne cachaient pas de papiers séditieux sous leurs vêtements; les gendarmes saisissaient des enfants en bas âge, et menaçaient de les emporter s'ils ne disaient où étaient leur père ou leurs frères; on jetait en bas de leur lit des femmes en couches pour fouiller les matelas. La mort elle-même n'était pas respectée, les tombeaux étaient violés; un officier supérieur ne craignit pas de faire ouvrir celui d'une jeune fille de seize ans, Mlle de Coislin. Le régime de la persécution la plus lâche et la plus odieuse régnait dans les campagnes; les actions les plus banales devinrent suspectes. Pour aller voir un parent dans une commune voisine il fallait un laissez-passer, un *passeport* pour changer de canton. L'on s'exposait à se voir jeter en prison quand on était trouvé, dans son propre canton, porteur d'un passeport non visé. — A chaque village, à chaque rencontre de patrouille, on devait exhiber ses papiers, répondre aux questions les plus saugrenues; heureux quand il ne vous arrivait pas pire. Le plus souvent les officiers ne valaient pas mieux que leurs soldats dont ils approuvaient les cruautés et les déprédations ; les meilleurs faisaient semblant de ne rien voir, et accomplissaient les plus vilaines besognes en s'abritant du prétexte de l'obéissance passive, si favorable aux compromis de conscience. Le 16º de ligne en particulier comptait beaucoup d'officiers *bien pensants*, qui se trouvaient parfois dans de pénibles perplexités ; mais l'intérêt finissait toujours par l'emporter sur les convictions. Triste situation que celle d'un officier placé entre l'honneur et l'intérêt, entre sa carrière et sa conscience, entre la discipline et le devoir, mais plus triste encore un gouvernement qui le met en de semblables alternatives !

Revenons maintenant à nos bandes de réfractaires.

Le 29 septembre 1831, Delaunay, fort malade, avait chargé son fils d'un message important. Le jeune homme était accompagné de trois chouans résolus : Ménard, Yvon (ancien soldat de la garde royale), et un autre dont nous ignorons le nom. Rencontrés par un espion, ils se virent attaqués près de la ferme de la Billardière en Trémentine ; quarante soldats ouvrirent sur eux un feu violent, sans sommations, suivant l'usage. Ménard tomba blessé à mort ; Delaunay et Yvon, accablés par le nombre, furent faits prisonniers et à demi écharpés par les soldats. Un sous-officier, moins lâche que ses chefs, parvint à leur sauver la vie. Le troisième compagnon du jeune Delaunay réussit à s'échapper en se cachant dans un taillis. Ménard fut jeté dans une charrette à bœufs dont les cahots le torturaient ; sans laisser échapper la moindre plainte, il prit son chapelet et se mit à prier avec ferveur. — « Je crois que tu en as assez, brigand ? » lui disaient les soldats en ricanant, lorsque la souffrance contractait encore davantage son visage décoloré. — « Je meurs pour Henri V, » leur répondait le blessé. Ce furent ses dernières paroles ; il mourut en arrivant à l'hôpital de Cholet. Le lendemain, Delaunay le fils et Yvon furent transférés à Beaupréau. Soixante hommes de la bande Delaunay avaient résolu de dresser une embuscade sur la route, pour attaquer le convoi et délivrer les prisonniers. Le vieux royaliste qui avait sacrifié sa fortune à la cause de la légitimité, ne voulut pas que le sang coulât pour le salut de son fils. Mais tant d'abnégation était au-dessus de ses forces physiques : frappé au cœur, le malheureux père ne devait pas survivre longtemps à cette fatale journée.

Dans les derniers jours du mois d'octobre suivant, un autre réfractaire de Delaunay, le jeune Coutant, fut tué par un détachement du 42ᵉ de ligne[1] appartenant à la compagnie du capitaine

---

1. Colonel, Hensch ; lieutenant-colonel, Aignelot ; chefs de bataillon, Lelimonier de la Marche, Jaubert, Lasnier de Chauvigné, Buisson ; major, Verra. Ce régiment avait été envoyé de Versailles pour faire la chasse aux réfractaires.

Eon. Le 4 novembre, la compagnie du capitaine Racine surprit Constantin de Caqueray et sa petite bande dans le bois de la Füye, près Maulévrier. Un officier philippiste, le lieutenant Schmidt, fut blessé; Caqueray eut la malchance d'être fait prisonnier avec deux de ses hommes, les nommés Frappereau et Scionnière. Tous trois allèrent rejoindre le jeune Delaunay à la prison d'Angers.

Au mois d'avril 1832, la chasse à l'homme était devenue un plaisir passionné auquel les troupes se livraient à l'exclusion de tout autre travail. Le 27 dudit mois, quatre hommes se reposaient à la ferme de la Monnière, dans la commune de Boué, quand ils se virent soudainement entourés par un gros détachement du 64º de ligne[1]. Les royalistes crièrent aux soldats qu'ils ne voulaient pas tirer sur eux ; pour toute réponse le chef du détachement commanda : feu ! Indignés, les chouans ripostèrent : un clairon et un voltigeur furent tués, et la troupe se retira sans oser charger les quatre hommes. L'un d'eux, nommé Secondi, avait eu la cuisse traversée par une balle ; ses camarades l'emportèrent et le cachèrent dans un champ. Malheureusement une mendiante les avait vus ; elle voulut toucher le prix du sang. Lorsque, la nuit suivante, les chouans vinrent chercher le blessé pour le transporter en

---

[1]. En garnison à Parthenay. Colonel Duhot; lieutenant-colonel de Mongelas. A ce régiment appartenait le futur maréchal de Saint-Arnaud, qui se livrait à la chasse aux réfractaires avec plus d'ardeur que de succès.

lieu sûr, les philippistes l'avaient déjà enlevé et jeté en prison, où on le traita avec une cruauté toute révolutionnaire. Il fut condamné à mort et exécuté quelques mois plus tard; amputé, on lui fit faire une jambe de bois pour marcher au supplice. Il mourut comme un brave soldat qu'il était. Louis-Philippe venait de gracier toute une fournée de misérables assassins : il refusa de commuer sa peine. On a voulu peindre le roi-citoyen comme ennemi de la peine de mort; en réalité, il n'était avare que du sang révolutionnaire, et il se montra toujours sans pitié pour les royalistes.

Diot et ses hommes parvinrent à échapper à un grand mouvement de troupes opéré contre eux pour les envelopper; mais, le lendemain, un jeune réfractaire de la bande fut tué, à bout portant et sans sommations, au moment où il travaillait dans un champ avec son père. Une balle lui avait fait sauter un morceau de la mâchoire. Un commandant du 64e ramassa l'os pour en faire cadeau à sa servante. Celle-ci le montrait fièrement à tout venant comme un glorieux trophée, et l'infamie de l'officier en question eut ainsi de trop nombreux témoins[1].

Cependant Delaunay le père, traqué depuis six mois par des centaines de soldats et de gendarmes, vivait au fond des forêts avec quelques compa-

---

1. Chefs de bataillon du 64e : Isnar de Sainte-Lorette, Chardron, Lachaux, Bertrand, Martin; nous ignorons lequel de ces officiers était l'homme à la mâchoire.

gnons intrépides. Trop généreux pour aller demander aux métayers amis une hospitalité qui aurait pu compromettre ceux-ci, miné par le chagrin depuis l'arrestation de son fils, il sentait ses forces décliner rapidement. Bientôt une fluxion de poitrine intense le saisit ; son fidèle compagnon Henri Rochard et les autres réfractaires le transportèrent dans une ferme voisine. Le médecin appelé secrètement ne faisait que précéder le prêtre. « Cet homme qui, sa vie durant, n'avait cessé de suivre ses inspirations religieuses et monarchiques, reçut les secours de l'Église avec une visible piété, et, lorsqu'il découvrit la tête pour saluer le crucifix placé au pied de son lit, ses cheveux blanchis formèrent comme une sainte auréole annonçant qu'il allait échanger sa longue infortune pour le bonheur. Cependant les chasseurs d'hommes connurent l'état de Delaunay, et, jaloux de disputer à la maladie l'horrible bonheur de tuer ce moribond, ils redoublèrent de zèle pour découvrir sa retraite. Ils arrivaient à la ferme lorsque le courageux Vendéen ordonna à tous ceux qui l'entouraient de se retirer. Les paysans ne voulurent pas le quitter ; ils l'enveloppèrent dans une couverture et le déposèrent dans un épais buisson d'aubépine, au milieu d'un champ de genêts. Aussitôt les soldats se précipitèrent dans la maison, y multiplièrent les recherches et se répandirent ensuite aux alentours. Toute la nuit se passa sans qu'on pût aller près de lui. Le lendemain 9 avril, vers deux heures de l'après-midi, le métayer s'approcha de sa retraite. Delaunay lui fit signe de s'éloigner ; le soir, un berger aperçut Delaunay luttant contre l'agonie ; il revint en toute hâte chercher du secours. Mais lorsqu'on arriva, le vieux capitaine de 1799, l'adjudant général de 1815, le chef de chouans de 1832 venait de rendre le dernier soupir. Toute la nuit le cadavre reçut les hommages des habitants circonvoisins. Grâce aux ténèbres, plus d'un frère d'armes, plus d'un jeune soldat purent venir prier près de ce corps inanimé[1]. »

Il eût été dangereux d'enterrer Delaunay dans cette lande où il était tombé en loyal Vendéen ; les gendarmes et les soldats n'eussent pas manqué de venir le déterrer pour outrager sa dépouille, et surtout pour toucher la prime de quinze francs par cadavre promise par l'autorité. Le maire de la commune voulut officiellement accompagner le convoi, qui fut suivi par une foule émue et recueillie. Le journal libéral d'Angers lui-même, contrairement à ses habitudes sectaires, rendit un témoignage d'admiration non suspect au noble et invariable royaliste ; il raconta que Delaunay avait dépensé plus de soixante mille francs de sa fortune personnelle pour soutenir son parti, et signala son désintéressement et son admirable abnégation.

---

1. *La Vendée à Trois Époques.*

Sur le cadavre du vieux chouan, on trouva ce testament, si beau dans sa noble simplicité :

« Mes très chers enfants, je vous laisse, en remplacement de toute ma fortune, le zèle qui l'a anéantie. Puissiez-vous en être toujours animés. Que jamais le vil intérêt ni la crainte de la mort n'y mettent de bornes. Consacrez toutes les forces de votre âme et de votre corps à la défense de votre religion et de votre roi. Soyez vertueux, constants et réfléchis. Faites toujours tout ce que vous pourrez dans l'intérêt de votre pays, mais souvenez-vous que là où est votre roi, là est votre patrie. N'ayez jamais ni paix ni trêve avec ses ennemis. Fils de la Vendée, regardez tout Vendéen comme votre frère. S'il a faim, donnez-lui la moitié de votre pain; s'il est dans le besoin, secourez-le. Aimez et craignez Dieu, car lui seul peut donner la victoire. C'est lui qui, plus d'une fois, a arraché votre père aux dangers qui le menaçaient, et, s'il n'est avec nous, pouvons-nous espérer de vaincre ? Je vais reprendre les armes et consacrer mes dernières années au service de notre roi; je ne sais si je vous reverrai encore. Recevez donc ces dernières paroles comme un long, et peut-être éternel adieu. »

Dans une étude spéciale[1], nous avons dépeint les tribulations des réfractaires, la terrible existence qu'ils menaient, leurs alertes continuelles,

---

1. *1830, Chouans et Réfractaires.*

leurs têtes mises à prix pour quinze francs, les embûches où les entraînaient les faux chouans et les faux déserteurs, les procédés infâmes employés par la police et par le préfet Lorois pour les amener dans leurs filets, la férocité de la troupe à l'égard des blessés et des prisonniers ; nous avons dit l'horrible mort du réfractaire Jamier, traînant ses entrailles après lui, torturé par ses meurtriers sous les yeux de sa sœur, avec l'approbation du lieutenant qui les commandait ; celle du malheureux Josselin, fusillé devant ses parents, par ordre du capitaine Picard, du 43ᵉ de ligne ; on n'a pas oublié la fureur du lieutenant de gendarmerie Lavelène, criant à la cour d'assises de Rennes qui venait d'acquitter un chouan : — « Puisque vous les acquittez quand nous les prenons, nous ne vous les enverrons plus que morts ! » Nous ne reviendrons plus sur ce sujet ; mais, avant de terminer le présent chapitre, nous devons rendre un hommage mérité à l'humanité des réfractaires envers leurs lâches et féroces adversaires, lorsque ceux-ci tombaient entre leurs mains.

Certes il y eut dans les bandes, en dehors des chouans, quelques mauvais sujets que le désir de pêcher en eau trouble y avait attirés, nul ne songe à le contester ; mais, chose tout à l'honneur des vrais chouans, ces natures perverses s'amendaient au contact d'hommes honnêtes et vaillants, les coquins devenaient de braves gens. Ceux qui, par exception, persévérèrent dans leurs mauvais instincts, furent ignominieusement chassés, et quelques-uns même fusillés. Poursuivis chaque jour de plus près, les réfractaires avaient pour ennemis les plus dangereux les espions et les traîtres qui se mêlaient à eux, parmi lesquels nous mentionnerons le soldat Veyral, du 16°, détaché dans la bande de Diot, et qui, découvert, fut envoyé au 3° bataillon du génie; le nommé Douard, de la Chapelle-Heulin, Vendéen renégat, ancien aide de camp de M. de Bruc en 1815; Bernardeau, de Vallet, Soulet, de Challans, et malheureusement l'abbé R..., curé de C...-T..., dont les dénonciations amenèrent l'arrestation de M. du Doré que la populace nantaise, *savamment* excitée par les journaux libéraux, *le Breton* et *l'Ami de la Charte*, faillit écharper à son entrée en ville. Son arrivée manqua de faire éclater une émeute, lisons-nous dans *La Vendée et Madame* du général Dermoncourt[1]; les adjudants de place Ferrand et Petitpierre[2] eurent beaucoup de peine à les conduire en prison, et ce ne fut pas sans danger pour eux-mêmes qu'ils traversèrent la ville. « On parlait sérieusement de jeter à l'eau la voiture et tout ce qu'elle contenait; le courage des deux adjudants de place sauva certes la vie à

---

1. Ou plus exactement par Alexandre Dumas, car Dermoncourt était illettré et avouait qu'il était incapable d'écrire en français.
2. Envoyé ultérieurement à Blaye, cet honorable officier ne voulut pas aider Bugeaud dans ses honteuses fonctions de policier, et fut disgracié. Voir l'intéressant ouvrage publié par la librairie Émile-Paul : *La Duchesse de Berry à Blaye*, par le lieutenant Petitpierre.

M. du Doré. » Même parmi les espions, un certain nombre, dégoûtés de leur ignoble métier par la fréquentation d'hommes braves et religieux, l'abandonnèrent pour rester dans la bande qu'ils avaient mission de trahir, tel le nommé Simonet, conscrit, auquel le capitaine de Balestan, du 41e de ligne, avait promis 1.000 francs et son congé s'il s'enrôlait dans une bande et la conduisait dans une embuscade[1]. Généralement les réfractaires punissaient les contre-chouans qu'ils prenaient en leur rasant la tête ; un petit nombre de traîtres, dont les dénonciations avaient causé la mort de plusieurs royalistes, furent jugés par des conseils de guerre improvisés au fond des bois, et passés par les armes, leur culpabilité ayant été prouvée d'une façon évidente ; mais les Vendéens,

1. Déposition du maire Jublin à l'affaire Simonet :
« M. de Balestan, officier du 41e, cantonné à Ysernay, me dit un jour que le gouvernement de Juillet voulait à *tout prix* en finir avec les chouans, et qu'il fallait s'y employer *par tous les moyens possibles*. Il me demanda si je connaissais un homme assez adroit qui, sous l'apparence de les servir, pût s'enrôler parmi eux, donner tous les renseignements possibles sur leur nombre, leurs intentions, leurs mouvements, et enfin les livrer à l'autorité, en masse ou séparément. Je savais que Simonet venait de tomber au sort et répugnait à quitter le pays et à rejoindre son corps. J'en parlai à M. de Balestan, et, quelques jours après, chez l'aubergiste Lenoir, en présence de M. Chalouineau et aussi devant moi, cet officier offrit à Simonet *mille francs et son congé* s'il voulait s'engager à entrer dans les bandes et à faire tous ses efforts pour les livrer à la justice... »
M. Jublin donne lecture d'un certificat du maire de Maulévrier qui constate le marché, et d'une lettre du même se terminant ainsi : « Simonet n'a pas rempli les conditions qui lui étaient imposées ; sa malice l'a porté à rester dans les bandes... » Lorsqu'on interroge Simonet sur la somme promise, il répond en rougissant, avec un accent de colère : « quinze francs par tête » !

toujours victimes de leur trop grande humanité, toujours retenus par leurs sentiments religieux, n'usèrent que rarement de ces procédés de justes représailles. Un exemple plus terrible que les autres, quoique parfaitement justifié, excita la colère et les criailleries des libéraux, le 29 septembre 1831. Chalopin, de la Tourlandry, métayer de l'Angibourgère, était le plus acharné des délateurs; grâce à lui, les réfractaires se voyaient traqués comme un véritable gibier par les soldats et les officiers, pour lesquels cette chasse était devenue le plus passionnant des plaisirs. Un soir, ledit Chalopin et son fils furent pris par les réfractaires, et fusillés. Mais, nous le répétons, de telles représailles furent très rares ; le général Lamarque le proclama du haut de la tribune, et les calomnies des journaux libéraux achevèrent de s'écrouler quand, aux assises de Blois, on entendit la noble et loyale déposition du capitaine Galleran, du 41ᵉ de ligne :

« Je dis ce que ma conscience et la connaissance approfondie des localités m'ont suggéré. Ce qui est constant pour moi, c'est que les journaux, et *même les rapports des agents du gouvernement* ont trompé l'opinion et *n'ont pas été l'expression de la vérité.* Les journaux se sont même trompés sur mon compte : ils ont parlé de mes succès, de mes faits d'armes contre les bandes ; ils ont donné des éloges à ma belle conduite, tandis que, la plupart du temps, je n'avais rien fait. »

CHAPITRE II

Situation du parti royaliste après la Révolution de 1830. — Arrivée de la duchesse de Berry en Italie. — Du maréchal de Bourmont. — Manque de discrétion de Madame et de son entourage. — Elle ne veut pas se séparer de sa suite. — Démission du maréchal. — Hésitations néfastes de la princesse.

Après les trois journées de Juillet, dites *glorieuses*, les légitimistes s'étaient séparés en deux camps. Les uns tenaient toujours pour le vieux roi, malgré son abdication; les autres, scandalisés par la désinvolture avec laquelle Charles X et le duc d'Angoulême apeurés avaient jeté leur couronne à l'émeute[1], se ralliaient autour de la duchesse de Berry, qui ne paraissait pas disposée à laisser prescrire les droits de son fils, ni à imiter la résignation moutonnière du reste de la famille royale.

Les partisans du roi déchu obéissaient au duc de Blacas, homme impopulaire s'il en fut, auquel on reprochait justement d'avoir conduit la monarchie à sa ruine en 1814. Le favori de Charles X

1. On n'a pas oublié la fameuse lettre d'Odilon Barrot à La Fayette, trouvée à Rambouillet : « Général, vous pouvez arrêter votre mouvement. Nous avons déterminé le roi à partir, *à force de lui faire peur*. Ses forces étaient *considérables et bien posées*. Le maréchal n'en estime pas à moins de dix mille hommes le nombre. »

jouait le rôle de maire du palais à la petite cour de Holyrood. Dégoûtée de la veulerie ambiante, la duchesse de Berry partit pour l'Italie le 17 juin 1831, accompagnée du comte de Mesnard, son chevalier d'honneur, et du duc de Blacas, et munie du titre officiel de régente de France que le roi lui avait donné à contre-cœur, en ayant soin, du reste, de prendre ses mesures pour le rendre absolument illusoire. L'astucieux courtisan devait officiellement servir de chaperon à la jeune veuve, mais il avait pour mission réelle de surveiller tous les actes de celle-ci afin d'en rendre compte à son maître. Il était porteur d'instructions secrètes par lesquelles lui, Blacas, devenait le véritable régent du royaume, une fois entré en France, tandis que Marie-Caroline, complètement annihilée, ne pouvait disposer ni des places, ni des grades, ni des honneurs, c'est-à-dire ne pouvait même pas récompenser les services rendus. Aussi le maréchal de Bourmont[1], avant d'accepter le commandement en chef des forces royalistes, avait-il exigé l'engagement d'honneur que ces pouvoirs monstrueux ne seraient jamais exhibés sans son consentement.

« A Holyrood, lisons-nous dans les *Souvenirs*

---

1. États de services du maréchal de Bourmont : Né en 1773. — Entré au service en 1788. — Officier aux Gardes-Françaises de 1788 à 1790. — Émigré en 1790. — Campagnes à l'armée de Condé, à l'armée des Princes, en Vendée, de 1791 à 1800. — Prison du Temple et citadelle de Besançon, de 1800 à 1805. — Exil en Espagne et en Portugal, de 1805 à 1809. — Prison de Nantes, de 1809 à 1810. — Mis en liberté sous la condition de servir à l'armée. — Nommé colonel (il avait refusé au Premier Consul, en 1800, de prendre le

du général marquis d'Hautpoul, la duchesse de Berry était la seule personne de la famille royale qui avait compris la France actuelle. Elle avait du courage, du mouvement, ce genre d'esprit qui plaît aux Français ; elle était la seule aussi qui ne se fût pas laissée entièrement dominer par M. de Blacas. » Malheureusement, chose bien excusable chez une jeune femme de son âge, elle joignait à ces heureuses qualités une bonne dose d'enfantillage, et n'était point capable de garder longtemps un secret. Ainsi, au lieu de quitter l'Angleterre furtivement et de voyager dans le plus strict incognito, elle traversa gaiement l'Europe, sans que la police de Louis-Philippe pût ignorer aucun de ses faits et gestes. Le 8 juillet 1831, elle arrivait à Gênes et descendait à l'*Hôtel Royal*. Le consul de France, baron Decazes, en fut immédiatement informé par ses agents secrets ; il en avisa le ministère. Le lendemain 9, la princesse et sa suite, dans deux voitures, partaient pour Sestri où on arriva le 10, et qu'il fallut quitter le 29, le gouvernement français ayant fait des représentations au roi de Sardaigne Charles-Albert au sujet de la présence de Madame

---

commandement d'une division avec le grade de lieutenant général). — Campagnes d'Italie, d'Allemagne, de Saxe, de Prusse et de France, de 1810 à 1814. — Commandant d'une division de la Garde. — Ministre de la guerre. — Campagnes d'Espagne et d'Algérie, de 1815 à 1830. — Démissionnaire en 1830.

Blessures : Un coup de biscaïen à la jambe. — Deux coups de lance à la jambe et à la cuisse. — Deux coups de sabre au bras. — Quatre à la tête. — Une balle au genou.

sur son territoire. Le 30, Madame s'installait à Massa où le duc de Modène, François IV, le seul des souverains qui eût osé refuser de reconnaître Louis-Philippe, lui offrait une généreuse hospitalité, malgré les remontrances de l'Autriche.

De son côté, Bourmont, après avoir dépisté la police française, était arrivé à Nice le 5 juillet 1831 et descendu à la pension de la *Croix-de-Marbre*, sous un faux nom. Au cours de son voyage il avait été avisé que le roi de Sardaigne, qui, tout en feignant d'accorder satisfaction à Louis-Philippe, était le plus fidèle et le plus généreux ami de Madame, se montrait fort mécontent de la publicité donnée au voyage de la princesse. Le maréchal se hâta d'en informer celle-ci :

« L'éclat du voyage, écrit-il, fait un tort considérable à Madame dans l'esprit des cabinets étrangers. Ceux qui étaient les plus disposés à aider, s'ils avaient eu confiance dans la discrétion, ont été rejetés dans des idées d'extrême prudence par le manque de secret. Ils ont paru penser aussi que ni Madame ni ses conseillers n'avaient compris la nature de l'entreprise qu'il s'agissait de tenter, puisqu'ils négligeaient la condition indispensable au succès : le secret.

« C'est à cela qu'il faut attribuer le changement que l'on remarque dans les dispositions de Charles-Albert : il offrait tout ce dont il pouvait disposer, alors qu'il avait bonne opinion de la conduite de l'entreprise; maintenant il ne donnerait de facilité que pour éloigner de son pays, pour qu'on s'enfonçât plus au sud de l'Italie.

« Je ne crois pas pour cela qu'il y ait plus de condescendance pour Louis-Philippe, mais moins de confiance dans la direction que Madame pourrait donner à ses affaires, et d'autant plus de propension à faire la guerre, quand l'occasion s'en présentera, pour démembrer, qu'on regarde comme probable dans Madame l'existence des qualités propres au rétablissement de l'ordre en France, comme à la force et à la durée du gouvernement qu'elle pourrait y établir. Jugeant ainsi de ses conseillers par ce qui apparaît de ses actes, on les déclare incapables de conduire à bien aucune entreprise, et l'Angleterre et l'Autriche s'efforceront d'accréditer cette idée auprès de la Prusse, et même de la Russie.

« Le mal que Madame a fait et continue à faire est donc très grand de ce côté.

« Je m'étonne qu'ayant autant d'esprit qu'en a Madame, elle ne sente pas que ce qui était indifférent, ou à peu près, dans une position ordinaire, devient de la plus haute importance dans une situation plus élevée; que dans la sienne rien, absolument rien, ne peut être indifférent; qu'à tort ou à raison le monde entier jugera de ses qualités par le choix des hommes qui sont investis de sa confiance, et par l'ensemble et le détail de ses actes.

« A cet égard il en sera au dedans comme au dehors. Les partis qui ont renversé mettraient d'ailleurs à un projet de partage moins d'obstacles que les royalistes : tout leur conviendrait plutôt que le prince légitime. Ces partis s'accorderaient dans leur haine contre le droit : les divisions qui pourraient éclater entre eux, les déchirements qui pourraient s'ensuivre ne ramèneront à la légitimité aucun des partis qui l'auront proscrite. L'ordre actuel pourra être renversé par ses propres fondateurs ; la République, Napoléon II, la dictature, le fédéralisme pourront être invoqués tour à tour ; les chambres, les meneurs, les chefs de la populace tenteront tous les remèdes, excepté le véritable.

« Dans l'état actuel des choses, les royalistes ne doivent attendre de secours que de leurs propres résolutions ; mais ils ne peuvent se flatter de convertir leurs adversaires au point de les amener à combattre sous la bannière blanche. Les résistances qu'ils auront à surmonter seront chaque jour plus faibles, si de bonnes combinaisons leur assurent les premiers succès, et que leur langage attire à eux cette masse de la nation toujours incertaine, flottante, et prête à courir au devant d'un pouvoir protecteur.

« Les deux ou trois mille républicains qui agitent la France seraient bientôt isolés et impuissants, si les royalistes, beaucoup plus nombreux, prenaient assez de confiance dans la sagesse et l'habileté d'une régence pour oser se montrer à découvert. Si cette confiance leur manquait, ils se laisseraient arrêter, proscrire et assassiner partout, excepté dans l'Ouest.

« L'indiscipline fait de grands progrès parmi les troupes, et, à mesure qu'elles perdent le respect pour la couronne, elles penchent plus vers le bonnet rouge ; mais, dans presque tous les corps, on trouve encore des partisans de la légitimité ; dans tous sans exception des éléments de désordre et de dissolution.

« Que manque-t-il pour assurer le triomphe du droit, un avenir heureux à la France et de la gloire à Madame? Qu'elle réfléchisse sur le rôle qu'elle est appelée à jouer ; qu'elle adopte sans réserve les moyens qui peuvent conduire au but qu'elle se propose, et qu'alors il n'y ait plus de sa part ni une démarche, ni une parole, ni un écrit qui puisse lui faire obstacle[1]. »

Les projets de la duchesse de Berry étaient, on le sait, d'entrer secrètement en Provence et d'opérer un soulèvement général des provinces royalistes du Midi, soulèvement qui serait immédiatement suivi de celui de l'Ouest, tandis que les comités parisiens s'efforceraient de faire tourner au profit

---

1. *Archives du château de Bourmont.* Toutes les pièces relatives à la préparation de l'insurrection dont nous ne donnons pas la provenance viennent de la même source. Nous en prévenons le lecteur, afin de ne pas écraser le texte par une multitude de notes indicatives.

de la cause les troubles dont cette ville ne pourrait manquer d'être le théâtre, tous les partis de l'opposition étant d'accord pour haïr cordialement Louis-Philippe. Le mouvement devait avoir lieu dans les premiers jours de juillet ; il fallait se tenir prêt à répondre au premier appel du duc d'Escars [1], qui commandait en chef les royalistes du Midi. Malheureusement le maréchal avait reçu de celui-ci une lettre donnant des nouvelles assez peu encourageantes sur les dispositions belliqueuses des Méridionaux. L'esprit de l'Hérault, du Gard, du Vaucluse et des Bouches-du-Rhône était bon. Celui du Cantal, de l'Aveyron, de la Lozère, de l'Ardèche, des Hautes et des Basses-Alpes et du Var passable, mais peu énergique. La Drôme et l'Isère étaient hostiles. Les 24ᵉ et 35ᵉ d'infanterie et le 4ᵉ léger, dans lesquels on avait des intelligences, étaient déplacés. Partout on demandait de l'argent et des armes [2]. Les principaux officiers de d'Escars, MM. Higonet, de Bonald, de Bernis, de Calvière, de Surville, de Montcalm, de Rigaut, etc., pensaient, devant les dispositions actuelles de la population et des troupes, qu'il serait plus avantageux d'attendre pour agir un événement capable

---

1. Né à Chambéry en 1790. — Aide de camp du duc d'Angoulême. — Pair de France en 1822. — Il commandait une division pendant l'expédition d'Alger. — Démissionnaire en 1830. Les d'Escars signent aujourd'hui *des Cars;* nous avons conservé ici l'orthographe que nous trouvons dans toutes les pièces relatives à l'insurrection de 1832.
2. D'Escars à Bourmont, Lunel, 29 mai 1831.

d'exciter le zèle des masses royalistes et d'augmenter leur confiance dans l'effort qu'on sollicitait d'elles. Consultés par Madame, le maréchal de Bourmont, le duc de Blacas et M. de Bertier furent unanimement d'avis que, telles étant les dispositions du Midi, il fallait :

1° Remettre à un moment plus favorable le mouvement projeté.

2° Continuer partout les organisations commencées, et tâcher de les avoir complétées avant le 15 août.

3° Se tenir partout en mesure, dans la limite du possible, de prendre les armes au premier signal qui serait donné soit par un soulèvement total des provinces de l'Ouest, soit par la proclamation de la République à Paris, soit par l'explosion d'une guerre générale en Europe[1], soit enfin par quelque autre événement qui causerait une grande perturbation en France, comme, par exemple, des lois de circonstance qui menaceraient la sûreté de tous les partisans de la légitimité.

Mais, dans un cas comme dans l'autre, soit qu'on voulût agir, soit qu'on y renonçât, il importait de prendre une prompte décision. Si l'on ne voulait rien faire, il était coupable de laisser se compromettre inutilement des centaines de royalistes dévoués ; si l'on se décidait à tenter l'aventure, encore

---

1. Bourmont à d'Escars, 17 juillet 1831.

fallait-il que ce fût avec quelque chance de succès, et pour cela, Mme la duchesse de Berry devait avant tout accepter deux conditions indispensables. On demandait à la princesse :

1° De se séparer d'une suite *indiscrète et babillarde;*

2° De se déguiser le mieux possible pour gagner les bords du Var en voiture de louage, et de là se rendre à Aix par les montagnes, car on n'avait pas actuellement de bateau à vapeur pour la transporter par mer.

Mais ici on se heurta à l'entêtement puéril de Madame. Celle-ci prétendait voyager avec ses gens et ses équipages, ce qui aurait eu pour résultat infaillible de faire arrêter tout le monde à la frontière. Devant ces prétentions insensées, quelques-uns se demandèrent si, au moment de se lancer dans une périlleuse entreprise, la mère d'Henri V ne sentait pas défaillir son courage, et, sans se l'avouer à elle-même, ne cherchait pas à reculer l'échéance fatale. Toujours est-il qu'elle semblait prendre à tâche de mettre le public au courant de ses moindres démarches. Berryer, qui venait de la voir à Sestri, se désolait de ces indiscrétions. Il rendait principalement responsables deux gentilshommes dont nous tairons les noms.

« Impossible, écrit-il de Gênes au maréchal de Bourmont[1], de déterminer Madame à se séparer

---

1. Lundi 25 juillet 1831. Il est curieux de constater combien Berryer, qui, en mai 1832, fut un de ceux qui contribuèrent le plus

de ces deux messieurs. J'ai réduit toute la question à ces trois points-ci, sans m'arrêter au déplaisir qu'ont tous les royalistes de la voir entourée de pareils conseillers, et de la difficulté de lui faire des communications qui doivent être confiées à des hommes aussi maladroits, par conséquent aussi indiscrets. Je lui ai dit : 1° Madame, en restant dans ce pays, où mille indiscrétions l'ont fait connaître, compromet en France ses meilleurs serviteurs. Le gouvernement a tous les yeux ouverts sur ce côté de la frontière, et ne manque pas de surveiller tout le monde de ce côté, au dedans et au dehors. 2° Si Madame n'est pas tout à fait ignorée, ses pas seront suivis et il lui sera impossible d'entrer quand le moment sera venu. 3° Si Madame s'éloigne, elle découragera les royalistes qui désespéreront de la voir quand il sera nécessaire.

« Ainsi, impossible de rester comme on est; nécessité cependant de se trouver près de la frontière, et nécessité de paraître s'éloigner pour détourner la surveillance, car il lui est démontré que si elle n'est pas bien cachée, ses pas seront suivis, et elle ne pourra pas entrer lors du mouvement.

« J'ai conseillé de partir patemment de Sestri, de visiter, en se laissant voir, Pise et Lucques; de se rendre ensuite dans les États de Modène où

à faire échouer la prise d'armes, se montre pressé de voir Madame entrer en France et lui reproche son manque d'ardeur.

il n'y a pas de police française. Là d'annoncer, de faire même dire par les journaux qu'elle s'embarque pour l'Espagne ; d'envoyer à cet effet à Barcelone ses gens et ses voitures, et de revenir, elle, le plus secrètement possible, avec un passeport de Modène, dans une retraite que le duc lui trouvera près de la frontière de Provence.

« Vous et le duc (Blacas) saurez seuls quelle sera cette retraite. Le fils et le gendre du comte (de Mesnard) seront du voyage à Barcelone.

« La supposition d'un voyage en Espagne ne mécontentera pas les royalistes qui croiront qu'elle doit entrer par cette frontière, et ce prétendu voyage portera d'un autre côté l'attention de la police française. Quant à son entrée en France, on la concevra suivant les circonstances. Pour le passage, elle consent à couper son monde en deux. Le duc entrera de son côté, vous du vôtre. Billot avec vous, parce qu'il sait le patois. C'est de vous et du duc seuls qu'il recevra avis. Il faut que toute la correspondance se fasse par l'un ou par l'autre de vous deux... »

Nouvelle lettre de Berryer au maréchal, le lendemain[1]. Il n'a pu obtenir de la princesse qu'elle éloignât ses maladroits conseillers : « Il faut se décider à transiger avec la présence de ces messieurs. » De leur côté, Bourmont et le duc de

---

1. 26 juillet 1831.

Blacas entretiennent une correspondance active à ce sujet ; ils se désolent tous deux de l'entêtement de Madame, dans l'esprit de laquelle « un sentiment d'affection pour un ami l'emporte sur les considérations politiques les plus puissantes, sur les intérêts les plus positifs et les plus grands du monde[1] ». Madame ne cède pas et, le 2 août, le maréchal lui adresse la lettre suivante, lettre qu'elle dut trouver sévère :

« Madame,

« M. le duc de Blacas m'a fait connaître les intentions de Votre Altesse Royale.

« Je viens la prier de trouver bon que, répondant à la confiance dont elle m'assure, je lui soumette de nouvelles observations. Madame n'ignore pas que des hommes pleins de dévouement et d'honneur, que des populations tout entières sont en ce moment placées dans un péril imminent, dans le seul but de rendre à Henri V un trône que son aïeul *n'a pas pu lui conserver*. Madame n'ignore pas non plus que ses serviteurs en France n'ont consulté ni leurs intérêts ni *leurs affections;* qu'ils sont prêts à se séparer, non pas seulement de leurs amis, mais de leurs femmes et de leurs enfants ; qu'ils sont prêts à briser tous les liens de famille et de fortune pour répondre à l'appel qu'elle leur fera. Un pareil dévouement me semblait pouvoir prétendre au

---

1. Bourmont à Blacas, 30 juillet 1831.

sacrifice momentané de quelques affections (que j'apprécie vivement). Une séparation utile, dont les regrets sont bien naturels et pleinement justifiés par le dévouement qui en est l'objet, ne saurait cependant prévaloir sur des intérêts politiques d'une haute gravité, et que Madame, dans sa position de régente, doit savoir préférer à tout. Ce n'est pas la première fois que Madame s'est séparée de ses amis, et si la volonté de partager ses dangers pouvait les retenir dans cette circonstance, ils songeraient sans doute que, libres de rentrer en France dans le même temps que Madame et de concourir sur un autre point plus efficacement à son triomphe, ils pourraient joindre ainsi à l'honneur d'un danger égal celui d'un sacrifice utile, qui deviendrait le plus éclatant témoignage de leur dévouement.

« Je tiendrais à honneur extrême d'accompagner Madame, et d'être témoin près d'elle de son triomphe après avoir aidé à le préparer, et cependant ne suis-je pas prêt à céder à un autre général un aussi beau poste, pour aller, quand l'intérêt de son service l'exigera, rallier ses amis dans une province éloignée? Je supplie Madame de me permettre de lui rappeler que les princes qui se sont trouvés dans la position où elle est aujourd'hui, se sont tous conduits avec une héroïque simplicité et une prudence qui peut seule assurer le succès des entreprises humaines. Lorsque Eric de Suède voulut recouvrer le trône de ses pères, il pénétra seul dans les montagnes de la Dalécarlie, sous un costume de paysan. Les actions extraordinaires des princes exercent surtout de l'influence sur l'esprit des peuples. C'est une pensée que Madame comprendra toujours parfaitement; elle comprendra toujours aussi qu'une résolution entière, profonde, dégagée de toute considération secondaire et personnelle, peut seule inspirer à ses partisans la confiance et l'enthousiasme sans lesquels le succès serait impossible.

« Madame ne doit pas oublier non plus que la France a les yeux sur elle; toutes ses démarches sont épiées et connues : l'éclat de son dernier voyage a *comblé de joie ses ennemis* et désolé nombre de ses partisans. Chacun se demande qui peut conseiller Madame de la sorte, et tant qu'elle conservera une suite qui rend le secret impossible, je serai réduit moi-même à l'inaction. Je sais bien que M. X...[1] veut s'abstenir de toute participation aux affaires politiques, et je crois à la sincérité de sa détermination, mais comment Madame ne lui confierait-elle pas les affaires dont elle sera préoccupée? Cela paraît impossible, mais en admettant que cette influence, même involontaire, et certainement dirigée par le zèle du service de Madame, soit sans inconvénient, il n'en serait pas moins démontré, par une récente expérience, que la présence auprès de Madame de personnes connues pour leur service assidu auprès d'elle, et

---

1. Nous passons ce nom sous silence; il est en toutes lettres dans le texte.

dont le signalement a été envoyé partout, rend impossible l'arrivée imprévue et secrète de Madame sur un point du territoire français, et augmenterait considérablement les chances dangereuses d'une pareille entreprise. Pour moi je dois déclarer que si je n'étais pas assuré de la discrétion la plus absolue, je ne pourrais me charger de l'immense responsabilité d'une mission dont les responsabilités seraient grandes. Madame rentrera dans le royaume secrètement ou à découvert; seul je puis être le juge du parti à prendre, parce qu'il est subordonné aux circonstances et aux renseignements qui me sont donnés. Dans le premier cas, ma responsabilité exige que je soumette seul à Madame les moyens d'exécution; dans le second, il faudrait que Madame m'assurât qu'elle est déterminée à s'entourer immédiatement de personnages tels que M. de Latour-Maubourg, par exemple, donnant dès le début la persuasion que Madame veut demeurer étrangère aux influences de cour, à qui les Français attribuent en ce moment les malheurs qui pèsent sur eux depuis une année. En attendant que le moment de prendre ainsi parti soit arrivé, je considère comme nécessaire que Madame mette immédiatement à ma disposition une somme d'argent assez considérable pour pouvoir agir utilement sur les troupes, et qu'elle trouve bon que le duc de Blacas soit seul chargé d'assurer à ma correspondance avec elle la sûreté et le secret indispensables aujourd'hui.

J'ose espérer que, prenant en considération les intérêts d'Henri V, Madame me mettra dans le cas de la servir, et *je me reconnaîtrais hors d'état de le faire si elle me répondait par un refus.* »

Cependant Mme la duchesse de Berry reste sourde à ces remontrances. Elle déclare au duc de Blacas : « qu'elle ne se sent ni la force physique ni la force morale de suivre seule, sans avoir avec elle quelques personnes de son intimité, la route qu'on lui propose de suivre ». Elle ne consentira à prendre le chemin des montagnes que si elle est accompagnée d'au moins trois ou quatre personnes de sa maison. Toutefois elle préfère le projet du duc d'Escars, d'après lequel on s'embarquerait sur le *Colombo*, bâtiment à vapeur affrété à Gênes à partir du 12 août ; une chaloupe la déposerait sur un point quelconque de la Provence, Marseille ou Aigues-Mortes, par exemple. Madame se déclarait d'ailleurs parfaitement décidée à agir, et à braver tous les périls. Mais il était difficile d'entrer en France par la voie de mer, car sept navires de guerre surveillaient la côte entre les embouchures du Rhône et Villefranche ; d'un autre côté, le gouvernement français ayant établi un cordon sanitaire tout le long du Var, sous prétexte d'arrêter l'invasion du choléra, il était impossible de faire passer la frontière à la princesse qui s'obstinait à voyager avec des personnes bien connues de tous, dont la police possédait le signalement détaillé. Le 10 août, Madame répond au maréchal une lettre où elle refuse définitivement d'accorder les concessions demandées. Dans de telles conditions, il est impossible de rien entreprendre. Devant les atermoiements de Madame, il a déjà fallu avertir les chefs royalistes de l'Ouest que le mouvement projeté pour la fin de juillet ne pourrait, pour divers motifs qu'on ne leur expliquait pas, avoir lieu avant le mois de septembre. On leur parlait vaguement de circonstances favorables ne pouvant manquer de se produire à cette époque, et devant aider puissamment au succès de l'insurrection. Mais Bourmont, cette fois, commence à s'irriter ; il envoie sa démission à la duchesse de Berry :

« Madame, lui dit-il[1], a jugé à propos de répondre par le silence ou par des refus aux propositions que j'avais pris la liberté de lui adresser dans l'intérêt de son service. Je respecterai comme je le dois la volonté de Madame, et ne me permettrai plus de lui faire des observations désormais inutiles et qui, à mon grand regret, l'ont affligée. Mais, ne comprenant pas comment il serait possible d'obtenir en ce moment le succès d'une entreprise sans que Madame arrivât directement en France, et croyant le succès impossible dans la situation actuelle de Votre Altesse Royale et d'après

1. 19 août 1831.

la résolution qu'elle a prise, je ne puis me charger de la responsabilité d'une entreprise à laquelle *je ne reconnais pas de chance de succès.*

« M. de Fr...[1] aura informé Mlle de Fonsbelle[2] de la volonté de Madame ; je l'ai prié de l'engager à écrire directement à Votre Altesse Royale et de la prévenir *que je ne dirigerai rien.*

« Je viens demeurer encore ici pour recevoir les lettres qui m'y seront adressées concernant le service de Madame[3].

. . . .

« Je repousserai toute participation à une entreprise *qui me paraît mal conçue, qui n'a point de conditions de succès, et dont je crains que les résultats ne soient funestes ;* mais rien n'altérera mon dévouement à la cause de Henri V. En quelque lieu que Madame aille faire arborer son drapeau, elle m'y trouvera avec les quatre fils qui me restent[4] ; et si, par malheur, son auguste famille

---

1. M. de Fressinet.
2. Le duc d'Escars.
3. Nous passons ici des détails sans intérêt sur la transmission du service de la correspondance et les différents chiffres employés.
4. Le maréchal avait cinq fils, dont quatre l'accompagnaient à la conquête d'Alger. Amédée, le second, fut mortellement blessé à Staouëli, en chargeant à la tête d'une compagnie de grenadiers, le 24 juin 1830. Des quatre survivants, Adolphe et Charles furent arrêtés sur le *Carlo-Alberto* qui avait amené Madame en Provence ; Louis et César, rentrés en France, se signalèrent, le premier à l'héroïque petite affaire de la Gâchetière, le second au brillant combat de Riaillé.
Lorsqu'on ramena en France le corps d'Amédée de Bourmont, le gouvernement poussa la haine jusqu'à faire ouvrir le cercueil du malheureux officier, sous prétexte d'y chercher des documents secrets.

est obligée de quitter la France une quatrième fois, je n'aurai pas, du moins je l'espère, la douleur ni la honte d'avoir préparé un tel résultat. »

Avant d'écrire à la princesse, Bourmont avait adressé au duc de Blacas la lettre suivante, que nous donnons *in extenso* :

« Nice, 18 août 1831.

« Monsieur le Duc,

« J'ai reçu de M. de Fres... la lettre que vous m'avez fait l'honneur de m'écrire le 11 de ce mois. Le nombre des bâtiments en croisière sur les côtes de la Provence, et toutes les précautions qu'on a eu le temps de prendre et que la publicité du voyage de Madame a causées, rendent sinon absolument impossible, du moins trop dangereuse la tentative d'arriver par mer. Le bateau à vapeur serait signalé partout, car son affrètement est déjà publié à Gênes.

« D'un autre côté, en raison des mesures prises dans le Var, il serait très difficile que Madame y voyageât avec les personnes de sa maison sans être reconnue, et, en raison de la détermination qu'a prise Son Altesse Royale de ne pas s'en séparer seulement pour quinze jours, elle ne pourrait même pas traverser le Piémont secrètement.

« Aussi je reconnais qu'aucune démarche de Madame ne peut être secrète, et qu'en conséquence aucune entreprise par la Provence ne peut réussir.

« Mais, nous l'avons souvent dit ensemble,

monsieur le Duc, il faut encore autre chose que la présence de Madame en France pour gagner la partie : il faut se préparer à bien la jouer ; il faut tenir un langage approprié aux circonstances ; il faut négocier secrètement avec les hommes en état de servir la cause ; il faut, dès en arrivant sur le sol français, avoir près de soi non pas seulement quelques hommes habiles, mais encore quelques-uns de ces hommes si bien placés dans l'opinion publique, si généralement honorés que l'esprit de faction n'a pas osé les attaquer par des calomnies. Les noms de certains hommes sont une véritable puissance, et ce n'est pas dans l'état de faiblesse où se trouve le parti du roi qu'il faudrait les dédaigner.

« Cependant Madame garde le silence sur ce point, comme si elle était persuadée qu'il est suffisant pour réussir de se présenter à la France avec messieurs de Mesnard et de Brissac, vous et moi ! Chacun de nous a quelques amis, sans doute, mais combien de préventions n'existe-t-il pas contre chacun de nous ! Elles sont injustes, assurément, mais leur existence n'en est pas moins un fait que l'ennemi exploiterait à son grand avantage. Sommes-nous donc assez forts pour ne pas ôter à l'ennemi quelques-unes de ses armes ?

« Quant au langage à tenir, je ne sais si Madame y attache la moindre importance, mais il n'est pas venu à ma connaissance qu'elle ait déterminé quelque chose à cet égard, ni qu'elle en ait chargé personne. Quant aux négociations ou intelligences secrètes, l'expérience nous a démontré *que rien ne pouvait demeurer secret auprès de Madame.* Tout le monde s'y mêle de tout. Ce n'est certes pas avec une mauvaise intention, c'est par zèle pour la cause, par dévouement à la personne de Madame et à tout ce qui l'intéresse. Mais, quelque honorables qu'en soient les motifs, les résultats n'en sont pas moins capables de faire échouer les plus sages et les meilleures combinaisons.

« Le manque de secret rend impossible, à mon avis, de rien entreprendre d'utile pour la cause en ce moment, et me détermine à ne plus rien diriger. Les affaires dont il s'agit sont assez graves et assez difficiles pour exiger une confiance entière de la part de Madame. Je l'écris à Madame ; je prie Son Altesse Royale de désigner la personne à laquelle elle voudra confier la continuation des correspondances à établir, afin qu'on remette à cette personne les chiffres, les encres sympathiques et tout ce qui est nécessaire pour lire les lettres qui viendront et y répondre. Je ne veux avoir aucune participation à des œuvres mal conçues, ou qui, faute de secret, ne peuvent causer que des malheurs, et je ne veux pas non plus assumer sur moi la moindre responsabilité pour une restauration qui, faute de bonnes bases, n'aurait point de durée.

« Plus tard, je n'en désespère point, il sera

possible que des chances nouvelles se présentent et que, sans avoir besoin de secret, Madame puisse aller en France et s'y placer à la tête d'un parti. Plus tard encore, Henri, devenu majeur, pourra trouver un parti puissant et combattre à sa tête. Partout où il sera, partout où sera Madame *avec des Français*[1], je m'y trouverai avec les quatre fils qui me restent.

« Le manque de secret rend, à mon avis, impossible le succès d'une entreprise en ce moment, et ne voulant pas encourir la responsabilité des malheurs qu'entraînerait une tentative mal combinée, j'ai pris la résolution de ne rien diriger. Les affaires dont il s'agit sont d'ailleurs assez graves et assez difficiles pour qu'un homme sensé ne puisse s'en charger sans avoir l'entière confiance de Madame ; il faut donc en laisser le soin à ceux qui jouissent de cette confiance. »

Nous nous sommes étendus un peu longuement peut-être sur ces pourparlers entre le maréchal et le duc de Blacas d'une part, et Madame de l'autre, au sujet des difficultés que celle-ci paraissait volontairement susciter à sa rentrée en France ; il nous a, en effet, semblé intéressant de détruire une légende, dévotement répétée par tous les historiens de l'insurrection de 1832, suivant la-

---

[1]. Le parti de Holyrood et de Blacas ne voulait rien faire sans les armes étrangères ; au contraire, Bourmont et son groupe ne voulaient pas marcher avec leur concours.

quelle la duchesse de Berry, véritable don Quichotte féminin, se serait lancée dans son entreprise de restauration pour imiter les héroïnes de Walter Scott dont les romans l'auraient grisée. Tout au contraire, d'après *les centaines* de pièces inédites que nous avons sous les yeux, et dont, naturellement, nous pouvons donner seulement ici quelques extraits, nous voyons Madame témoigner une singulière répugnance à franchir le Rubicon, et inventer mille prétextes pour en retarder l'instant, alors que tous ses partisans la pressent de commencer la lutte. La mère d'Henri V, l'aventureuse princesse, dont la hardiesse épouvantait les timides habitants de Holyrood, a-t-elle subitement perdu son beau dévouement maternel ? Son courage éprouve-t-il une défaillance subite, comme ses amis le pensent avec désespoir ? Non, mais un sentiment égoïste domine tous les autres dans son âme : elle a revu son ami d'enfance, le comte de Lucchesi-Palli, et elle se prépare à l'épouser ; c'est pourquoi elle ne veut pas s'éloigner du théâtre de ses légitimes, mais blâmables amours. Son manque de décision va permettre au gouvernement encore mal affermi de Louis-Philippe de se consolider, à la police de tout connaître, à la trahison de faire son œuvre et aux dévouements de se lasser.

CHAPITRE III

Revirement dans l'esprit de Madame. — Bourmont consent à rester. — Inquiétudes au sujet des pouvoirs secrets. — Rupture avec Blacas. — Lettre sévère de M. de Kergorlay à Charles X.

Nous avons vu dans le chapitre précédent comment le maréchal, découragé par l'attitude de Madame, lui avait envoyé sa démission. *Le duc de Blacas et lui paraissaient en ce moment d'accord en toutes choses.* Que se passa-t-il à Massa? Nous n'avons pas le fil de cette intrigue; toujours est-il qu'il s'opéra un brusque revirement dans les idées de la princesse, comme nous le montre une lettre du duc d'Escars, datée de Massa 28 août 1831 :

« Madame adopte nos projets, elle promet d'arriver le 20 (septembre) et de garder le secret le plus absolu. Expédier l'avis à MM. Kergorlay et Bellune... »

Vers la même date, Bourmont avait dû recevoir une lettre plus raisonnable de Madame[1], car, dans les premiers jours de septembre, il lui écrivait :

---

1. Nous n'avons pas trouvé cette lettre dans les archives du château de Bourmont.

« J'étais loin de m'attendre à ce que m'a appris M. de Four... [1], mais je suis touché avant tout de la bonté de Madame envers moi, et je la prie de me croire son serviteur envers et contre tous. J'ai toujours souhaité l'honneur de servir Madame, et je n'eus jamais la pensée d'agir autrement que dans son intérêt. Avant de quitter Londres, Madame paraissait avoir toute confiance en M. de Blacas. Celui-ci, pressé par moi de questions sur ce qu'on ferait en arrivant en France, me fit connaître les dispositions principales d'un acte signé à Edinburgh, acte qui lui donnait en réalité tout le pouvoir, et en laissait à peine une apparence à Madame. Je lui déclarai que, puisqu'il entendait commencer par publier cet acte, je me garderais bien de me mêler à la moindre chose, car j'étais persuadé qu'on ne pourrait espérer aucun succès avec une régence nommée par Charles X, régence dont il serait le premier, et d'abord l'unique membre; que j'étais au contraire d'avis qu'il ne fallait jamais publier une pièce pareille ; que Madame devait être présentée à la France revêtue de toute la puissance souveraine, et n'avoir en commençant que des conseils inaperçus, afin qu'on rapportât à Madame elle-même tout ce qu'il y aurait de bon dans les premiers actes qu'elle ferait publier. Je voulais encore que les premiers conseillers ostensibles que prendrait Madame

---

1. De Fourmont?

fussent des hommes bien placés dans l'opinion publique, et aucun de ceux qui, à tort ou à raison, avaient été attaqués par la presse. Je m'excluais moi-même des premiers conseillers ostensibles qu'aurait Madame, mais je pensais que nous devions donner constamment et sans bruit les conseils que nous croirions utiles. M. de Blacas me promit alors de ne rien faire que d'accord avec moi, et de ne point publier l'acte d'Edinburgh sans mon consentement.

« Madame se rappellera qu'alors il m'était difficile de lui parler d'affaires, et j'eus à peine le temps de lui dire quelques mots de celle-là, le jour où ma femme eut l'honneur de lui faire la cour. J'en parlai aussi à M. de Mesnard comme d'une chose de la plus haute importance pour Madame.

« La promesse de M. de Blacas me détermina à partir, et jugeant que la publication de l'acte dont je viens de parler ferait un tort considérable à la cause de Madame, je résolus de me tenir à portée de m'opposer à cette publication. »

Cette lettre est le premier document où il nous soit fait mention des fameux pouvoirs de M. de Blacas, pouvoirs dont la divulgation allait amener entre la princesse et son mentor une scission presque violente. Voici quelles furent les causes immédiates de la rupture :

Tandis que l'on préparait à Massa le retour de son petit-fils en France, le vieux roi ne négligeait rien pour lui susciter des obstacles. Après avoir renouvelé solennellement son abdication, après avoir, le 5 août 1831, remis à M. Feuillant, ancien député de Maine-et-Loire, un acte reconnaissant formellement la duchesse de Berry pour régente de France pendant la minorité d'Henri V, il ne craignait pas d'envoyer secrètement des agents diplomatiques aux souverains étrangers, afin de les prier de ne point favoriser les tentatives de sa belle-fille. C'est que, vieil et incorrigible enfant gâté, Charles X regrettait la couronne, maintenant qu'il n'avait plus peur, semblable à ces enfants qui crient lorsqu'un autre ramasse le jouet qu'ils ont jeté dans un caprice. Blacas était le pilote chargé par lui de maintenir loin du port la barque rivale d'Henri V.

Le vieux courtisan, très contrarié de voir au conseil de la régente des hommes tels que le duc d'Escars, le marquis de Pastoret, chancelier de France, le comte de Kergorlay, etc..., tous gens peu disposés à plier sous son joug, en témoignait ouvertement sa mauvaise humeur et se montrait, de parti pris et fort impérieusement, opposé à tout ce que décidait le conseil. Cette attitude devenait inquiétante ; on sentait un danger derrière cette outrecuidance ; l'on se méfiait d'un coup de Jarnac.

Des *fuites* se produisaient dans les délibérations les plus secrètes ; des pièces très compromettantes avaient disparu du cabinet de Madame, un soir qu'elle dînait hors de chez elle. M. de Montbel, dans ses lettres écrites de Vienne, le roi de Sardaigne par ses agents, avertissaient le maréchal que Metternich, le grand ami de Blacas, n'ignorait rien de ce qui se passait au conseil de Marie-Caroline. De toutes parts on recevait de semblables avis. Il est profondément démoralisant d'aller au combat, lorsqu'on se dit que vos alliés vous trahissent et s'apprêtent à vous tirer dans le dos. Interrogée sur la teneur de ces fameux pouvoirs, Madame déclara naïvement, inconsciente de son impardonnable légèreté, qu'il lui était impossible d'analyser ces actes que M. de Blacas lui avait montrés « comme on ne montrerait pas à une jeune fille des colifichets de mode ». C'en était trop ; Blacas fut sommé d'exhiber ses papiers-secrets. Ayant promis au maréchal de pas les divulguer sans son autorisation, le duc, il faut l'avouer, se trouvait dans une position difficile ; enfin il dut céder, et découvrir la déloyauté du roi son maître. Le comte de Mesnard raconte cette scène de la manière suivante. « Ces messieurs, voyant que le duc de Blacas se trouverait par là même le véritable régent de France, lui firent d'abord tranquillement quelques observations, puis ils ajoutèrent avec une énergie calme, mais pleine d'autorité, que Madame étant reconnue régente par le roi et par la partie de la France où elle se trouverait, jouirait de tous les droits de cette sorte de souveraineté, se réservant de profiter des conseils du roi, ou de lui en demander même, mais que, ne se croyant assujettie à aucune restriction dans ce qu'elle voudrait entreprendre aidée du conseil qu'elle se serait choisie, on pouvait en conséquence regarder lesdits pouvoirs comme non avenus. Le duc de Blacas ne s'attendait pas à cette énergique résolution ; le sang-froid du diplomate l'abandonna : il se saisit du document qui, dit-il, lui avait été confié par le roi, et déclara que si Madame entrait en France, il le déposerait à la première cour royale. Sur quoi un des membres du conseil se serait levé et lui aurait dit : « Dans ce cas, Monsieur le duc, si Madame suivait mon avis, elle vous ferait fusiller. »

Le récit de M. de Mesnard a été souvent répété ; si nous le reproduisons à notre tour, c'est que les documents nombreux que nous avons sous les yeux en confirment la parfaite véracité. Quoi qu'il en soit, Blacas, profondément blessé dans son immense orgueil et dans son autoritarisme, sortit du conseil le cœur plein de fiel et de haine, et tout assoiffé de vengeance. D'autre part, le maréchal de Bourmont, furieux que le duc eût manqué à sa promesse, en témoigna son mécontentement par une lettre trop violente pour être reproduite ici. « La guerre intestine éclatait au sein même de la guerre civile. »

La déloyauté de Charles X ainsi démasquée, le comte de Kergorlay écrivit au vieux roi la lettre qu'on va lire, lettre méritée, mais fort dure malgré sa forme respectueuse :

« Bains de Lucques, 29 septembre 1831.

« Sire,

« J'ai assisté à quelques conférences qui ont été tenues sur les intérêts de Henri V et de la France, en présence de son jeune roi.

« Dans une de ces conférences, il a été donné lecture de deux déclarations, l'une du 3 août 1830, l'autre postérieure, par lesquelles Votre Majesté, annonce son intention de nommer Madame régente et de régler les conditions de cette régence.

« Personne ne saurait avoir appris avec plus de douleur que moi le malheureux acte du 2 août 1830, par lequel Votre Majesté abdiqua la couronne de France. Cet acte, par sa nature, ne semblait pas rétractable ; il ne fut d'ailleurs pas rétracté après l'arrivée de Votre Majesté sur la terre étrangère ; il ne resta donc plus à vos plus fidèles sujets qu'à s'y résigner.

« Ils comprirent que Votre Majesté, n'ayant soumis à aucune réserve ce dernier acte de sa volonté souveraine, avait abdiqué à la fois toutes les fonctions de la royauté.

« J'émis donc, en la conférence dont je viens de parler, l'opinion que Votre Majesté, en abdiquant la couronne, n'avait pu conserver ni le pouvoir de nommer à la régence, ni celui d'en régler les conditions.

« Il est même vrai que Votre Majesté, par l'acte même de son abdication, nomma M. le duc d'Orléans lieutenant général du royaume, et l'on peut dire que cette nomination funeste ne fut pas contestée.

« Je ne me propose pas d'examiner ici si elle devait l'être; les exemples, au reste, que les dispositions testamentaires de nos rois relatives à la régence n'aient pas été suivies après leur mort, ne manquent pas dans notre histoire.

« Mais, quand on admettrait comme incontestable la validité d'un lieutenant général du royaume contenue dans l'acte même de l'abdication, il ne résulterait pas de là qu'on pût soutenir la validité de nouvelles dispositions du roi relatives à la régence, qui porteraient une date postérieure à celle de son abdication.

« A la vérité, M. le duc d'Orléans s'étant, par le crime de son usurpation, rendu à jamais indigne de la lieutenance générale du royaume que Votre Majesté lui avait conférée, on pourrait concevoir qu'au moment où le roi aurait appris cette indignité, il eût cru devoir se reporter à une époque antérieure de peu de jours à celle à laquelle il aurait fait cette nomination, et suppléer à son annulation nécessaire en lui en substituant une nouvelle sans prendre en considération quelques jours écoulés dans l'intervalle; mais la fiction par laquelle on se reporterait à un temps écoulé depuis peu de jours *ne peut s'étendre avec la moindre vraisemblance à un délai de plus d'un an*, et il faut bien, après un silence prolongé, que la réalité remplace la fiction.

« La réalité est que l'abdication du roi étant sa renonciation à l'exercice des fonctions royales, il a renoncé, en abdiquant, à tout exercice ultérieur de la fonction royale de disposer de la régence.

« La renonciation de M. le Dauphin à ses droits à la couronne en faveur de son neveu équivaut, pendant la durée de la vie de Henri V, à une abdication complète, et doit en conséquence avoir, relativement à la régence actuelle, les mêmes effets.

« Que si de l'examen de la solidité on passe à celui de l'opportunité, je crois ne devoir pas reculer devant le douloureux devoir de dire que, devant la disposition actuelle des esprits en France, la publication d'ordonnances par lesquelles Votre Majesté conférerait la régence et en réglerait les conditions, aurait un effet funeste. Le public n'y verrait qu'un effort pour associer le nouveau règne au système qui a perdu le précédent.

« Ce système avait déjà perdu Jacques II en Angleterre.

« Il consiste dans la supposition d'un pouvoir constituant qui, fondé de droit divin, aurait en soi *la triple faculté d'octroyer une charte, de la jurer et de la retirer ensuite*.

« Je sais bien que Votre Majesté n'a ni voulu, ni cru violer la Charte, et que, se fondant sur l'ambiguïté de l'article XIV, elle a cru demeurer fidèle à la Charte, même en adoptant l'interprétation de cet article qui lui a semblé la meilleure. Je crois que ses ministres en ont adopté, avec la même sincérité, la même interprétation.

« Mais je sais aussi que cette interprétation n'a été adoptée que par une bien petite partie de la nation, et qu'elle a paru au plus grand nombre paradoxale et en contradiction avec le principe même de la Charte, ainsi qu'avec l'adage connu, exprimé en nos anciennes coutumes par ces paroles concises : *Donner et retenir ne vaut.*

« J'ai souvent eu occasion, et notamment dans les Cent-Jours, de m'expliquer publiquement sur la préférence à donner aux constitutions octroyés ou aux constitutions extorquées. J'ai toujours exprimé, avec autant de force que j'en ai été capable, mon indignation contre l'ignoble système des constitutions extorquées, et j'ai toujours ajouté, avec la même chaleur, que les constitutions octroyées reposaient sur la plus sûre des garanties : *l'honneur royal.*

« La malheureuse controverse sur l'application de l'article XIV *a gravement altéré, dans la généralité des esprits, la sûreté de cette garantie.*

« Je n'ai pas cessé, depuis la Révolution, d'être convaincu que le seul obstacle qui s'oppose au rétablissement de Henri V sur le trône de ses pères par acclamations, est la difficulté de persuader à la nation que ni lui ni sa mère n'adopteraient jamais le système qui attribue au roi un pouvoir constituant, également capable d'octroyer une charte, de la jurer et de la retirer ensuite.

« Les diverses considérations fondées sur notre droit public et sur l'utilité de l'État que je viens d'exposer, m'ont déterminé à émettre, dans les conférences auxquelles j'ai assisté ici, l'opinion que la mère de Henri V devait, et aurait dû depuis longtemps, *se proclamer régente elle-même, à l'exemple de Louis XVIII qui se proclama régent pendant la minorité de Louis XVII*. Plusieurs personnes sans doute, et j'étais du nombre, n'approuvèrent pas M. le comte de Provence d'avoir, en prenant le titre de régent, *enfreint les droits de la reine-mère captive*, et pensèrent qu'il eût agi plus convenablement s'il eût pris seulement le titre de lieutenant général du royaume. Mais s'il s'éleva des contestations sur la convenance du titre qu'il prenait, il ne s'en éleva aucune sur son droit de le prendre par sa propre autorité. Il fut approuvé grandement et unanimement de n'avoir pas attendu son retour en France pour proclamer son droit et son devoir, comme le premier héritier du trône, de pourvoir autant qu'il était en lui au gouvernement de l'État, soit pendant la captivité de la reine, soit après la malheureuse issue de cette captivité.

« J'ai cru d'autant plus de mon devoir d'exposer respectueusement à Votre Majesté l'opinion que j'ai émise relativement à la régence, qu'il a été refusé aux membres de la conférence de dresser procès-verbal des opinions qu'ils ont émises à ce sujet... »

On conçoit facilement l'effroyable colère que cette lettre dut exciter chez le vieux roi et chez l'irascible duchesse d'Angoulême. Quant au duc de Blacas, Madame avait en lui désormais l'ennemi le plus implacable, et il allait se joindre encore plus passionnément à la famille royale pour faire avorter les projets de la princesse. On apprit bientôt à Massa que, sans en rendre compte à Mme la duchesse de Berry régente, le baron de Damas, par ordre de Charles X, s'était rendu à Londres pour y traiter des intérêts d'Henri V avec les ambassadeurs des puissances européennes. Le monarque déchu prétendait rester roi malgré ses deux abdications ; Blacas et le baron de Damas persistaient à le considérer comme encore revêtu de l'autorité royale. Le baron de Damas avait d'ailleurs trouvé l'accueil le moins encourageant auprès des ambassadeurs ; mais on continuait, à Holyrood, à intriguer contre Madame. Aussi les rapports entre le duc de Blacas et les conseillers de celle-ci devenaient-ils chaque jour plus tendus.

CHAPITRE IV

Arrivée du baron de Charette en Vendée. — Commencement d'organisation. — Instruction aux chefs de division. — Toujours l'ingratitude. — La Restauration a désarmé la Vendée Militaire. — Prophéties de Chateaubriand.

Un grand nombre d'auteurs nous ont dit et redit jusqu'à satiété mille anecdotes plus ou moins authentiques dont Mme la duchesse de Berry fut, ou aurait été l'héroïne. Nous ne les rééditerons pas une fois de plus, nous éviterons surtout de répéter les histoires par trop rebattues de *Petit-Pierre* et *Petit-Paul* [1]; nous nous occuperons seulement des événements militaires survenus dans le corps d'armée Charette de 1830 à 1832. Des documents nombreux et inédits nous permettent de jeter un peu de lumière sur ces événements, que trop de gens ont eu intérêt à laisser voilés d'une ombre protectrice.

Le maréchal de Bourmont, commandant en chef de toutes les forces royalistes, avait partagé les provinces vendéennes de la rive gauche de la Loire en trois corps d'armée groupés sous les ordres de d'Autichamp, et commandés : le premier par Cathelineau, le second par Auguste de La Rochejaquelein. Le baron de Charette, fils de Louis de Charette tué à la bataille des Brouzils, le 2 ventôse an V, frère de Ludovic tué à Aizenay en 1815,

[1]. Noms de guerre de Madame et de Mlle Eulalie de Kersabiec.

et propre neveu du célèbre général vendéen, avait le commandement du troisième. Le baron Athanase-Charles-Marin de Charette de la Contrie était né à Nantes, le 14 janvier 1796. Il avait combattu vaillamment en 1815. A la seconde Restauration, il fut nommé chef d'escadrons dans les chasseurs de la Vendée. Passé le 24 octobre 1821 dans les chasseurs de la garde royale, il reçut la croix de Saint-Louis, puis, en 1827, il entra dans les cuirassiers du Dauphin, avec le grade de lieutenant-colonel. Il était colonel du 4ᵉ cuirassiers, à Vendôme, lorsque la révolution de Juillet éclata. Le roi ne voulant pas se défendre, Athanase de Charette avait donné sa démission et rejoint en exil la famille royale.

Lorsque Mme la duchesse de Berry eut enfin obtenu de Charles X l'autorisation de tenter une troisième restauration et fut partie pour l'Italie, M. de Charette, auquel le gouvernement de Louis-Philippe avait refusé un passeport, rentra secrètement en France, au mois de juin 1831. Laissant la diligence entre Oudon et son château de la Contrie, il gagna la Trémissinière, autre propriété lui appartenant, située à la porte de Nantes, sur la rive gauche de l'Erdre. Le lendemain il put entrer en ville, sans avoir été remarqué par les nombreux espions auxquels on avait donné son signalement. Il se cacha pendant quelques jours chez Mme Billou, marchande de laines, royaliste dévouée autant que brave; puis, quittant ce toit hospitalier, après avoir été rejoint par ses deux aides de camp, MM. Henri de Monti et Henri de Puyseux, il sortit de la ville et se mit à parcourir les campagnes, afin de prendre le contact avec ses chefs de division et les personnes influentes du pays qui, à cette époque, « semblaient sans exception comprendre la nécessité de donner une organisation forte à ces contrées [1] ».

Le premier soin du général fut de remettre à tous les chefs de division une certaine quantité de munitions de guerre. L'armurier Aubron — que la Restauration, toujours acharnée contre ses partisans les plus fidèles, avait persécuté pour lui faire livrer les fusils de calibre qu'il possédait en grande quantité depuis 1815, — l'armurier Aubron, disons-nous, faisait parvenir à M. de Charette toutes les armes qu'il pouvait se procurer. Un dépôt d'armes et de munitions était placé au centre du territoire de chaque division [2]. Ne voulant pas compromettre les officiers comptables attachés aux différentes fractions de troupes, Charette avait fait remettre à leurs commandants un cachet portant le nom et le numéro de la division. Ce cachet devait être apposé sur des bons imprimés dont voici le fac-similé :

1. *Journal d'un Chef de l'Ouest*, par le baron de Charette. Dentu, 1842.
2. On employait souvent, pour les faire sortir de la ville, une sorte de break appartenant à Mme de Monti. Par-dessus les fusils on plaçait des paquets de balais, ou autres objets de ménage, et l'on passait ainsi le pont de Pirmil. Parfois un gendarme allant à Rezé s'asseyait à côté du cocher, sans se douter de la contrebande de guerre qu'il protégeait par sa présence.

Rive gauche de la Loire   **BON DE FOURNITURES**   DIVISION DE _____

ARMÉE ROYALE   Sur la réquisition de _____ M _____
Ier Corps   a fourni _____ N° ____

NATURE des RÉQUISITIONS	NOMBRE	CHARRETTÉS	SEPTIERS	TONNEAUX	BARRIQUES	VALEUR des FOURNITURES	TOTAUX	OBSERVATIONS
Bœuf........								Chaque contribuable recevra un bon en nantissement des objets fournis, dont le double, portant le même numéro, sera envoyé au quartier général pour y être ordonnancé.
Vache.......								
Veau........								
Porc........								
Cheval......								
Foin........								Toutes les fois que les fournitures ne pourront, vu leur modicité, être comprises dans les catégories ci-contre indiquées, on devra leur donner une valeur dont le chiffre figurera dans la colonne des totaux.
Paille.......								
Avoine......								
Blé.........								
Vin.........								Chaque bon sera revêtu du cachet ou de la signature du Major, et en son absence de celle de l'un de ses délégués.
Corvées.....								
TOTAL GÉNÉRAL								

Vu :   *Le Major de la Division,*
L'Intendant militaire,   A _____ le _____ 1832.

Dans une instruction très détaillée (trop longue pour être reproduite ici), Charette indiquait à ses chefs de division les devoirs qu'ils auraient à remplir, eux et les officiers reconnaissant leur autorité. Cette instruction contenait aussi un plan d'organisation de bataillons réguliers, devant former plus tard des régiments de ligne commandés par d'anciens officiers. Ces bataillons, dont le noyau serait formé par les réfractaires déjà organisés et touchant une solde régulière, recevraient des volontaires et des déserteurs, ou des soldats enlevés dans leurs cantonnements. Au premier succès, beaucoup d'anciens soldats et sous-officiers de l'ex-garde royale, beaucoup d'officiers démissionnaires ou qui ne servaient Louis-Philippe que pour ne pas perdre leur solde, accourraient dans l'Ouest et permettraient de pousser rapidement l'organisation projetée. Nous avons expliqué ailleurs[1] le plan du maréchal de Bourmont : les sept corps d'armée de la rive droite de la Loire et les trois de la rive gauche devaient, en une nuit, prendre les armes et faire prisonniers les soldats du gouvernement, si follement dispersés dans de petits cantonnements et logés isolément chez les habitants des villages. Si l'opération était faite avec audace et promptitude, on pourrait intercepter les communications entre l'Ouest et Paris par une ligne armée allant de La Rochelle à Angers et Pon-

---

1. *Chouans et Réfractaires.*

torson. Tout ce qu'on demandait aux divisions royalistes était d'occuper l'ennemi pendant cinq ou six semaines par une guerre d'embuscades et de chicane. Ce temps était plus que suffisant pour permettre aux régiments réguliers de se former et d'entrer en ligne à leur tour.

Mais, pour montrer quelle était la situation du IIIe corps quelques semaines après l'arrivée du baron de Charette, nous ne saurions mieux faire que de reproduire intégralement le rapport adressé par lui au maréchal de Bourmont, le 27 août 1831 :

« C'est après avoir parcouru la majeure partie du IIIe corps d'armée, écrit Charette, que nous nous décidons à faire un rapport à monsieur le maréchal sur la situation du pays. Pour qu'on ne nous accuse pas de négligence, nous désirons qu'il comprenne bien les difficultés d'organisation qui se présentent. Le IIIe corps s'étend partie sur la Loire-Inférieure, partie sur la Vendée. Or il est important de ne blesser aucune des notabilités de ces deux pays. Nous avons donc cherché autant que possible à concilier leurs intérêts et leur amour-propre. A cet effet, nous avons pensé qu'il serait convenable de nommer un commandant en second dans le département de la Vendée. Nous avons proposé ce poste à M. de la Voyrie, ancien colonel de gendarmerie, et antérieurement à un des officiers supérieurs de Charette, et nous attendons une réponse. De plus, nous avons nommé un comité supérieur qui résiderait auprès de nous. Il aurait à connaître notamment des affaires civiles, de l'organisation des communes. Ce conseil est pris partie dans la Vendée, partie dans la Loire-Inférieure[1]. Il se compose de douze membres, un président et un secrétaire. Plusieurs membres sont déjà arrêtés : ce sont de vieux Vendéens que leurs longs services empêchent de servir activement.

« Nous avons dans cette organisation l'avantage de donner une position honorable à beaucoup de personnes dont l'amour-propre aurait été blessé de n'être comptées pour rien, après avoir cependant loyalement servi. Nous avons aussi trouvé une grande difficulté à concilier les amours-propres qui existaient entre les anciens officiers de l'armée de Charette et ceux de Suzannet. Notre conseil supérieur nous a fort servi dans cette occurrence. Nous éprouvons quelque difficulté à organiser la division si importante du Marais. Pour cet effet, nous avons dû la partager en deux portions, savoir : l'une sous les ordres de Robert, l'autre sous ceux de Benjamin de Maynard. Cette décision a été nécessitée par la déclaration presque unanime des paysans de ne vouloir servir que sous Robert. Nous avons des craintes que M. de Maynard ne se rende pas à nos ordres, mais l'intérêt général nous fait un devoir de les maintenir. La division de Bruc[1] est

---

1. Division de Vallet. Remplacé par Le Chauff.

aussi paralysée par son chef qui n'a pas voulu entrer en correspondance avec nous, qui, en un mot, a refusé toute espèce de coopération. Force nous a été de le remplacer par son neveu, ancien capitaine de cuirassiers. Les autres divisions, au nombre de onze, ont reçu nos instructions afin d'agir sur une base uniforme et militaire; mais nous ne pouvons dissimuler au gouvernement de Madame qu'il est impossible de compter sur une insurrection générale. L'absence de Son Altesse Royale, la tiédeur de beaucoup de personnes notables entravera notre mouvement. Même les plus dévoués réclament sa présence et la guerre étrangère. Néanmoins, nous croyons pouvoir compter sur une force de cinq mille hommes, quand les ordres nous parviendront. Nous les souhaitons ardemment pour nous et pour le pays. Il est à désirer que la moisson soit terminée. L'esprit des troupes n'est pas mauvais; il y aura des défections partielles lorsque nous nous lèverons. Si l'insurrection devient générale, elles ne tireront pas sur nous; plusieurs officiers ont donné leur parole de nous rejoindre. Les campagnes sont mal armées, notamment le département de la Vendée. En général son zèle est plus tiède. Il est juste d'observer que le IIIe corps n'y avait reçu pour ainsi dire aucune communication avant notre arrivée. Il manque totalement de poudre. Nous avons fait notre possible pour nous en procurer. Dans ce moment nous cherchons à en fabriquer. Du pays, quelques résultats nous en font espérer de meilleurs. Nous avons fait acheter quelques armes, mais la somme que nous avons reçue sera bientôt insuffisante pour de tels besoins. Ne trouvant aucune ressource dans un pays organisé, sauf qu'il nous faut donner une paye, nous y pourvoirons autant que possible de notre bourse, car nos vies, comme notre fortune, sont à Henri V.

« Conformément aux instructions que nous avons reçues à Londres, nous tenons prêtes deux proclamations, une pour les troupes, qui comprend les pensées bienveillantes de Madame à l'égard de l'armée, l'autre pour les paysans, exprimant les intentions de Son Altesse Royale au sujet des provinces[1], la diminution des impôts, notamment ceux sur le sel, qui flatte singulièrement les populations de ce pays. Nous croyons, en âme et conscience, avoir rendu un compte exact de la situation du corps d'armée confié à notre direction. Nous aurions désiré répondre d'une façon plus satisfaisante à la confiance du noble maréchal, mais il peut être assuré que nous n'avons pas ménagé nos fatigues.

A ce rapport était joint le tableau suivant :

---

1. D'après la nouvelle organisation approuvée par la duchesse de Berry, les départements devaient être groupés en provinces, commandées chacune par un gouverneur militaire.

DIVISIONS ORGANISÉES [1]

Divisions	Chefs
Saint-Philbert............	MM. de la Robrie.
Pays de Retz.............	de Jasson.
Marais 1re...............	B. de Maynard.
— 2e	Robert.
Palluau.................	Maximilien de la Robrie.
Les Sables..............	Constant de Chabot.
Bourbon-Vendée.........	Caillaud.
Montaigu................	de Nacquart.
Les Essarts.............	de Puytesson.
Vallet..................	Ludovic de Bruc (remplacé par Le Chauff).
Maisdon................	de la Courbejollière.
Vieillevigne.............	Le Maignan.
Legé...................	de Goulaine.

M. de Charette, dans son rapport, se plaint de la pénurie d'armes et de munitions ; la faute en était au gouvernement de la Restauration, qui, suivant les paroles du général Lamarque, « avait eu la sottise de désarmer la Vendée ».

« Ma maxime est de ne jamais abandonner mes amis, d'être juste envers mes ennemis et de ne craindre personne, » avait déclaré George Ier en montant sur le trône d'Angleterre. Les Bour-

---

[1]. Ce tableau fut plusieurs fois remanié. Robert ayant refusé de marcher, les deux divisions du Marais furent réunies sous le commandement de M. de Maynard. — Plus tard, nous voyons dans le journal de Charette M. de la Roche Saint-André désigné comme chef de la division de Vieillevigne, à la place de M. Le Maignan ; est-ce une erreur de plume, ou le changement eut-il lieu réellement ?

bons raisonnèrent autrement : « Abandonnons nos amis dont la fidélité est éprouvée, et réservons les faveurs et les places pour nos ennemis dont nous avons peur. » Le soin d'appliquer ce programme fut confié à des hommes de la Révolution comme Fouché, Talleyrand, Pasquier, Louis, Decazes, etc... N'ayant pas de postérité, sceptique et profondément égoïste, Louis XVIII voulait mourir aux Tuileries ; peu lui importait par ailleurs s'il préparait la ruine de sa race. Ce fut un politique habile, mais seulement à son point de vue personnel.

Chateaubriand et Crétineau-Joly ont justement flétri la honteuse et inintelligente ingratitude des Bourbons ; nous ne reviendrons plus sur ce lamentable sujet.

Mais il ne suffisait pas d'être ingrats envers les Vendéens et les Bretons, il fallait se mettre à l'abri de dévouements ultérieurs en les désarmant : la Révolution l'exigeait. Dès les premiers jours de la Restauration, Fouché et Pasquier avaient commencé à saper le trône à peine rétabli des souverains légitimes ; ils s'étaient empressés de licencier les troupes bretonnes et vendéennes d'abord, puis d'empêcher de tout leur pouvoir les chouans de s'engager dans l'armée régulière. « Il faut, écrivait Fouché à l'un de ses agents, par ruse, par force, et surtout en s'adressant au cœur de la Vendée, *en mettant en jeu le nom de Sa Majesté*, licencier ces *entêtés* de Bretons et ces *trop fidèles* Vendéens dont le dévouement devient dangereux *pour le ministère*. Nous allons avoir des élections générales ; vous devez avoir de l'influence dans le pays ; vous y resterez jusqu'après ce grand mouvement qui doit *perdre ou consolider l'œuvre de la Révolution*... Dites aux préfets qu'il faut faire rentrer dans leurs chaumières tous ces paysans ; les puissances alliées ne sont pas rassurées sur leurs dispositions. Il faut donc, à quelque prix que ce soit, obtenir le désarmement : les alliés l'exigent, et, *s'ils ne l'exigeaient pas, je saurais les y forcer*. NOUS NOUS ENTENDRONS TOUJOURS AVEC LES RÉVOLUTIONNAIRES. C'est un peu plus ou moins de concessions à leur faire, selon la circonstance ; avec les royalistes il n'en est pas ainsi : ils nous détestent de longue date, *il faut les perdre dans l'esprit du roi*[1]. »

Fouché put sans entraves achever l'anéantissement de la Vendée militaire. Les officiers les plus méritants, de braves compagnons de Cadoudal sont mis à la retraite. Aux rares privilégiés maintenus en activité, on a soin d'annoncer *que les campagnes faites sous le drapeau blanc ne figureront pas sur les états de services*. Dupérat qui a fait la guerre pendant dix ans et qui en a passé dix autres en prison, est rétrogradé avant d'être retraité : on pourra ainsi diminuer

---

1. Il est convenu que Louis XVIII était un habile politique, mais un souverain qui s'entoure de pareils ministres nous paraît, malgré tout, être le plus dangereux ennemi de la monarchie qu'il représente.

le chiffre de sa pension. On n'ose renvoyer du Boisguy, mais on lui refuse tout avancement. Le général de Courson est menacé de passer au conseil de guerre, parce qu'on a découvert chez lui les armes qu'il a prises aux troupes bonapartistes à la Malhoure, en 1815. Le 25 mai 1819, le préfet de la Vendée publie un arrêté menaçant les royalistes chez lesquels on trouverait des armes de se voir traduits devant les tribunaux, *pour y être jugés et condamnés* conformément à la loi du 13 fructidor an V, et du décret du 23 pluviôse an XIII.

« Si les royalistes de l'Ouest ont des armes, écrit Chateaubriand, si on les leur demande *de par le roi*, ils les abandonneront, puisqu'ils les ont prises pour le roi. Mais est-il bien sûr qu'on n'aura jamais besoin des Vendéens? Le système ministériel n'a-t-il pas produit un premier 20 mars, et ne peut-il en amener un second? Qui nous défendra alors? Seront-ce les hommes qui nous ont déjà trahis? Chose remarquable, on veut désarmer les paysans de la Bretagne et de la Vendée, et l'on a fait rendre les armes que l'on avait prises aux paysans de l'Isère, dans un département qui s'était insurgé contre le souverain légitime! » Et le grand écrivain, prévoyant l'avenir, continue : « La faction qui pousse les ministres, et dont ils seront les victimes, a ses raisons pour presser le désarmement de la Vendée. A diverses époques on a tenté ce désarmement et l'on n'a jamais pu y réussir. Le nom du roi présente une chance : en employant cet auguste nom, on peut espérer que les paysans royalistes s'empresseront d'apporter les fusils qu'ils pourraient encore avoir. Mais dans ce pays il y a aussi des jacobins, *et ceux-là ont très certainement des armes*, et ceux-là on ne les leur retirera pas au nom du roi. Alors, s'il arrivait jamais une catastrophe, non seulement la population royaliste de l'Ouest *deviendrait inutile dans le premier moment à la cause de la légitimité, mais encore elle serait livrée sans armes à la population révolutionnaire armée...* La Vendée que la Convention laissa libre, qu'elle exempta de réquisitions et de conscription ; la Vendée à qui elle permit de garder ses armes, et même la cocarde blanche ; la Vendée dont elle paya les dettes et dont elle promit de relever les chaumières ; les Vendéens que Buonaparte appelait un peuple de géants, et au milieu desquels il voulut bâtir une ville de son nom ; les Vendéens que l'usurpateur traitait avec estime ; les Vendéens dont il reconnaissait la loyauté, dont il plaçait les enfants et pensionnait les veuves ; ces Vendéens et cette Vendée n'ont donc pu mériter par trente années de loyauté, de combats, de sacrifices, la bienveillance des ministres du roi ? »

Et, autre part, cédant à un mouvement de colère, Chateaubriand jette ces phrases pleines d'amertume :

« Eh bien ! notre rôle est fini. Nous ne nous ferons plus mettre en coupe réglée : que la monarchie se tire de ses lois ministérielles, de ses amis de 1793 et des Cent-Jours comme elle pourra ; cela ne nous regarde plus. Contents de cultiver notre champ à l'écart, nous échapperons individuellement à la catastrophe. Nous avons déjà vécu sous les Buonaparte, un autre usurpateur ne nous traitera pas plus mal. On nous renie ; nous nous éloignons en pleurant, mais nous nous éloignons... Nous cesserons d'immoler nos familles, nos biens, notre repos, à une fidélité qui importune. »

Heureusement l'illustre Breton se reprend vite, et il finit par cette profession de foi, à laquelle plus que jamais adhéreront les royalistes fidèles, qui ont vu combien les imperfections de la monarchie légitime sont peu de chose comparées aux turpitudes, aux lâchetés, aux infamies des gouvernements issus de la Révolution :

« Oui, qui de vous n'aime pas mieux être un royaliste pauvre et dépouillé, insulté, oublié, que tel homme dont la fortune est aujourd'hui le mépris et le scandale du monde ?... Vous avez en vous-même une récompense bien supérieure à tous les biens qu'on pourrait vous offrir ».

La politique d'ingratitude devait avoir pour fruits amers la nouvelle chute des Bourbons et l'avortement de l'insurrection de 1832.

CHAPITRE V

Madame annonce qu'elle entrera en France le 3 octobre. — Entrevue de la Fétellière. — Manque d'ardeur chez plusieurs chefs de division. — Ils ne veulent rien faire sans le concours des armes étrangères. — Contre-ordre du 3 octobre. — Il compromet beaucoup de royalistes. — Mécontentement qu'il provoque. — Voyage de Madame. — Son mariage. — Lâche perfidie du roi de Naples.

Au mois de septembre 1831, les officiers généraux furent avisés que Mme la duchesse de Berry débarquerait en Provence le 3 octobre suivant, et ils reçurent l'ordre de se tenir prêts à prendre les armes à cette date. Cet ordre fut remis à Charette par M. Ulric Pelloutier; il était malheureusement rédigé en termes peu précis, semblant subordonner le soulèvement de l'Ouest à des succès préalables dans le Midi, ou à la proclamation de la république à Paris. Il se terminait ainsi : « Nous laissons au dévouement des officiers le soin de faire opérer leur soulèvement au moment où ils le jugeront le plus opportun. » Comme le dit avec raison un des chefs de la rive droite, M. de Pontfarcy, un ordre conditionnel est un prétexte offert à la pusillanimité et à la défection. Cependant Charette crut devoir le communiquer à ses chefs de division, qu'il convoqua au manoir de la Fételllière. Cette habitation située à 3.500 mètres au nord de Remouillé, sur la rive gauche de la Maine, appartenait à M. Benjamin de Goyon[1]. Douze chefs de division et quelques officiers envoyés par ceux qui n'avaient pu venir assistaient à la réunion, entre autres MM. de Goulaine, Benjamin de Goyon, Le Maignan de l'Ecorce, de la Courbejollière, Robert (du Marais), de la Robrie, de Keremar, Louis de Cornulier, les frères Guignard, les aides-de-camp de Charette Henri de Monti et Henri de Puyseux, etc..., et enfin Mme Auguste de la Rochejaquelein, qui était le véritable chef du IIe corps, tandis que son mari parcourait la Hollande, soi-disant pour se procurer des armes, mais en réalité, paraît-il... pour y chercher Louis XVII! Dans la pensée du brave général de la Rochejaquelein, chez lequel l'intelligence était peut-être inférieure au courage, l'intervention du sémito-protestant Naundorf devait avoir des résultats heureux pour la cause de Henri V, sans qu'on puisse s'expliquer très clairement toutefois comment il arrivait à cette conclusion.

L'union qui fait la force ne fut jamais la vertu des royalistes; on le vit une fois de plus à la

---

[1]. Ayant porté primitivement le nom de Goujon, puis du Goujon, puis enfin transformée en Goyon, cette famille est originaire de Condom; elle n'a rien de commun avec l'ancienne et illustre famille bretonne des Goyon-Matignon, malgré l'achat par les *Goyon* (ex-Goujon fondus en Goyon-Feltre) du fort La Latte, dans le canton de *Matignon*, achat qui facilite une confusion.

Fételière. Deux partis s'y trouvaient en présence, le parti de M. de Goulaine, autour duquel Benjamin de Goyon gravitait comme un satellite, et le parti de M. de Charette. Le premier, le plus nombreux d'ailleurs, était surtout composé d'hommes jouissant d'une belle situation de fortune et qui, quoique méprisant Louis-Philippe, n'avaient plus assez la foi royaliste pour risquer leur liberté ou leur vie dans une entreprise hasardeuse; le second comptait des hommes prêts à obéir aveuglément à Madame, et à tout sacrifier pour la cause à laquelle ils avaient consacré leur vie. Chose digne de remarque, les royalistes les plus tièdes étaient justement ceux qui, en 1828, lors du voyage de Madame en Vendée, lui avaient prodigué les démonstrations de joie les plus bruyantes, les protestations les plus héroïques et les vers les plus sentimentaux.

Les royalistes d'action se moquèrent d'eux et leur donnèrent le nom de *pancaliers*, nom d'une espèce de choux à tige énorme *qui n'ont pas de cœur*. Ce surnom odieux excita chez ceux qui en étaient flétris une haine mortelle, un désir de vengeance passionné. On le vit bien en mai et juin 1832.

Suivant le plan adopté par la duchesse de Berry, l'insurrection commencerait par le Midi où Madame débarquerait le 3 octobre. Les régiments de la conquête d'Alger, actuellement échelonnés de Marseille à Montauban, et sur lesquels on croyait pouvoir compter, appuieraient le mouvement. La Vendée prendrait les armes à la nouvelle du premier succès remporté dans le sud, ou si, à la suite du débarquement de Madame, les républicains s'insurgeaient à Paris et proclamaient la république, ou encore dans le cas d'une invasion étrangère menaçant l'intégrité du territoire, auquel cas les royalistes se dresseraient, au moment opportun, entre la France et les envahisseurs. Les légitimistes du parti *pancalier* détournèrent cette dernière condition de son véritable sens : ils prétendirent *qu'on leur avait promis le concours des armées étrangères*, c'est-à-dire l'envahissement du pays par l'ennemi avec ses funestes conséquences, concours sans lequel, en réalité, ils ne voulaient rien faire. Madame, nous l'avons dit, *laissait au dévouement des officiers le soin d'opérer leur soulèvement en temps opportun ;* la plupart de ceux-ci l'ajournèrent en leur cœur aux calendes grecques.

La discussion fut longue à la Fétellière, et tourna promptement à l'aigre. M. de Goulaine était pour le atermoiements; Mme de la Rochejaquelein, au contraire, observait non sans raison que, quant à prendre les armes, il fallait le faire tout de suite et ne pas laisser au pouvoir encore chancelant de Louis-Philippe le temps de se consolider. Finalement, une majorité de neuf voix contre cinq décida que la Vendée ne bougerait pas avant la nouvelle *bien confirmée* d'un succès dans le Midi, ou de la proclamation de la république à Paris. Charette lui-même, craignant quelque contre-ordre à la dernière heure, était d'avis d'agir avec circonspection.

Nous avons vu précédemment combien la duchesse de Berry, absorbée par ses amours, avait peine à se décider à rentrer en France. Ces hésitations, qu'on prenait pour de la lâcheté, décourageaient non seulement les royalistes, mais encore son plus puissant allié, le roi de Sardaigne Charles-Albert. Lorsque le duc d'Escars fit savoir à Madame que les provinces du Midi, et particulièrement le Languedoc, ne seraient pas prêtes à prendre les armes le 3 octobre, ce fut avec un vif plaisir qu'elle signa le contre-ordre ajournant le soulèvement; mais, si certains chefs de la Vendée s'en réjouirent, d'autres, au contraire, se montrèrent exaspérés de ce retard, comme nous le voyons dans une lettre de M. Ulric Pelloutier à l'un des fils du maréchal, lettre datée du 16 octobre 1831 :

« Mon cher ami,

« Il n'est pas permis de se jouer comme on vient de le faire de la vie de tant de gens de cœur, et si dévoués. Quoi ! dans votre lettre du 7 septembre vous annoncez positivement l'intervention étrangère en ces termes : « il y aura des démonstrations au dehors, » et dans des termes beaucoup plus forts, plus précis encore par votre lettre à Charette, et la vérité est que, lorsque vous fixez un jour pour le mouvement, vous n'avez aucune certitude à cet égard, ou plutôt vous êtes décidés à agir sans notre coopération... Les chefs du parti de la résistance demandaient, avant d'agir, que les hostilités fussent commencées entre les Français et les étrangers. Seulement, quelques-uns avaient demandé que le mouvement n'eût lieu que lorsqu'on aurait des nouvelles du Midi par les journaux et la voix publique. Tout était arrangé en conséquence, chaque commandant de corps d'armée m'avait envoyé un courrier à Nantes. Tout le monde était dans l'attente ; presque les derniers préparatifs avaient été faits. Je n'avais donné communication de votre lettre qu'à ceux que vous me désigniez. Mais forcément les apprêts avaient ...[1] la confidence, car forcément un mouvement aussi important ne peut pas se faire comme une conspiration d'une cinquantaine d'individus. Les personnes mises dans le secret étaient gravement compromises...[2]

« Ce qui est encore bien fâcheux, c'est que les deux régiments, 32° et 14°, dont on n'était pas mécontent, sont changés. L'augmentation d'impôts, la conduite de l'autorité à l'égard des Trappistes et du collège de Beaupréau, ont exaspéré ; quelques paysans ici ont même parlé de soulèvement. Je

---

1. Cette lettre est écrite à l'encre sympathique ; le passage pointillé est illisible dans le texte.
2. Illisible.

ne puis vous cacher qu'en général les paysans valent mieux que les chefs : je puis même vous signaler la *timidité*, pour ne pas dire la *lâcheté* de plusieurs de ces derniers. Ce sont M. de X... qui a beaucoup...[1] et assez d'influence dans le pays ; M. de Y..., incapable et dont la vue est faible, MM. de M..., N..., O..., P..., Q..., R..., S..., T...[2] »

A cette lettre le maréchal répondit, le 10 novembre, de la façon suivante :

« Je ne sais où vous avez pu trouver, dans tout ce que j'écris, l'assurance *formelle* et *positive* d'une démonstration aux frontières, et d'une déclaration de guerre au gouvernement français de la part des étrangers. Jamais une telle déclaration n'a dépendu ni ne dépendra de nous, et je n'ai par conséquent jamais pu vous le promettre. Je vous aurai peut-être exprimé les espérances que je concevais alors, d'après la marche des affaires, que le mois d'octobre ne se passerait pas sans quelques mouvements hostiles et menaçants pour la Révolution, mais j'étais loin de l'assurer. Si même je vous faisais part de ces données, c'était seulement afin que vous puissiez les communiquer à quelques-uns de vos amis qui en avaient besoin pour prendre

---

1. Illisible. Probablement : de fortune.
2. Le texte porte les noms en toutes lettres ; nous croyons devoir les supprimer. Nous ne les dévoilerons que si quelque polémique s'engageait de nouveau au sujet des événements de 1832 en Vendée.

confiance. Rien n'était positif dans ce que je vous mandais à cet égard. Ce que je vous certifiais, c'était les bonnes dispositions des cours étrangères en faveur d'Henri V, l'appui *moral* qu'elles donneraient à sa cause lorsque nous nous armerions pour faire valoir ses droits, et cette assurance je puis vous la donner encore... Vous savez bien cependant que le désir, que la *volonté* de Madame était d'agir *sans le concours des étrangers*...[1] »

Tandis que, dans l'Ouest de la France, on accusait Madame de manquer de courage et

---

[1]. Le général d'Hautpoul (*Souvenirs*, p. 306) eut à Prague, en 1833, une conversation avec Blacas, qui montre que l'ami de Metternich était bien l'homme de l'étranger : « Il faut à la France, me dit-il, une restauration *imposée*, afin que le roi reste le maître de donner la direction qu'il jugera la plus convenable ; avec la démoralisation qui existe chez les Français, même parmi les royalistes qui se mêlent aussi de raisonner sur ce qu'on appelle les idées nouvelles, il n'y a rien à faire, ni avec eux ni par eux. » Ces mots de *restauration imposée*, de *ne rien faire par les Français*, m'inspirèrent de graves réflexions. Regardant M. de Blacas avec une sorte d'étonnement : — « Mais, monsieur le duc, lui dis-je, comment entendez-vous donc une restauration ? — Eh ! vous devez bien le comprendre, me dit-il : si vous connaissez la France, vous devez savoir que c'est une nation pervertie, incapable d'aucun sentiment généreux et qui a besoin d'une forte leçon ; or ce n'est qu'avec le concours de l'Europe que nous pourrons la lui donner et rétablir la légitimité sur des bases solides..... — Quoi, monsieur le duc, après quarante années d'expérience, vous seriez encore la dupe des étrangers ? Qu'ont-ils fait pour la légitimité depuis la première révolution ? Ils ont abandonné Louis XVI... ils ont abandonné nos princes... Ils ont reconnu tous les gouvernements qui se sont succédé en France ; s'ils ont armé un million d'hommes en 1814, ce n'est pas pour la légitimité qu'ils l'ont fait, c'est dans leur propre intérêt, c'est pour abattre la puissance de Napoléon qui était devenu trop dangereux pour eux. Enfin, l'empressement avec lequel ils ont reconnu la révolution de 1830 peut-il nous donner de grandes espérances sur l'intérêt qu'ils nous portent ? »

qu'on déplorait ses hésitations, à Massa les conseillers de Madame et le duc de Blacas engageaient la lutte à outrance qui finit par la disgrâce et le renvoi du vieux favori de Charles X. Blacas, démasqué, s'était vu contraint de quitter la duchesse de Berry, mais il était parti le cœur ulcéré, et malheureusement il emportait avec lui le secret des négociations engagées avec Louis-Napoléon, Montholon, Lamarque, Clausel, et différents chefs du parti républicain, en vue d'une action commune ayant pour but le renversement de Louis-Philippe.

Si graves que fussent ces négociations, elles ne l'étaient pas assez, paraît-il, pour détourner Madame de ses projets de voyage et de ses affaires de cœur. En effet, dans les derniers jours d'octobre 1831, elle quittait Massa pour Florence, et de là se rendait à Rome où elle arriva le 31. Pendant les dix-huit jours qu'elle y passa, écrit l'un de ses secrétaires, on ne put rien obtenir de sérieux de la princesse, tout absorbée par ses excursions artistiques, ses visites au pape et aux cardinaux, et, ce qu'ignorait ledit secrétaire, par ses amours avec le comte de Lucchesi-Palli. Partie pour Naples le 18 novembre, Madame revenait à Rome le 12 décembre, y épousait l'objet de sa flamme le 14[1], et enfin, le 23, se décidait à regagner Massa.

---

1. Le mariage fut célébré par le P. Rozaven, jésuite, et la messe dite par le cardinal de Rohan. M. Thirria donne une copie authen-

Il était écrit que la vaillante princesse serait toujours trahie par les siens. Pendant qu'elle était à Naples, le roi Ferdinand II, son frère, se rendit coupable envers elle d'une honteuse et lâche perfidie. Un agent royaliste, porteur de lettres importantes pour Madame, avait cru pouvoir s'adresser en toute confiance au ministre des Deux-Siciles à Rome, afin d'éviter la quarantaine que les voyageurs avaient à subir avant d'entrer à Naples. Le ministre en question n'eut rien de plus pressé que d'en informer son gouvernement et de lui signaler en outre, comme probable, l'arrivée du duc d'Escars. Ferdinand II écrivit en marge de ce

tique de l'acte qui en fait foi, dans son intéressant ouvrage sur la *Duchesse de Berry* :

« *Fidem facio subscriptus Almæ urbis tribunalis vicariatus secre-*
« *tarius, in libro Primo Matrimoniorum, qui in hac secretaria*
« *asservatur, pagina 117, sequentem particulam: videlicet :*
« 14 décembre 1831. Je soussigné, certifie que son Altesse
« Royale Marie-Caroline-Ferdinande-Louise, Madame, duchesse
« de Berry, et monsieur Hector-Charles, comte Lucchesi-Palli de
« Campo-Franco, s'étant adressés à moi, confesseur, afin de s'unir
« secrètement par les liens du mariage, des raisons de la plus
« haute importance empêchant de le faire publiquement, muni
« de toutes les facultés spéciales nécessaires pour procéder à
« cette union dans le plus grand secret, je les ai conjoints en
« mariage légitime, sans présence de témoins, comme j'en avais
« le pouvoir. — En foi de quoi trois copies du présent acte ont
« été écrites de ma main, dont deux pour les parties contrac-
« tantes, la troisième devant rester dans les Archives secrètes du
« vicariat de Rome, en témoignage de la vérité. — A Rome, 14 dé-
« cembre 1831. — Jean-Louis Rozaven. — Soussignés certifions la
« vérité de l'acte ci-dessus. Rome ce quatorze décembre mil huit
« cent trente et un : Marie-Caroline. — Hector-Charles Lucchesi-
« Palli. »

« *Datum Romæ e secretaria vicariatus,*
hac die tertia mensis Januarii, anno 1899.

« PETRUS CHECCHI,
« *Secretarius.* »

rapport : « A renvoyer au ministre de la police pour faire surveiller *ces individus.* » Le ministre de la police communiqua le tout à M. de Latour-Maubourg[1], lequel courut aussitôt chez le roi se plaindre de la présence à Naples des *envoyés carlistes.* Le lâche Ferdinand II, « effrayé du ton de l'ambassadeur, lisons-nous dans une lettre du secrétaire de Madame[2], et voulant calmer ses inquiétudes et son ressentiment par une franchise noble et bien placée, a indignement *livré* le nom de nos deux amis, des deux fidèles amis de sa sœur!... Heureusement M. Bayart avait déjà retiré son passeport, car l'ambassadeur est furieux, et dans sa colère, il a envoyé un courrier pour dénoncer sur-le-champ *l'envoyé de M. de Chateaubriand* ainsi que l'autre royaliste. »

Les platitudes de Ferdinand II envers le gouvernement de Juillet et les bassesses de Louis-Philippe devant les révolutionnaires, n'empêchèrent pas les deux souverains d'avoir maille à partir avec ces derniers, tout comme l'intransigeant Charles X.

---

1. Neveu du général marquis de Latour-Maubourg, qui, lui, avait été choisi comme un des principaux chefs par les légitimistes d'action, mais qui, en réalité, obéissant aux inspirations de Blacas et de la coterie de celui-ci, se montra plutôt hostile que dévoué aux intérêts de Madame, nous semble-t-il, d'après les documents que nous avons entre les mains.
2. Lettre de Charles de Bourmont au maréchal, Naples, le 4 décembre 1831.

CHAPITRE VI

Visite domiciliaire à la Landebaudière. — Arrestation de Mlle de Fauveau et de Mme de la Rochejaquelein. — Évasion de celle-ci. — Mort de Louis de Bonnechose. — Le capitaine Mellinet.

Pendant que Madame, toute à ses amours, s'oubliait dans les délices de Capoue, beaucoup de royalistes bretons et vendéens, compromis depuis le contre-ordre du 3 octobre, étaient obligés de mener la terrible vie des réfractaires. Le 9 novembre (1831), un gros détachement entrait au lever du jour dans le bourg de la Gaubretière. Immédiatement avertie qu'elle était menacée d'une visite domiciliaire, Mme de la Rochejaquelein, qui se trouvait au château de la Landebaudière, courut se cacher dans le four de la métairie du Ribion, avec Mlle de Fauveau[1], son amie. Les deux femmes ne tardèrent pas à être découvertes dans leur cachette; on les en fit sortir à coups de fourches. Une certaine quantité d'armes et de munitions fut également trouvée au Ribion. Mme de la Rochejaquelein et sa compagne avaient été reconduites à la Landebaudière; les troupes cernèrent le château,

[1]. Mlle de Fauveau était un sculpteur de grand talent, une artiste de premier ordre.

cent hommes furent cantonnés à l'intérieur, et des sentinelles placées sous les fenêtres et à la porte des prisonnières. C'était beaucoup de monde pour garder deux femmes, mais pas assez pour une amazone comme Mme de la Rochejaquelein. Elle demanda son souper, revêtit des habits de paysanne, prit le plateau des mains de la servante qui portait les plats, ouvrit la porte de la chambre, écarta les sentinelles, descendit à la cuisine où les soldats buvaient le vin pillé dans les caves, y déposa le plateau, puis, empoignant une cruche de chaque main, elle sortit de la maison. — « Où vas-tu s..... b..... ? lui demanda un factionnaire. — Y va crir de l'iaue à la fontaine, répondit la comtesse en patois du pays. — Dépêche-toi au moins ! — Craignez ren, y me dépêcherai bé. » — Madame de la Rochejaquelein, fidèle à sa promesse, se dépêcha si bien qu'on ne put jamais la reprendre.

Lorsque les philippistes s'aperçurent de la disparition d'une des captives, Mlle de Fauveau, pour gagner du temps, simula un violent désespoir, poussa les hauts cris, et soutint qu'on avait très certainement assassiné son amie et fait disparaître son cadavre. Personne n'y comprenant plus rien, on conduisit la plaignante à la prison de la Roche-sur-Yon, en lui adjoignant le nommé Poirier, métayer du Ribion. On profita de l'occasion pour arrêter, avec plusieurs paysans du voisinage, MM. Aymar de la Tour du Pin, Jules de Beauregard et Henri de la Pinière, et pour les faire passer en cour d'assises.

Un événement plus dramatique allait bientôt ajouter un nouveau nom au glorieux martyrologe de la Vendée Militaire. Louis-Charles de Bonnechose, charmant jeune homme de vingt ans, qui, sorti des pages en 1830, avait été nommé sous-lieutenant par Charles X à Rambouillet, était venu offrir ses services à Mme de la Rochejaquelein dans les derniers mois de 1831. Il passa plusieurs semaines à la Landebaudière, avec Mlle de Fauveau et cinq ou six autres jeunes royalistes. Obligé de prendre la fuite au moment de l'arrivée des troupes au château, à son tour il dut mener la vie errante des proscrits. Il se trouvait à Nantes dans les premiers jours de janvier 1832, chez des amis où l'on tirait les rois. Lui, si joyeux d'ordinaire, il paraissait triste et préoccupé. Étonné, on l'interroge. Il répond qu'il a reçu l'ordre de se tenir aux environs de Montaigu : « Plaignez-moi, ajoute-t-il, car je vais mourir avant l'heure du combat. Dieu ne permettra pas que je meure à vos côtés. » Et il laissa ses hôtes tout pénétrés d'une mystérieuse angoisse. Dieu envoie quelquefois de ces pressentiments aux jeunes âmes qu'il veut rappeler prématurément à lui, afin de les préparer au sacrifice.

Le 13 janvier, Louis de Bonnechose dînait chez un de ses amis, dans un château voisin de Chavanne-en-Paillers. Vers neuf heures du soir, il se leva, prit son manteau, et, accompagné d'un guide, se rendit à la métairie de la Goyère[1], chez les époux Gouraud. La femme était accouchée récemment ; elle commençait à peine à se lever. On attendait Louis, et il arriva à la Goyère vers les onze heures du soir. Son guide le quitta aussitôt pour aller se blottir sous le foin, dans une dépendance de la métairie.

Mais, pour la suite des événements, nous ne saurions mieux faire que de reproduire textuellement le récit d'un contemporain. Celui-ci l'écrivit sur les lieux mêmes du drame, presque sous la dictée de la femme Gouraud, du guide de Bonnechose et de divers autres témoins. L'authenticité de ce récit nous est garantie par le général Mellinet, qui commandait un cantonnement voisin de Montaigu en 1831, et qui, de sa propre main, annota l'exemplaire de la brochure dont nous nous servons pour donner l'extrait ci-dessous[2] :

« Louis s'assit au foyer, et tout en réchauffant ses membres glacés par le froid, il se mit à causer gaiement avec ses hôtes. Il venait, leur dit-il, s'installer chez eux pour plusieurs jours et se reposer. Puis il se leva et se retira dans une chambre préparée pour lui à côté de la grande salle.

---

1. La Goyère était une ferme construite dans l'enceinte d'une ancienne forteresse féodale.
2. *La Dernière légende de la Vendée, Louis de Bonnechose, page de Charles X.* — Dentu, 1860.

« Presque au même instant, une troupe de soldats arrivait à la métairie. Instruits dans la soirée qu'un chouan devait coucher à la Goyère, ils avaient quitté Montaigu, leur cantonnement, et cernaient la ferme. Depuis quelques instants les chiens hurlaient d'une façon inquiète et plaintive. Tout à coup la porte enfoncée livre passage à deux gendarmes, suivis d'un peloton d'infanterie. Au fond d'une pièce obscure, la métayère est assise, seule près du foyer dont elle s'est hâtée d'étouffer la flamme. On n'entend que le bruit des armes se heurtant dans la nuit, puis une voix impérieuse qui ordonne d'éclairer. — « Il n'y a pas de chandelle ici, » répond la femme. Mais les gendarmes, dans leurs expéditions nocturnes, en sont toujours munis. A cette lueur vacillante la perquisition commence. Déjà quelques soldats se dirigeaient vers la chambre de Louis, quand un caporal nommé Rivail[1], plus ardent que ses camarades, saisit la lumière d'une main, son fusil de l'autre, et franchit le seuil en criant : « Rendez-vous ! » Pour toute réponse une détonation retentit, le caporal tombe mort. La troupe riposte dans les ténèbres par une décharge mal assurée, puis, éperdue, se précipite hors de la maison en appelant aux armes. C'est alors que la métayère s'élance vers son hôte, et le guide par la main dans une pièce voisine où couchent les enfants. Là une

---

1. Le texte porte Ri*b*ail. — Mellinet a corrigé Ri*v*aïl.

porte s'ouvre du côté du jardin ; au fond est une brèche, et au delà les bois et le salut..... Une nouvelle détonation se fait entendre. La maison était cernée ; un grenadier posté dans le jardin a tiré à bout portant sur le fugitif. La balle traverse de part en part la cuisse de Louis de Bonnechose et va frapper à l'aine la Gouraud.

« Ce coup de feu n'arrête pas le proscrit, mais, blessé et sans armes, il renonce à forcer le passage pour gagner la brèche au bas de l'enclos. Il tourne brusquement à gauche, se jette dans les ruines des vieux remparts et disparaît. Puis, sur le coteau de la Goyère, le silence règne, interrompu seulement par les cris d'alarme que se jettent les uns aux autres les soldats.

« Louis avait escaladé les décombres d'une vieille tour ; il venait d'atteindre une fenêtre ouverte sur la campagne. Avant de sauter, il bande sa blessure avec son mouchoir, puis s'élance d'une hauteur de douze pieds. Alors, rassemblant toutes ses forces, par un effort suprême, il fuit. La clarté d'une belle nuit d'hiver le trahit ; on voit glisser une ombre. — « Arrête ! qui vive ! qui vive ! » crient plusieurs voix. — « Grenadier ! » répond sans hésiter le jeune chouan. Un instant la mort reste suspendue entre les mains des soldats incertains et troublés ; enfin l'un d'eux ajuste au clair de lune et tire. Cette fois Louis tombe pour ne plus se relever : la balle était entrée dans le mamelon droit et ressortie sous le gauche.

« Devant la porte de la Goyère, sur un petit monticule, croît un cerisier sauvage. Ce fut au pied de cet arbre que, par l'ordre des soldats, les gens de la ferme transportèrent le blessé. On l'étendit à terre, et la troupe bivouaqua autour d'un grand feu.

« Bonnechose ne devait pas être la dernière victime de cette nuit fatale. On se rappelle qu'un guide l'avait accompagné à la Goyère et s'était couché dans une dépendance de la maison. Découvert, il était perdu. Gouraud, digne de sa femme, voulut le sauver en lui indiquant une fenêtre d'où il pouvait sauter sans être aperçu. Des soldats gardaient toutes les issues ; l'un d'eux cria à Gouraud de s'arrêter. L'infortuné n'entendit-il pas (il était sourd), ou le devoir de l'hospitalité l'emporta-t-il sur la prudence ? On ne sait. Il fit un pas en avant et tomba mort, frappé d'une balle, sur le seuil de la maison.

« Le sang de cette nouvelle et innocente victime n'apaisa pas la fureur des soldats, dont Louis de Bonnechose mourant subissait les insultes. Au premier moment, on crut n'avoir saisi qu'un obscur réfractaire, à cause des habits de bure qui couvraient le blessé. Les bleus furent vite détrompés. Leur fureur en redoubla : « C'est un noble ! disaient-ils. » *Et ils lui crachaient au visage.* Quant au jeune chouan, sans souci des outrages, les yeux fixés sur la voûte étoilée, il demeurait muet et indifférent au milieu des

insulteurs. Il n'était ni leur vaincu ni leur captif :
— « Je suis frappé à mort ! » tel avait été son premier cri en revenant à lui. Depuis il ne prononça que quelques brèves paroles pour se nommer, et tout assumer sur lui-même. Il ne se plaignait pas, mais dévoré d'une fièvre brûlante, il demandait un verre d'eau. La femme Gouraud entendit sa prière ; elle voulait aussi bander ses blessures d'où le sang sortait à flots. Les soldats la repoussèrent. — « Va donc, lui dit l'un d'eux, va donc veiller ton mari ! — J'aime mieux, répondit la veuve héroïque, soigner un blessé que veiller un mort. »

« La nuit se passa ainsi, une longue nuit de janvier. Vers huit heures du matin, des officiers arrivèrent de Montaigu avec du renfort. Il semblait qu'on eût à combattre toute une bande. L'on procéda alors à la fouille de toute la maison où l'on pensait trouver d'autres chouans cachés. Un pâle jour d'hiver s'était levé sur cette scène de deuil ; la neige commençait à tomber, légèrement rougie çà et là. Devant la porte, une charrette chargée du jeune royaliste mourant et du caporal mort attend encore... De tous côtés courent les soldats, défonçant les portes, sondant les greniers à coups de crosse et de baïonnette. La métairie retentit de leurs imprécations auxquelles se mêlent les cris d'effroi et les sanglots des enfants orphelins, pendant qu'au fond de leurs étables les bestiaux oubliés demandent leur nourriture du matin. Enfin, après deux heures de fouilles et d'interrogations dans lesquelles les gens de la métairie, maîtres et valets, déclarèrent n'avoir rien su, ni vu ni entendu, on arrêta, comme complice de recel de criminel, le fils aîné de Gouraud, âgé de dix-huit ans. La charrette attelée de bœufs s'ébranlant alors, le lugubre cortège descendit vers Montaigu. Derrière la charrette marchait le prisonnier, soutenant sa malheureuse mère qui, malgré sa blessure et son récent accouchement, ne voulait abandonner ni son fils ni le mourant, son autre fils. Des officiers et des soldats, en tenue de campagne, ouvraient et fermaient la marche, causant entre eux des événements de la nuit.....

« La nouvelle de ce drame était depuis longtemps arrivée à Montaigu dont la population, comme celle de toutes les villes de l'Ouest, avait embrassé la cause de la Révolution[1]. Ivre, folle, écumante, la population de Montaigu se précipita sur la route pour attendre l'arrivée du *brigand*. Entendez-vous ces murmures et ces cris sinistres ? Quel flot roule autour de cette charrette et pénètre avec elle dans la cour de l'hôpital ? Le tumulte augmente ; un nuage de sang passe sur les yeux de ce peuple. Grand Dieu ! Que vont-ils faire ?.... Tout à coup, de la porte de l'hôpital s'élance une sœur de Charité : « Arrêtez ! s'écrie-t-elle, le blessé

---

[1]. Les ignobles scènes qui se sont passées à Montaigu au moment des inventaires ont montré que sa population était toujours animée des mêmes instincts révolutionnaires.

est à moi. » Quelques courageux citoyens se rallient à sa voix, les gendarmes font évacuer la cour. Le mourant est enfin descendu de cette fatale charrette; ses pieds heurtent brusquement le sol, et tout son être se tord dans une indicible douleur; un cri d'angoisse, seule victoire du corps sur cette âme héroïque, s'échappe de sa poitrine avec des flots de sang. Transporté dans l'hôpital, on le déshabille aussitôt, espérant trouver sur lui quelque pièce importante; c'est en vain, car, entendant les soldats envahir la Goyère, ce conspirateur de vingt ans avait, avant de songer à fuir, déchiré avec ses dents et mâché tous les papiers qu'il portait. Le lendemain, on en retrouva les indéchiffrables fragments épars sur le plancher. Mais, à défaut d'autre chose, on lui arrache les objets chers à son cœur, et des mains sacrilèges se les partagent devant lui. C'est un portefeuille avec des cheveux de l'enfant royal, c'est un morceau d'un drapeau de la garde, c'est sa bague de page aux trois fleurs de lis. Il ne murmura pas; mais quand sur son bras nu fut découvert un bracelet que le pauvre enfant, pour ne pas le quitter même dans la tombe, y avait fait river, son cœur faiblit.... La prière du mourant ne fut pas écoutée, et sur ce bras sans défense on scia le précieux anneau.

« Après avoir veillé ainsi au salut de l'État, on s'occupa du blessé. Deux hommes de bien, MM. Trastour, médecins de l'hôpital, s'approchèrent de lui avec bonté et sondèrent ses plaies béantes qui, depuis douze heures, n'avaient pas même été bandées. Un coup d'œil leur suffit pour les juger mortelles; un coup d'œil aussi leur apprit que le blessé était digne d'entendre ce terrible arrêt. Il l'écouta en effet sans surprise et sans trouble, remerciant MM. Trastour de leur franchise. Puis, avec une bonne grâce dont le souvenir vit encore à Montaigu, Louis de Bonnechose se prépara à mourir, aimable même envers la mort.

« Dieu eut pitié de cette jeune victime expirant loin des siens. A son chevet parut cette même femme, la sœur Frouin, qui, tout à l'heure, dans la cour, disputait aux bourreaux ses derniers soupirs. Elle portait un breuvage au blessé qui, avant d'y goûter, lui demanda ce que c'était. Elle alors se méprenant, et croyant que, dans l'égarement du délire, il craignait qu'on ne voulût par le poison hâter le dénouement, versa quelques gouttes dans le creux de sa main et y trempa ses lèvres. A ce geste, Louis de Bonnechose sourit : — « Non, je n'ai pas peur », lui dit-il. Et prenant la main de la sœur, il la serra dans les siennes. Ce fut cet ange de douceur et de bonté qui recueillit ses dernières paroles, lui ferma les yeux, paya de ses deniers son humble cercueil.

« Cependant la garnison de Montaigu, exaspérée par la mort de Rivail, se pressait aux portes de l'hôpital, la haine dans le cœur, l'insulte à la bouche. Mais quoi ! sur le lit qu'il inonde de son sang, un jeune homme, presque un enfant, est étendu. Cette tête blonde, ce pur et beau visage qu'illuminent déjà les approches de l'éternité, ce mélancolique et doux sourire errant sur des lèvres décolorées d'où pas une plainte ne s'échappe, est-ce là l'assassin, le rebelle? On l'outrage et il se tait, ou, s'il répond, « c'est bien honnêtement », comme le dit la sœur dans son langage naïf. — « Aimes-tu le roi, lui demande-t-on? — Je meurs pour lui. — Tu aimes donc Louis-Philippe? — Je ne le connais pas. — Ta mort est une grande perte pour ton parti? — Ce n'est qu'un homme de moins. » — Tant de simplicité, de noblesse et de courage, désarme ces hommes égarés; c'est à eux de rougir devant le vaincu. D'autres leur succèdent, mais ce ne sont plus des ennemis, ni même des indifférents. Ce sont les soldats malades dont l'hôpital est rempli, qui, muets témoins de ces tristes scènes, s'empressent affectueusement auprès de leur nouveau compagnon. — « Je ne suis qu'un soldat comme vous », leur avait-il dit, et, avant le soir tous l'aimaient. L'un d'eux, d'une main que la fièvre rendait tremblante, présente la coupe à ses lèvres brûlantes; un autre le soulève un instant sur sa couche, et quand, vers le soir, on comprit que, le lendemain, on ne se retrouverait pas, un jeune conscrit, son voisin, fondit en larmes... « Il était si charmant! » dit-il.

« Le juge de paix de Montaigu, absent toute la journée, était revenu en hâte, et, assisté du greffier, il venait de s'asseoir au pied du lit de mort. Alors entre la faiblesse et la force, entre la mort et la vie, s'engage une lutte acharnée : c'est l'interrogatoire de la justice [1]. Un signe de Louis, un mot arraché à son agonie peut livrer les fils du complot, perdre tout un parti ; mais cette épreuve suprême, où pouvait sombrer le dévouement d'une vie entière, révèle au contraire ce qu'il y a de grand chez ce héros inconnu. Aux questions qu'on lui adresse sur ses projets et ses relations dans le pays, il oppose un impénétrable silence, et il semble que toute l'habileté du magistrat vienne échouer avant l'heure contre la pierre du tombeau. Quant aux événements de la Goyère, Louis dédaigne de nier et même de se justifier. Il déclare qu'il a frappé parce qu'il s'est vu menacé, et qu'il avait juré de ne pas se rendre. Lui seul est coupable ; ses hôtes n'ont rien su ni de ses projets ni de son passé, il ne faut pas qu'ils soient inquiétés. C'est là seulement ce qui l'occupe ; il y revient sans cesse. Tout cela dit comme en causant.

« Au bout de deux heures, il prie qu'on suspende l'interrogatoire, s'excusant de ne pouvoir le signer à cause de sa faiblesse. — « A demain « donc, lui dit le magistrat. — Oui, répond-il, avec plaisir. » — Et plus bas, avec un sourire que surprend la sœur : « Si j'y suis ! »

---

1. L'interrogatoire et toutes les autres pièces officielles de cette affaire furent envoyés au greffe de la cour d'Orléans, où elles se trouvent sans doute encore.

« Un prêtre vénérable et tendre, l'abbé Sidoli, curé de Montaigu, accouru à son appel, quitta ce lit de douleur plus ému que celui qu'il y laissait rayonnant de foi et d'espérance. Quels aveux étaient sortis de ces lèvres expirantes? Dieu qui les inspira le sait seul aujourd'hui. Le vieillard a suivi le jeune homme dans la tombe. Il devait revenir le lendemain apporter au mourant les derniers secours de la religion : il n'y eut pas de lendemain.

« Le dénouement approchait rapidement. Vers la brune, un homme enveloppé d'un manteau s'était, au risque de sa vie, approché de l'hôpital. Là il avait fait appeler la sœur Frouin et s'était informé consciencieusement de l'état du blessé ; puis, sûr d'elle, il révéla à la noble fille qu'un complot était formé par les chouans pour enlever de vive force le prisonnier et le transporter la nuit même en lieu de sûreté. — « Qu'allez-vous faire ! dit la « religieuse ; voulez-vous hâter la mort de votre « ami? — Est-il donc perdu sans ressource? demanda l'inconnu. » Et sur la réponse affirmative, il ajouta : — « Jurez-le sur votre crucifix. » La sœur jura et l'homme disparut.

« La nuit est venue, tout est silencieux au dehors et au dedans. Une lampe allumée au chevet d'un lit éclaire seule le vieil hôpital. Au fond, on entrevoit dans l'ombre une grande croix suspendue au mur, et au-dessous de laquelle on dira bientôt la messe des morts. Étendu sur sa couche, sans autre confident que l'ange de la Charité qui le veille, Louis de Bonnechose épanche librement son âme aux pieds de Dieu. Il gémit, cet intrépide soldat ; des larmes coulent de ses yeux déjà voilés par la mort. Qu'est devenue cette énergie qu'admiraient même ses ennemis ? Sans doute il pleure maintenant sa jeunesse moissonnée dans sa fleur ; il pense à ses rêves de gloire, d'amour, de bonheur ; à tout ce qu'on aime, à tout ce qu'on croit à vingt ans. « Ma mère ! ma mère ! s'écrie-t-il à chaque instant, pardonnez-moi ! Je meurs pour Dieu et pour mon roi ! » Le nom de sa mère ne quitta plus ses lèvres désormais ; à ce nom il en joignait un autre que la sœur a oublié[1]. Elle l'entendit ensuite déplorer la mort du malheureux soldat frappé à la Goyère ; peut-

---

1. A cet endroit du récit, nous trouvons sur la brochure (l'exemplaire de Mellinet, comme nous l'avons dit) cette note écrite en marge de la main du général : « La compagnie du 14ᵉ léger que je commandais à l'époque de cet événement était cantonnée à Montaigu, et celui de mes camarades qui commandait celle dont un des soldats a tué M. de Bonnechose m'a assuré qu'avant de rendre le dernier soupir, ce malheureux jeune homme ne cessait de prononcer le nom du capitaine Mellinet, à qui probablement d'anciens officiers de la garde, dont je faisais partie avant les journées de juillet 1830, l'avaient engagé à se recommander dans le cas où il le rencontrerait dans nos courses de la Vendée à la recherche des réfractaires. »

On sait qu'en entrant à Nantes la duchesse de Berry rencontra un ancien officier de la garde, qu'elle reconnut et qui, affirmait-elle, la reconnut. Elle ne se trompait pas : c'était le capitaine Mellinet, dont l'âme était trop noble pour désirer l'avancement et la fortune au prix d'une trahison. Beaucoup de ses camarades eussent été moins scrupuleux : de récents et trop nombreux exemples nous ont, hélas ! montré ce que l'ambition peut faire d'officiers passant pour honorables.

être pensait-il que celui-là avait aussi une mère.

« La moitié de la nuit était écoulée. Se tournant vers la sœur, avec cette grâce qu'il conserva jusqu'au dernier soupir, il la remercia de ses tendres soins. Sa dernière pensée fut pour la veuve de la Goyère : — « Qu'est devenue cette pauvre Gouraud ? demanda-t-il. Son fils est-il en liberté ? »..... Il s'endormit, sommeil sans repos, agité par le délire. A trois heures et demie, il revint à lui. Les premiers mots furent pour sa mère. Il l'appela comme il faisait à son réveil : « Maman ! Maman ! » Puis tout à coup d'une voix joyeuse : — « Je meurs pour mon Dieu et pour mon roi ! » Ce furent ses dernières paroles. Vers quatre heures, cette âme de feu s'envola.

« Le surlendemain, dès la pointe du jour, quatre hommes précédés d'un prêtre portaient au cimetière une humble bière. Des passants et des soldats entourèrent seuls la fosse creusée dans le coin des pauvres ; mais, quand le cimetière fut de nouveau désert, quelques femmes de la Vendée, qui de loin avaient suivi, vinrent s'agenouiller et prier sur le tertre fraîchement remué ! »

CHAPITRE VII

Arrivée du duc d'Escars dans l'Ouest. — Il constate un grand refroidissement dans le dévouement des chefs vendéens. — Inaction de d'Autichamp. — Il persécute Cathelineau. — La Rochejaquelein se désintéresse de son corps d'armée. — Les comités de Paris paralysent le mouvement. — Négociations avec les bonapartistes et les républicains. — Le général de Montholon prête serment à Madame. — Affaire de la rue des Prouvaires. — La vérité sur cette conspiration.

Peu de temps après l'entrevue de la Fétellière, Charette avait envoyé le comte Charles de Kersabiec porter à Madame les dépêches de divers chefs de l'Ouest. Après une absence de deux mois, ce gentilhomme revint avec plusieurs lettres de la princesse et de ses conseillers; toutes manifestaient le désir qu'on se tînt prêt à prendre les armes au premier signal. A ces lettres étaient jointes des *ordonnances* accordant de grands avantages aux militaires qui embrasseraient la cause d'Henri V, ordonnances qu'on devait répandre parmi les troupes philippistes au moment d'engager l'action. Vers la même époque, on apprit en province la formation à Paris d'un comité légitimiste institué par la duchesse régente.

Bon nombre de chefs vendéens avaient accepté des grades dans la future armée insurrectionnelle, parce qu'ils pensaient bien n'avoir jamais à tirer l'épée du fourreau, et ils voyaient sans aucun enthousiasme approcher le moment de faire honneur à leurs engagements. Tels des navigateurs apercevant au sein de la nuit le phare désiré qui leur montre l'entrée du port, ces royalistes refroidis se tournèrent passionnément vers les illustres parleurs, les intrépides faiseurs de brochures, ou les grands seigneurs égoïstes dont se composait surtout le comité. Le parlementarisme, depuis lors, compta des adeptes fervents parmi les officiers du IIIe corps.

A la fin de janvier 1832, le duc d'Escars, gouverneur général des provinces du Midi, voulut parcourir l'Ouest afin d'y prendre contact avec les chefs et de vérifier les ressources dont ceux-ci disposaient. Il put immédiatement constater que, sur la rive gauche de la Loire, le dévouement, le courage et la fidélité étaient moins grands qu'en Bretagne et dans le Bas-Maine. D'Autichamp, pour tous préparatifs de guerre, s'occupait à persécuter le brave et honnête Cathelineau, qu'il ne trouvait pas un assez gros personnage pour commander un corps d'armée sous ses ordres[1].

1. Dans une lettre au maréchal, il se plaint qu'on donne un commandement de cette importance à *un officier sans le sou.* Dans un rapport qu'il adresse à Bourmont, il se vante d'avoir dit à Cathelineau : « Monsieur, je vous le dirai franchement, ainsi que vous j'ai été surpris de votre nomination, d'autant plus que je m'étais occupé de vous placer d'une façon *que je croyais plus convenable à votre situation.* »

La correspondance de d'Autichamp est pleine de perpétuelles

Auguste de la Rochejaquelein brillait toujours par son absence, pendant que sa femme, sous le coup d'un mandat d'arrêt, vivait dans de perpétuelles alertes. La plupart des principaux chefs du III⁰ corps ne faisaient rien, sinon saper sourdement l'autorité de Charette. Pendant ce temps les royalistes du Midi, privés de leur chef dont le maréchal déplorait l'absence, agissaient peu et parlaient trop.

Charles X, excité contre son entreprenante belle-fille par Blacas, le duc et la duchesse d'Angoulême, voulait obliger Madame à réintégrer Holyrood. Blacas travaillait les comités de Paris institués par la régente et leur donnait, au nom du roi déchu, des instructions diamétralement opposées à celles venant de Massa[1]. Le vieux courtisan et son parti continuaient à ne vouloir rien tenter sans le secours des armées étrangères; Madame et ses amis repoussaient un concours « honteux et funeste ». Toute maison divisée contre elle-même périra, dit l'Ecriture ; les Bourbons allaient en fournir un nouvel exemple.

Presque aussitôt après la chute de Charles X, un

---

récriminations contre l'infortuné Cathelineau, auquel il refuse de remettre les fonds destinés à son corps d'armée. Poussé à bout, le maréchal lui écrit *sévèrement* de s'exécuter, et la duchesse de Berry met en marge du brouillon : « Vous pouvez écrire la lettre pour d'Autichamp que je trouve très bien. » (Archives de Bourmont.)

1. Lire aux *Pièces Justificatives*, une lettre du 1ᵉʳ janvier 1832 où l'on voit les abominables procédés employés à Holyrood pour faire échouer la tentative de Madame.

comité royaliste avait été formé à Nantes. La présidence fut donnée à un magistrat démissionnaire de Châteaubriant, M. Guibourg, que de brillantes plaidoiries pour des royalistes traduits en cour d'assises avaient mis en vue depuis quelque temps. Le général Clouet, ancien chef d'état-major de Bourmont en 1815, était chargé de l'organisation militaire des légitimistes nantais. Lorsqu'un peu plus tard cet officier fut nommé au commandement en chef de la Bretagne et du Bas-Maine, en remplacement de M. de Bourbon-Busset[1], on ne lui donna pas de successeur, lourde faute qui devait contribuer pour beaucoup à l'avortement de l'insurrection. Quelques petits dépôts d'armes et de munitions furent seulement établis secrètement sur différents points de la ville par les soins de M. Guibourg, et voilà tout. Un emprunt d'un million

---

1. François-Louis-Joseph de Bourbon-Busset (1782-1856). — Sert dans la cavalerie blanche de Saint-Domingue, puis aux chevau-légers belges (1806). — Prisonnier des Anglais à Talavera. — Colonel aide-major des gendarmes du roi (1814). — Maréchal de camp (1815). — Chef d'état-major de la garde du roi pendant la campagne d'Espagne (1823). — Pair de France la même année. — Lieutenant général (1825). — Démissionnaire en 1830. Dans la correspondance de Massa, nous lisons que sa femme et sa belle-mère (Mme de Gontaut) l'ont empêché de répondre à l'appel de Madame. Voici l'ordre qu'il avait reçu :

« Il est ordonné au comte de Bourbon-Busset de se rendre en Bretagne pour y prendre le commandement général de la partie de cette province située sur la rive droite de la Loire, de la partie de l'Anjou située aussi sur la rive droite, et du Maine. Il exercera les fonctions de commandant général et de commissaire extraordinaire du roi, pour organiser provisoirement, sous son autorité, les services militaire, civil, administratif et judiciaire, en se conformant aux instructions que nous lui ferons donner. » (20 janvier 1832.)

était indispensable pour faire face aux premières dépenses au moment de la prise d'armes ; M. Guibourg envoya M. Deshéros demander à Madame l'autorisation nécessaire pour le contracter.

Les premiers jours de février virent éclater à Paris une tentative d'où serait peut-être sortie une troisième restauration, si la trahison de quelques-uns, la sottise, l'indiscrétion et la lâcheté de beaucoup ne l'eussent fait piteusement avorter [1].

Plusieurs faits de notre histoire contemporaine demeurent encore enveloppés de brouillard ; parmi ceux-ci l'on peut citer l'échauffourée connue sous le nom de conspiration de la rue des Prouvaires, dont le dénouement tragi-comique eut lieu dans la nuit du 1er au 2 février 1832. Chateaubriand, que sa grandeur... et ses coquetteries avec tous les

---

1. Le comte de Lucchesi-Palli était évidemment au courant de cette affaire. Il n'est pas sans importance pour l'honneur de la duchesse de Berry de montrer que son second mari entrait facilement en France, comme le prouve la lettre suivante :

« 31 janvier 1832.
« *Bourmont à Robert.*

« Mon cher Robert,

« M. de Lucchesi, porteur de dépêches de Madame, doit arriver à Paris du 9 au 10 février. Vous aurez à vous rendre à l'ambassade de Naples ; vous y demanderez où demeure M. de Lucchesi. Vous l'irez trouver, vous vous nommerez à lui et lui présenterez le morceau de carte inclus dont il a l'autre moitié et qui doit vous faire reconnaître de lui. Il vous remettra alors un paquet de lettres que vous donnerez à Félix. Ce dernier fera parvenir à leur destination les différentes lettres que contiendra ce paquet. Vous irez chaque jour à l'ambassade jusqu'à son arrivée.

« Point de lettres de vous depuis celle du 10. Nous avons reçu la première partie du rapport de Hun junior. »

partis attachaient au rivage, en parle sur un ton badin et méprisant ; il n'a pas assez de sarcasmes pour les bonnes têtes monarchiques, *jeunes et folles sous leurs cheveux blancs, qui imaginèrent d'enrôler pour un coup de main.* Nous allons examiner si, parmi *ces gens à béquilles prétendant étayer les monarchies croulantes*, il n'y avait pas tout au moins quelques hommes capables de marcher d'un pas moins chancelant.

Nous avons mentionné précédemment les négociations engagées par la duchesse de Berry avec les chefs bonapartistes et républicains, pour une action commune contre Louis-Philippe, et nous avons dit comment la satisfaction causée dans l'entourage de Madame par le départ de Blacas avait été mélangée d'inquiétude, quand on avait eu la certitude que l'ami de Metternich, plein de rancune et altéré de vengeance, emportait avec lui le secret de ces négociations. Le duc allait se venger de ses humiliations en empêchant les comités de seconder la princesse, et en surexcitant contre elle les basses jalousies de Holyrood.

« Dans une longue conversation, écrit à ce sujet Bourmont à la duchesse de Berry (9 novembre 1831), Eugène (le roi de Sardaigne Charles-Albert) a parlé à plusieurs reprises du chagrin qu'il avait de voir Basso (Blacas) à côté de M. Charles (Madame). Il le croyait, disait-il, capable de tout brouiller et de tout faire manquer. Il avait, lui, Eugène, acquis la certitude que le banquier chargé ici par Basso de recevoir ses lettres, ne les lui faisait passer qu'après les avoir ouvertes et communiquées au consul de France[1], qui en envoyait des extraits à M. de Barante, à Turin, et à Paris. Eugène a répété deux fois qu'il était enchanté que Casi... (Blacas) fût allé rejoindre sa famille, et que Marie (Madame) fît ses affaires sans sa participation.....

« Etienne (le maréchal) a parlé ensuite des propositions qui avaient été faites à Lintz (Paris) et de Suisse; de la difficulté que pourrait faire naître la demande d'un *oiseau*. Cela ne devrait pas arrêter, a dit Eugène, si cela n'entraîne pas de changement dans les couleurs ni dans les armoiries, et Marie pourra donner l'oiseau, comme d'elle-même, sans aucun inconvénient. Les offres sont si importantes, leur acceptation peut procurer de si grands avantages, que Marie ne devrait pas perdre un moment pour leur donner la suite qu'elles comportent..... »

La fin de cette lettre est sans doute incompréhensible pour le lecteur; celles que nous publierons plus loin lui apprendront quel était l'oiseau mystérieux auquel il est fait allusion.

Les débuts de la monarchie de Juillet avaient

[1]. M. Decazes. Ce nom ne portait pas bonheur aux Bourbons. Ce fut le sieur Joly, commissaire de police et protégé du duc Decazes, qui *organisa* le service de *sûreté* à l'Opéra, la nuit où fut assassiné le duc de Berry. C'était ce même Joly qui, avec Deutz, arrêta la duchesse de Berry à Nantes. Quant au Decazes consul à Gênes, chargé de surveiller Madame et ses amis il s'acquittait de ses fonctions avec une **dangereuse ardeur**.

été mouvementés et signalés par les abus de pouvoir des nouveaux fonctionnaires, les tracasseries odieuses de la police, les visites domiciliaires et les excès de toutes sortes de la gendarmerie et de la troupe, la servilité de la magistrature, les conspirations se tramant, les émeutes éclatant sur tous les points de la France. Louis-Philippe et ses ministres révolutionnaires avaient contemplé d'un œil bénévole le sac de Saint-Germain-l'Auxerrois et le pillage de l'archevêché, mais quand le peuple, prenant au sérieux la souveraineté qui lui était promise par la nouvelle charte, voulut parler en maître, le gouvernement fit tirer sur les ouvriers et jeter en prison les personnalités gênantes. Dupés par le roi-citoyen, les républicains lui vouèrent une haine mortelle. L'arrivée au ministère de Casimir Périer, autoritaire jusqu'au despotisme, les poursuites exercées contre la *Société des Amis du Peuple* et celle des *Journalistes Républicains*, enfin les affaires sanglantes de Lyon et de Grenoble achevèrent d'envenimer les rancunes. D'autre part les bonapartistes, fondant peu d'espérances sur le duc de Reichstadt (pauvre enfant physiquement et moralement débile dont un poète à la mode a voulu faire un *Aiglon*), avaient accueilli sans hostilité Louis-Philippe ; mais le type par trop bourgeois du nouveau souverain ne répondait guère à leur idéal, et, lorsqu'à son tour leur *Association Nationale de Metz* fut frappée par les foudres gouvernementales, ils proférèrent eux aussi le *delenda est Carthago* contre la monarchie citoyenne.

Vers la fin de l'année 1831, républicains, bonapartistes et légitimistes semblaient disposés à s'unir pour écraser l'ennemi commun, quitte à s'entre-égorger après la victoire, selon Chateaubriand.

« Le découragement et le mécontement règnent dans tous les partis, écrit un agent légitimiste de Paris; c'est ce que je suis à même de voir mieux que personne. Les chefs du parti républicain sont venus me trouver; ils sont résolus à renverser le chef du gouvernement actuel, et décidés à se rallier à nous sur les engagements que je prendrai avec eux. Ils se contentent de ma parole d'honneur; ils jurent de saisir l'occasion de se défaire de Louis-Philippe et de ses principaux agents. Voici le plan : le moment venu où M... (Madame) entrera en France, le Midi et l'Ouest s'insurgeront. Une émeute aura lieu; ils crieront à la trahison et renverseront le gouvernement. Ils veulent même se défaire de quelques hommes à qui ils ne pardonnent pas. Ce mouvement opéré seconderait puissamment les opérations de l'Ouest et du Midi, et ces messieurs, après avoir satisfait leur vengeance, crieraient qu'il vaut mieux se soumettre à Henri V. Soit ce plan, soit un autre, ils sont disposés à agir pour nous, mais j'aurai à promettre quelques emplois, et il faut de l'argent pour faire agir les masses. Sous ce rapport, je vous ai déjà parlé des dispositions de Vidocq. Répondez-moi par la voie la plus prompte. Adressez votre réponse à notre intermédiaire ordinaire. Il faut que l'on puisse mettre chez J...e (Jauge) 500 ducats (500.000 francs) au moins. »

La plus intéressante de ces négociations était celle qui se traitait entre la duchesse de Berry et un homme dont le nom était vénéré dans le parti bonapartiste. Le général de Montholon, le fidèle compagnon de Napoléon à Sainte-Hélène, jugeant sans doute que tout était fini pour la dynastie napoléonienne, ou persuadé que la monarchie légitime pouvait seule sauver la France de l'anarchie, offrait à Madame ses services et ceux de plusieurs de ses amis politiques. Mais la question du drapeau soulevait des difficultés : les bonapartistes demandaient qu'Henri V revînt avec le drapeau tricolore, si souvent arrosé du sang des ennemis de la France ; les royalistes n'en voulaient point, disant qu'il s'était baigné plus souvent encore dans le sang des innocentes victimes de Robespierre et de Carrier. Montholon proposait un compromis : on garderait le drapeau blanc, mais surmonté d'un aigle, juste concession accordée aux braves soldats qui, tout en se ralliant à la monarchie légitime, voulaient conserver un souvenir de leur glorieux passé. C'est de cet *oiseau* qu'il est question dans la lettre relative au roi de Sardaigne, citée plus haut. Ce dernier, on le voit, ne jugeait nullement inacceptable la transaction Montholon ; Bourmont et la plupart des conseillers de Madame pensaient de même. Par contre, la princesse ne voulait pas entendre parler de l'*oiseau ;* Bourmont avait dû lui écrire à ce sujet quelques lettres sévères.

« Vous savez, mon cher maréchal, lui répond Marie-Caroline, le 12 novembre 1831[1], que selon mon idée d'accueillir toutes les offres faites par des Français qui manifestent l'intention de servir la cause de la légitimité, j'ai écouté des propositions de la part du général M... Elles étaient d'abord de nature à ne pouvoir être admises ; mais le général et ceux qu'il représente s'étant déjà rendus aux objections qui lui ont été présentées de ma part, j'ai lieu d'espérer qu'ils renonceront également aux deux seules choses dont il est question : le titre d'empereur et l'aigle, titre qui semblerait demandé par la nation (qui sans doute n'y tient pas du tout), et donnerait au retour du souverain légitime une apparence d'élection ; de plus, il est mieux sans doute d'être le plus ancien roi que le plus nouvel empereur. Quant à l'*aigle sur le haut du drapeau blanc fleurdelisé*, qui lui semble une légère concession, j'y verrais bien peu d'avantages dans une armée dont une si petite partie a servi sous ce signe qui offenserait, vous le savez, un beaucoup plus grand nombre de Fran-

---

[1]. La lettre est datée de Rome. Madame était alors principalement occupée de ses amours.

çais tout dévoués à la légitimité, ce qui nuirait à une union sans laquelle rien de bien et de solide ne peut être fait. Il ne pourra être question d'admettre ces deux propositions. Espérant qu'on y renoncera, je vous charge de faire *toutes conventions et arrangements nécessaires à l'exécution.* Vous savez que mon éloignement pour les choses ne s'étend pas aux personnes. Vous savez aussi combien je suis disposée à reconnaître les services rendus à la légitimité ; agissez donc en conséquence à l'égard de ceux que vous recommande le général, pensant bien qu'il ne vous en proposera pas que vous ne puissiez admettre.

« Croyez à toute mon amitié.

« Marie-Caroline. »

Finalement, l'accord fut conclu entre la princesse et Montholon, qui signa cette déclaration dont nous avons le brouillon entre les mains :

« Je jure sur l'honneur de servir Sa Majesté Henri V et sa cause sainte avec une fidélité égale à celle qui a lié mon sort à Napoléon, si Mme la duchesse de Berry daigne placer en moi sa confiance, étant intimement convaincu qu'en consacrant ma vie à Henri V, je la consacre au prince que la Providence a destiné à faire le bonheur de mon pays.

« Berne, le 17 novembre 1831. »

En retour de quoi le général reçut la note suivante :

« Par estime pour les sentiments que vous avez exprimés, nous vous acceptons et vous donnons entière liberté d'agir avec les vôtres, pour le but convenu et expliqué dans la note du 19 novembre, par laquelle, en disant que nous ne pouvions transiger sur la couleur du drapeau, nous avions promis et promettons d'accueillir tous ceux qui, dans l'intérêt de la France, combattraient pour replacer Henri V sur le trône, et reconnaître leurs services. »

Reproduisons maintenant une lettre qui fait entrer en scène un personnage inattendu :

« L'entrevue qu'a eue le général avec le jeune Bonaparte, lisons-nous dans cette lettre signée Parmeré[1], a complètement confirmé les rapports faits au général sur le développement des forces

---

[1]. Autre lettre : « Premier chiffre de Louis-Napoléon, Arenenberg, 13 décembre 1831. » — « Je m'empresse de vous apprendre que je viens de recevoir de mon cousin (Louis-Napoléon) les autorisations nécessaires ; ainsi donc, si vous êtes toujours dans les mêmes dispositions, et d'après ce que m'écrivent mes amis, le duc de Bordeaux sera proclamé à Paris avant la fin du mois. Les fonds ne manquent pas. Répondez-moi de suite si vous vouliez, et, dans ce cas, écrivez-moi le jour. Je crois que cette entrevue serait de grande importance, car sans avoir vu je ne puis rien faire. »

Il est probable que le prince Louis voulait avoir deux cordes à son arc : si le duc de Reichstadt montait sur le trône, son avenir à lui, Louis Bonaparte, *était assuré;* si, d'autre part, il paraissait favoriser l'entreprise des royalistes, quelle récompense pourrait lui être refusée au cas où Henri V serait proclamé roi ?

bonapartistes dans l'est et le nord de la France. Vingt-trois régiments d'infanterie et treize de cavalerie, avec une nombreuse artillerie et les écoles de Metz, sont prêts à marcher sur Paris sous les ordres du maréchal Clausel et du général Lamarque. L'intention du jeune Buo... était d'effectuer pour le 1er janvier ce mouvement. Le général l'a déterminé à suspendre, afin de ne rien compromettre aussi longtemps que les Chambres seraient assemblées. La session finira aussitôt le vote du budget.

« Le général a réussi à persuader au jeune Buo... l'intérêt qu'il y avait à combiner les mouvements des deux drapeaux, et il a acquis la certitude de la bonne foi de ses amis de Paris, car ils avaient agi dans le même sens et transmis à tous les chefs *l'ordre de ne point se lever contre le drapeau blanc*. Le jeune B... a fait passer à Paris un million ; il attend des remises considérables d'Amérique. Son dévouement à la cause de son cousin n'est pas sa pensée dominante ; il n'a pas été très difficile au général de porter les idées du jeune Buo... vers l'intérêt national, et aussi l'intérêt personnel d'un résultat brillant de fortune, quel que fût le souverain élu par la France.

« Le général a expédié, d'accord avec le jeune B..., des ordres conformes au but qu'il se proposait en se rendant à l'entrevue, et il a reçu des lettres qui prescrivent de ne rien faire que par son impulsion.

« Dans cette position, il renouvelle l'opinion qu'il faut s'entendre sans perdre de temps et que le succès est assuré... »

Loin de s'entendre pourtant, les légitimistes étaient de plus en plus divisés. La famille royale n'aimait pas la duchesse de Berry et ne désirait pas le succès de son entreprise. Les comités de Paris, composés en majorité d'hommes choisis par Blacas, recevaient des ordres contradictoires de Holyrood et de Massa. Metternich était tenu au courant de tous les préparatifs de Marie-Caroline; il en informait le ministère français. La malheureuse princesse évoluait dans les filets de la police de Louis-Philippe, comme un poisson dans une nasse dont les mailles vont sans cesse en se rétrécissant. La trahison suivait ses pas. Les beaux messieurs des comités, personnages considérables par leur fortune ou par leur situation sociale, écoutaient d'une oreille les instructions de Charles X et de l'autre celles venant d'Italie, mais ils demeuraient toujours attentifs à ne pas se trop aventurer en dehors de leur fastueuse quiétude. A Paris les amis de la duchesse de Berry s'agitaient, s'exaltaient et complotaient contre l'usurpateur, avec les républicains, les bonapartistes..., les agents provocateurs de la préfecture de police. Félix[1], un

---

1. Nous laissons à ce personnage, ex-officier de la garde, son nom de guerre. Il partit ultérieurement pour la Bretagne, et fut légèrement blessé au combat de Riaillé où il se signala par son brillant courage.

des principaux émissaires de Bourmont, avait de fréquentes entrevues avec des personnages influents du parti républicain :

« ... Clausel me reçoit ce soir à dix heures, écrit-il au maréchal, le 13 décembre 1831; il avait du monde ce matin, je n'ai pu le voir seul. Ce n'est donc que demain que je pourrai vous donner du positif. J'ai aussi vu Bastien[1]. Il y aura du retard, l'affaire de Lyon n'ayant pas réussi selon les vœux des bonapartistes, le colonel Duchamp qui était dans le secret les ayant trahis ; ils n'en travaillent pas moins avec ardeur... » Le même Félix raconte que Vidocq est venu lui offrir de le débarrasser de Philippe et de Casimir, *moyennant la somme d'un million!* Il ajoute de se méfier de ce policier qui remplit vraisemblablement le rôle d'agent provocateur. « J'ai fait venir ce matin, continue-t-il, un de mes anciens employés qui m'a fait sur cet homme un singulier rapport, pour des offres qu'il a faites au gouvernement. »

Nouvelle lettre du même, le lendemain :

« J'ai vu hier soir Clausel qui est dans les meilleures dispositions, mais il pense que le pays n'a pas encore assez souffert pour que notre opération soit bonne. Aucun principe n'est admis par les masses qui ne voudraient que des pillages. Il est persuadé que le ministère ne pourra pas tenir. Il prétend que le parti de Napoléon n'est pas aussi

---

[1]. Berryer.

puissant qu'on le dit et que l'armée n'est à personne : elle flotte en attendant que le pays soit lui-même assuré. Il regarde la continuation des... [1] de province comme indispensable ; il croit que le plus sûr est de laisser le pouvoir se tuer lui-même, ce qui ne peut tarder. Il n'acceptera de lui aucun commandement. Il m'a dit que si on vous avait fait des offres, elles avaient été suggérées par la police, du fait des insensés qui croyaient encore avoir sur l'armée un pouvoir qu'ils n'ont plus. Il vous engage à vous tenir le plus près et le plus secrètement possible, pour être en mesure de profiter d'une bonne occasion. Si elle se présentait, il ferait en sorte de se mettre à la tête des masses sur lesquelles il pourrait avoir de l'influence ; mais il vous prie de garder en grâce cela pour vous seul, car il lui est survenu des propos désagréables tenus chez Madame et même chez e h v y q s r r w [2], d'après ce qu'elle y aurait marqué, et que si elle ne rompt pas en apparence avec sa famille, qu'elle ne pense pas à revenir où on ne voudrait pas d'elle. Le gouvernement sans force, il sera facile à renverser. Si tout ce qui possède ne se réunissait pas à lui aussitôt qu'on fera un effort contre lui, les gens qui ne sont que spectateurs deviendraient ennemis, par la peur qu'ils ont. De

---

1. Illisible ; le texte porte probablement : *troubles de province*. Cette lettre est en partie chiffrée.
2. Nous ne pouvons lire ce nom, il doit y avoir une erreur de chiffre.

plus il est donc d'avis de laisser commencer les autres et de nous tenir en mesure de profiter. Il vous engage aussi à tâcher de garder Mathurin (la duchesse) le plus près possible ; que ses courses et son éloignement [1] lui font bien du tort dans l'opinion des gens sensés. Je ne vous parle pas d'Arnold [2] que j'ai vu hier soir ; il doit vous écrire lui-même, et pense comme Clausel que Bastien avait été ébloui par de belles promesses, mais qui ne pouvaient se réaliser au moment où cela aurait été utile ; il est en quelque façon forcé de l'avouer, car il dit à présent qu'il faut attendre. Je dois voir demain Marrast, qui peut le plus sur les républicains... »

Mais voici que la date fixée pour le moment approche. Bourmont envoie aux officiers généraux l'ordre de rejoindre les postes qui leur sont assignés : « Le marquis d'Hautpoul refuse, à ce qu'on m'a écrit, lisons-nous dans une lettre adressée à Noël [3] (31 janvier 1832). Voyez alors à en trouver un autre de la même arme. Dites de ma part à la Hitte que je le prie de me croire, et d'aller tout de suite à Rennes ou à Toulouse. Dites-en autant de ma part au général Talon et au marquis Oudinot. Ils doivent bien voir que tout est au moment de crouler, et Talon m'a paru être de bonne volonté,

---

1. Le voyage à Rome et à Naples.
2. Le duc d'Escars était désigné sous ce nom dans la correspondance secrète.
3. Nous n'avons pu encore découvrir le vrai nom de Noël.

il y a déjà neuf mois. On m'a écrit que Donnadieu a offert ses services, qu'il avait refusé le serment, et qu'il était prêt à se rendre où on voudrait. Dites-moi ce que vous en pensez.

« Voyez Félix et soyez averti, afin de partir à temps pour être exact au rendez-vous que nous nous sommes donné, et si vous connaissez quelques bons jeunes gens capables, dirigez-les sur ce point. Dites au marquis Oudinot qu'il est temps de se dégager, et que Madame espère qu'il ne se refusera pas de se rendre en Anjou où elle ira le retrouver. Après avoir appris de Félix le fond des choses, vous pourrez parler avec plus d'assurance, et vous ne douterez pas plus que moi que le moment est venu... Si vous attendiez le mois de mars ou d'avril, de grands malheurs menaceraient notre pays, et nous n'aurions peut-être pas la possibilité de l'en préserver. Nous nous y prendrions trop tard. »

Malheureusement les royalistes de Paris avaient agi en tout avec une légèreté insensée; *ces conspirateurs de crème fouettée* [1] allaient donner la mesure de leurs capacités. Dans la soirée du 1ᵉʳ février, les principaux chefs du complot se réunirent dans un restaurant de la rue des Prouvaires pour y souper. « L'hôte du logis, qui ne l'avait préparé qu'avec l'autorisation de la

---

1. Nous faisons allusion à une phrase de la lettre dans laquelle le comte de Rochecotte se plaint des comités de Paris, en juin 1797. Ce royaliste fut fusillé à Paris l'année suivante.

police », lisons-nous dans les *Mémoires d'Outre-Tombe*, « savait à quoi s'en tenir. Les mouchards, à table, trinquaient le plus haut à la santé de Henri V; les sergents de ville arrivèrent, empoignèrent les convives et renversèrent encore une fois la coupe de la monarchie légitime. Le Renaud des aventuriers royalistes était un savetier de la rue de Seine, décoré de Juillet, qui s'était battu vaillamment dans les trois journées et qui blessa grièvement, pour Henri V, un agent de la police de Louis-Philippe, comme il avait tué des soldats de la garde, pour chasser le même Henri V et les vieux rois. » M. de Chateaubriand ayant d'ailleurs pris soin de nous avertir qu'il s'était mis au lit, lorsqu'on était venu l'inviter à prendre place au banquet des conjurés, nous pensons compléter avantageusement son récit en donnant *in extenso* le rapport adressé par Montholon au maréchal de Bourmont :

« Le soulèvement que l'on espérait opérer à Paris n'a été qu'une échauffourée, et les assurances des chefs d'escouades du parti royal que *fanfaronnades ridicules*. Des 60.000 hommes qu'ils prétendaient avoir à leurs ordres, à peine quelques centaines se sont rendus aux divers rendez-vous de combat. Quelques centaines de fusils, la plupart hors de service, quelques milliers de cartouches, au lieu de *vingt à vingt-cinq mille fusils* et de munitions suffisantes. Démence, enfin, de compter sur d'aussi misérables moyens d'attaque et de renversement d'un gouvernement qui s'appuie sur une *garde nationale nombreuse* et 61.000 hommes.

« Le 1er février, à midi, les chefs d'escouades ont renouvelé l'assurance la plus positive qu'ils avaient réuni 60.000 hommes armés ; ils ont refusé d'attendre quelques jours le concours des forces *bonapartistes, républicaines* et *bras nus de Paris*, prétendant compter dans leurs rangs les meilleurs soldats des républicains, le 16e de ligne, la garde municipale et les carabiniers. Leur ardeur était telle que M. Lupi[1], renonçant à leur faire attendre de nouveaux renforts, et aussi comprenant tout l'avantage qu'il y avait pour *la cause* à ce que la victoire ne fût qu'aux royalistes, leur dit : « Eh
« bien! vous le voulez? Combattons cette nuit. Je
« réclame l'honneur d'être au milieu du feu, et si
« seulement 1.200 *braves* me suivent, Henri V
« régnera en France avant trois jours. »

« Les dispositions pour l'attaque furent faites immédiatement, et le mot d'ordre donné.

« A dix heures du soir, nouvelles assurances de forces réunies, d'armes et de munitions. Les régiments dont la coopération était garantie à M. Lupi par les chefs royalistes reçurent les derniers ordres de mouvement.

« A une heure du matin commencèrent les hésitations et les aveux qu'il n'y avait pas d'armes, mais toujours protestations d'ardeur. M. Lupi

---

1. Lupi était le pseudonyme de Montholon dans la correspondance secrète.

comptait sur des défections ; le cinquième des forces promises lui paraissait suffisant ; il ne perdit donc aucun espoir.

« A deux heures, heure fixée pour l'attaque, il se rendit au rendez-vous avec M. Clément qui lui servait d'aide-de-camp. De 60.000 hommes, à peine 1.000 hommes tinrent parole. Quelques luttes inégales et insensées s'engagèrent. Nulle part 300 hommes réunis à la tête desquels il fût possible de conquérir la victoire et d'attendre les nôtres qui, au jour, devaient se réunir ; il avait été impossible de les décider à se mettre en scène avant qu'elles n'eussent la preuve que le drapeau blanc ne serait pas déployé.

« A trois heures tout était fini, et de nombreux chefs d'escouades, cernés dans les cafés, étaient conduits à la préfecture de police. M. Lupi n'a pu réussir à joindre, dans la journée du 2, aucun des chefs avec lesquels il avait été en rapport, et craint que M. Clément ne soit au nombre des prisonniers ; son zèle est digne des plus grands éloges. Des renseignements à peu près certains lui donnent lieu de croire que Félix est parti le 2 pour Massa avec le colonel Charbonnier. Ces messieurs ont fait preuve d'un dévouement sans bornes et d'un talent remarquable, et, en toute occasion, M. Lupi tiendra à honneur de combattre avec eux. Quant à lui, il n'a quitté Paris qu'après avoir fait renouveler aux chefs bonapartistes et républicains le serment de tenir l'engagement qu'ils avaient contracté vis-à-vis de lui de concourir de tous leurs moyens à relever en faveur d'Henri V le trône impérial de France.

« Loin d'avoir perdu l'espoir, M. Lupi est plus convaincu que jamais que la victoire couronnera la cause sacrée d'Henri V, si Madame, renonçant aux folles et fanfaronnes protestations de la canaille parisienne, donne son approbation au plan que M. Lupi aura, si elle le lui ordonne, l'honneur de soumettre à son approbation.

« Berne, ce 6 février 1832. »

Telle fut l'issue piteuse de la conspiration de la rue des Prouvaires. De nombreuses arrestations furent opérées, mais le général de Montholon réussit à regagner la Suisse, où il reçut la note suivante :

« Les derniers événements de Paris ont prouvé à Madame combien sa confiance en M. de Montholon était justifiée par la conduite qu'il a tenue en cette occasion. Madame sait en même temps combien sa coopération et celle de ses amis, en détruisant toutes les divisions de partis, peut contribuer à réunir tous les Français dans un même sentiment d'amour et de fidélité au roi légitime, et, à Henri V, un règne glorieux et paisible. En conséquence, Madame acceptera avec plaisir les services de ceux dont il représente les intérêts et les opinions ; mais de même qu'elle est convaincue de la sincérité et de la loyauté de celui qui se dévoua si noblement à accompagner Napoléon dans l'exil, de même elle désire lui exposer avec toute franchise le plan de conduite qu'elle s'est tracé, et dont elle ne pourrait se départir, afin de ne laisser aucun doute sur ses intentions. Madame a résolu de porter remède à cette situation désastreuse; elle est déterminée à se rendre très prochainement dans le Midi.

« Elle a la certitude que la Vendée répondra à son appel, et compte sur sa présence pour échauffer le zèle et imprimer une nouvelle énergie à tous ses partisans à Paris et dans le reste du royaume. Madame veut prévenir l'anarchie qui nous menace; elle veut replacer sur leurs antiques bases ces sages libertés que nous avions héritées de nos pères. Elle veut réformer les abus de la centralisation, constituer les communes; établir, avec les modifications nécessaires, des assemblées provinciales, plus aptes à juger des besoins des localités; diminuer ou supprimer les impôts les plus vexatoires ; protéger dans la religion catholique la religion de l'État; sans cesse faire respecter la liberté de conscience; accorder à l'enseignement toute la liberté compatible avec l'ordre et les bonnes mœurs ; consacrer de nouveau les bases fondamentales de notre ancien droit public, le libre vote de l'impôt et le concours de la nation aux actes législatifs, et reconstruire ainsi notre ordre social tant de fois ébranlé. Tel est le but que se propose Madame pour le gouvernement de notre jeune roi. Elle a la ferme confiance que, dictées par l'intérêt général de la France, ces libertés et ces garanties si sages doivent satisfaire à tous les vœux des hommes éclairés. »

CHAPITRE VIII

Berryer en Vendée. — Son triomphe devant la cour d'assises de Fontenay-le-Comte. — Sa versatilité. — Organisation civile et militaire de l'insurrection dans l'Ouest et dans les autres provinces. — Apparition de Simon Deutz. — Sa conversion en fait un homme à la mode. — Il part pour le Portugal, chargé d'une mission pour dom Miguel par la duchesse de Berry. — Ses instructions écrites.

Nous avons vu dans le chapitre précédent ce qui se passait à Paris au mois de février 1832; revenons maintenant à la Vendée où les événement vont aller se précipitant.

Le 28 du même mois, Berryer arrivait à Fontenay-le-Comte pour défendre quelques pauvres paysans traduits devant la cour d'assises. Un faux chouan nommé Métayer, qui s'était engagé dans une bande de réfractaires, avait dénoncé une famille de cultivateurs charitables où il avait reçu l'hospitalité; il s'agissait pour ces braves gens du bagne, ou même de l'échafaud. Le grand orateur, par son irrésistible parole, fit pleurer le jury et subjugua la cour; les prévenus furent acquittés à l'unanimité. Ce fut un des plus beaux triomphes de Berryer, une ovation frénétique.

« Les paysans, dit Crétineau-Joly, étaient dans

une ivresse inexprimable : les uns se prosternaient à ses genoux, les autres se jetaient dans ses bras. Se sentant aussi courageux que le grand artiste parlementaire s'était montré éloquent, tous lui demandaient ce qu'il fallait faire. En ce moment, Berryer pouvait d'un mot soulever le Bocage, et le conduire tambour battant à l'assaut des Tuileries. Il n'alla pas si loin, mais, cédant lui-même à cet enthousiasme qui gagnait jusqu'aux plus indifférents, il répéta souvent : « Faites, mes amis, ce qui vous conviendra. Avec d'aussi braves soldats que vous, il n'y a pas besoin de fixer l'heure ou le jour ; choisissez-le vous-mêmes, je vous seconderai. » Berryer voyait les royalistes sous le prisme, et son âme impressionnable soumettait sa raison aux élans spontanés qu'il inspirait. Sur toute sa route, à Luçon comme à Nantes, partout où il rencontra des hommes politiques, il tint le même langage. Après avoir entraîné les autres il se sentit emporté lui-même par ce mouvement qu'il avait imprimé. Les blancs lui faisaient part de leurs souffrances et de leurs vœux. Berryer partageait les unes et s'associait aux autres ; il était tout à tous. Sa figure si expressive, son caractère doux et facile, les séductions de son esprit, de son geste même, tout respirait la guerre. Aussi, en abordant Athanase de Charette, ne put-il contenir ses sentiments et, comme la Vendée entière, il lui répéta ces mots, qui étaient si bien le fond de sa pensée : « Général, avec un tel pays et de tels hommes, on peut transporter des montagnes. »

« L'Ouest ne découvrait en lui qu'un cœur débordant d'éloquence, qu'une âme qui interprétait dans les grandeurs de son idée les simples effusions de la fidélité. L'Ouest ne connaissait pas ces imaginations qui se laissent si facilement soumettre par les objets extérieurs, qui, sans calcul, cèdent ou se roidissent devant les obstacles, et qui, après avoir dominé par l'ascendant de l'action oratoire, se trouvent parfois faibles en face de la première difficulté ou désenchantées au dernier avis. Les royalistes de la Vendée n'avaient pas encore pénétré dans cette vie de plaisir et de travail, d'atticisme et de beau langage, qui, comme Cicéron, aime la gloire un peu plus que la vertu, et qui, s'écoulant entre les merveilles de la tribune et l'amour des arts, ne ressemble pas mal à la plus belle harangue de Démosthène dans laquelle un génie envieux aurait intercalé un passage de Boccace.

« Après avoir accepté Berryer comme défenseur, ils le choisissaient pour guide dans leurs rêves de guerre civile : ce fut une faute qu'ils expieront toujours. Berryer, au dire de son père, est l'homme le plus complet et le plus incomplet qu'il y ait au monde. Plein de comédie représentative, il ne jurait à Paris que par les manèges constitutionnels ; il s'offrait comme l'anneau qui sert à rejoindre une chaîne brisée. Les anciens comités royalistes avaient perdu l'Ouest en le compromettant ; l'orateur le perdit à son tour en s'enivrant du courage des gars. »

Ce jugement ne nous paraîtra pas trop sévère, à nous qui avons lu les nombreuses lettres dans lesquelles le brillant avocat témoigne au maréchal de Bourmont les sentiments les plus belliqueux, et déplore *en termes très durs* le manque d'énergie de Madame. Non, Crétineau-Joly ne saurait être accusé d'injustice quand il reproche à Berryer sa versatilité, si on se rappelle que le même homme, qui, en mars 1832, écrivait à la duchesse de Berry : « Hâtez-vous d'accourir ou nous ferons le soulèvement sans vous, » déployait, au mois de mai suivant, une éloquence non moins émue pour la forcer à sortir de France. La lettre ci-dessous, prise au hasard entre beaucoup d'autres analogues et datée du 14 mars 1832, nous montre que, loin d'être hostile au soulèvement, il en était au contraire un des fauteurs principaux, avant de s'être laissé *retourner* par le parti des opulents et des timides :

« Je vous ai écrit le 20 du mois dernier, mentionne-t-il au maréchal, et je viens de recevoir votre lettre du 21. Vous me dites de voir Lamarque et de lui dire d'écrire à Durieu. Félix m'avait fait dire qu'il fallait faire des recommandations à Lambot. Je ne l'avais pas trouvé. Quant à Lamarque, je lui parlerai dans le sens que vous souhaitez. Mais ce n'est pas facile en ce moment. Il y a un grand refroidissement de ces gens dont je vous ai parlé à Nice. Ma dernière lettre vous en expliquait la cause; nous ne leur montrons pas de gens en qui ils aient assez de confiance, et avec qui ils croient pouvoir faire affaire. Je vous ai dit ce que je pensais de l'habitant de Berne[1]; je ne lui ai pas trouvé les ressources personnelles qu'il annonçait, et il n'a essayé qu'avec nos propres moyens, et vous savez comme ils ont été mal employés. Cependant le Bernois a vu ici Mauguin. Celui-ci m'en a parlé, mais il n'a pas une grande confiance en lui ; du moins j'ai cru m'en apercevoir. Quant à Hyde, je vous ai écrit que je l'avais vu ; je suis d'accord avec lui. Cependant le moment n'est pas encore venu de le décider à agir. C'est dans ses goûts, et il le fera; ce sera pour lui un retour de jeunesse. Je m'expliquerai plus tard sur l'époque. Vous avez su mon voyage en Vendée ; je l'ai étendu, aussi j'ai vu presque tout l'Ouest. Dans la Vendée tout va bien, l'évêque de Luçon a une très grande influence; il en fera bon usage. J'ai vu les hommes de la division Charette ; leur affaire est très bien montée. Je l'ai vu lui aussi.

« Chez Cathelineau l'organisation est moins régularisée, mais l'esprit est excellent. Il y a beaucoup d'ardeur dans la partie de la Rochejaquelein, mais *elle souffre de son absence*, et, pour

---

1. Le général de Montholon.

parler vrai, un peu de ce qui est arrivé à sa femme. Dans ces trois points on se plaint du manque de poudre. Le plus grand mal est que l'on redoute l'irrésolution de d'Autichamp.

« Il faudra envoyer simultanément les ordres à lui et aux trois autres[1]. Là nous nous servirons beaucoup du clergé ; je vous proposerai à cet égard une mesure générale.

« Dans la Loire-Inférieure, j'ai vu à Nantes Clouet et Coislin. Ce dernier est très content de Cœur-de-Lion[2], mais ce qu'il y a de mieux c'est la portion de la Rochemacé. Vous savez combien la portion de Cadoudal est bien ; celle de Trégomain n'a de bon que le pays de Vitré[3]. La partie de Menou est très médiocre. J'ai vu votre fils César ; vraiment il se porte à merveille. Aimé[4] était retourné à Angers. Toute cette dernière partie je n'ai pas pu la voir, mais Hébert vous dira la vérité sur ce point. A Laval, Pontfarcy s'exagère beaucoup ses ressources. Toute cette partie de la rive droite a besoin d'un chef. On craint que Bourbon-Busset n'accepte pas... »

Berryer déplore ensuite l'obstination de certains chefs à tout attendre des étrangers ; il leur a dit de ne point compter sur leur concours :

1. Cathelineau, Charette, Saint-Hubert (pour la Rochejaquelein).
2. Terrien, dit Cœur-de-Lion, chef de la division de Châteaubriant.
3. Division de M. de Courson.
4. Louis de Bourmont.

« Le succès de mon procès a causé une joie générale et un redoublement d'ardeur, continue-t-il. Je veux voir le Midi, si j'en ai le temps. Si Madame y arrive en même temps que nous, nous ferons l'affaire à Paris ; JE SUIS CERTAIN DU PLUS ENTIER SUCCÈS. Il faut donc s'occuper beaucoup de Paris. Tout le mal du passé vient de ce qu'il n'y a pas eu l'union qu'il fallait. En ce moment beaucoup de relations sont rompues ; je me suis décidé à en reprendre les fils, mais ce sera sans conserver les mêmes meneurs. *J'ai reçu des propositions admirables ;* je vous en ferai part. J'ai dit dans une dernière lettre quel conseil je croyais qu'il fallait former, mais ce n'est pas pour l'action, c'est pour offrir...[1] qui donne confiance. En général on a marché avec de trop petites vues, et beaucoup de gens donnant des avis trop divergents ont rapporté trop d'ordres partiels... Ici ma position est excellente, commode ; mes amis et mes ennemis ont confiance en moi. De grâce, centralisons, pour la dernière fois. Dites à Madame que je suis à elle à la vie à la mort, corps et âme. »

Malgré bien des mécomptes, l'insurrection s'organisait petit à petit. Voici quelles en étaient les lignes principales, au mois de mars 1832 :

En ce qui concerne les provinces de l'Ouest, l'autorité civile supérieure avait été donnée par

---

1. Illisible dans le texte.

Charles X lui-même, le 8 mars 1831, à M. Corbières. M. Guibourg et M. de Bagneux étaient commissaires extraordinaires du roi, le premier pour la ville de Nantes et la banlieue, le second pour le Poitou. MM. le comte de Maquillé et de Pontfarcy devaient unir à leurs pouvoirs militaires ceux de commissaires civils, l'un pour la partie de l'Anjou située sur la rive droite de la Loire, l'autre pour les départements de la Sarthe et de la Mayenne.

L'organisation militaire était la suivante :

Rive droite de la Loire : commandant en chef le général Clouet, avec sept corps d'armée commandés : le Ier (Ille-et-Vilaine) par Trégomain, le IIe (Maine-et-Loire rive droite) par Maquillé, le IIIe et le VIIe réunis (Morbihan et Finistère) par Joseph Cadoudal, le IVe (Mayenne et Sarthe) par Pontfarcy, le Ve (Côtes-du-Nord) par l'ex-général d'artillerie Brèche, le VIe (comprenant la partie de l'Anjou située entre la rive droite de la Loire et la Mayenne) par le comte de Beaumont. On avait mis sous les ordres du marquis de Coislin, qui ne voulait obéir à aucun chef supérieur, un corps destiné à opérer isolément et formé par les trois divisions de Guérande, d'Ancenis et de Châteaubriant [1].

Sur la rive gauche, nous l'avons déjà dit : commandant en chef d'Autichamp, avec trois corps

---

1. Chefs : Richard de la Pervenchère, de la Rochemacé, Terrien, dit Cœur-de-Lion.

d'armée commandés : le Ier (territoire de l'ancienne armée d'Anjou) par Cathelineau, avec M. Gangler comme chef d'état-major ; le IIe (nominalement) par Auguste de la Rochejaquelein, et partagé en deux brigades ayant respectivement pour chefs les généraux Saint-Hubert et Allard ; le IIIe par Charette.

Chaque armée aurait un intendant général.

Un gouvernement provisoire devait fonctionner à Paris, aussitôt que l'insurrection serait maîtresse de la ville. Mme la duchesse de Berry avait désigné cinq membres pour l'exercer : MM. le maréchal duc de Bellune, le marquis de Pastoret, le marquis de Latour-Maubourg, le vicomte de Chateaubriand, et le comte de Floirac qui avait reçu des pouvoirs spéciaux et très étendus. Son Altesse Royale avait donné à celui-ci « le nom de quelques personnes qu'elle verrait avec le plus de plaisir appelées à remplacer les absents » ; elle autorisait les membres du gouvernement qui se trouveraient réunis à choisir parmi celles mentionnées sur la liste suivante, que leur présenterait ledit M. de Floirac : l'archevêque de Paris, le baron Hyde de Neuville, le duc de Fitz-James, le comte de Sèze, M. de Conny.

Parmi les royalistes auxquels, dès le mois de juillet 1831, on avait songé pour former divers comités à Paris (Presse, Affaires militaires, Organisation civile, Finances, Correspondance), nous trouvons les noms de : MM. le comte de Kergorlay, le comte de Suleau, le comte de Chazelle, Berryer, de Genoude, de Brian, Laurentie, le marquis d'Hautpoul (général d'artillerie), général comte de Cherisey, Jauge, banquier; Saulot, Baguenault, banquier; Bousquet, etc...

Pour les provinces autres que l'Ouest, nous avons sous les yeux les tableaux d'organisation civile et militaire suivants, avec la date des nominations :

Autorisations pour organiser et commissions civiles. — M. de Surville, pour la Provence et le Bas-Languedoc (5 juin 1831).

M. de Rigaut, pour le Haut-Languedoc (*id.*).

Comte Eugène de Lur-Saluces, pour Bordeaux et le pays adjacent (*id.*).

Comte Christophe de Beaumont, pour l'Agenais et le pays adjacent (*id.*).

Vicomte de Montbron, pour la Marche et le Limousin (1er février 1832).

Vicomte Blin de Bourdon, pour l'Artois (*id.*).

Marquis de Verna, MM. de Virieu et Yemenitz, pour Lyon (2 février 1832).

M. du Terrier de Lannaz, pour la Franche-Comté.

Commissaires extraordinaires du roi. — Marquis de Foresta, pour la Provence et le Bas-Languedoc (20 octobre 1831), révoqué le 3 mars 1832.

Vicomte Alban de Villeneuve-Bargemon, pour le département du Var (janvier 1832).

Comte de Vandœuvre, pour le Calvados (1er février 1832).

Marquis Ferdinand de Villeneuve-Bargemon, pour les Basses-Alpes (5 mars 1832).

Vicomte de Becdelièvre, pour la Haute-Loire (8 mars 1832).

M. de Chavigny (Le Roy), pour l'Allier (*id.*).

M. Charles du Verne, pour le Nivernais, avec commandement supérieur des volontaires royaux (*id.*).

Comte Charles de Bonvouloir, pour la Manche (1er février 1832).

M. de Roussy, pour les Hautes-Alpes.

Aymar de Dampierre, Charente-Inférieure (1er avril 1832).

Pouvoirs militaires. — M. de Narp, commandant des volontaires royaux en Flandre et Artois (1er février 1832).

Général Horric, pour l'Hérault (23 février 1832).

Comte du Coëtlosquet, 15e division militaire.

Marquis de Forbin des Issards, pour Lyon (2 février 1832).

Marquis de Clermont-Tonnerre, pour la Guyenne et le Languedoc (1er mars 1832).

Mgr l'évêque de Luçon, grand aumônier des armées royales (5 mars 1832).

M. de Saint-Marsault pour la Charente-Inférieure (1er avril 1832).

Malheureusement Madame n'avait pas eu la main aussi heureuse quand, dans les premiers jours de 1832, elle accorda sa confiance au misérable

Herbaut, *alias* Giacinto Gonzaga, devenu plus célèbre sous le nom de Simon Deutz. Son père avait été grand-rabbin à Paris, où lui-même il débuta comme ouvrier typographe. Jugeant la chose profitable à ses intérêts, il se convertit à grand fracas, — la mode était alors aux conversions de Juifs, et le philosémitisme bien porté ; — puis il se rendit à Rome où Léon XII le reçut paternellement et lui donna, ou fut censé lui donner, la mission d'étudier la situation des Juifs en Amérique. Bien pourvu d'argent (premier fruit de sa conversion), Deutz partit pour le nouveau monde, avec une lettre de recommandation des jésuites, puis il revint en Europe et débarqua en Angleterre (1831). « Il parvint ainsi, à Londres, à se faire bien accueillir par un abbé de La Porte, par un Montmorency, et enfin par la maréchale de Bourmont qui, partant pour l'Italie, l'emmena avec elle. Il retourna à Rome. Léon XII était mort, Deutz retrouva comme pape, sous le nom de Grégoire XVI, le cardinal Capellari qui l'avait déjà honoré de sa bienveillante protection et fait instruire dans la religion par le P. Orioli, du collège des Cordeliers[1]. »

Deutz était arrivé à Massa en février 1832, avec un passeport signé du cardinal Bernetti. Comme la plupart de ses congénères, le petit Juif de Coblentz aspirait à la particule, aussi ledit passeport

---

1. *Madame la duchesse de Berry*, par Thirria.

était-il au nom du signor Hyacinthe *de Gonzague!* Sur les pieuses recommandations qu'il exhibait, Madame lui accorda tout de suite la confiance la plus absolue... et la plus folle, et le chargea d'une mission ultra-secrète auprès du roi de Portugal. Voici la lettre d'introduction qu'elle eut la légèreté de lui remettre :

« Dès le commencement de l'année dernière, un jeune voyageur donna connaissance à Votre Majesté de mes espérances et de mes projets. Il m'informa à son retour de l'intention qu'avait Votre Majesté de faire tout ce qui dépendra d'elle pour aider au rétablissement du droit légitime en France, afin de la raffermir partout.

« Quoique l'exécution de mes projets ait été retardée, mes espérances n'ont fait que s'accroître, et l'état actuel de la France fait augurer que des circonstances propices se présenteront bientôt.

« Je charge M. Hyacinthe Deutz, que les intérêts de notre sainte Religion (!) appellent en Portugal, de donner connaissance à Votre Majesté de ce que je me propose de faire, et de lui indiquer comment Elle pourrait accroître mes chances de succès.

« Je saisis cette occasion pour offrir à Votre Majesté mes vœux bien sincères pour la prospérité de son règne. »

Au moment du départ, le misérable avait reçu les instructions ci-dessous :

« En arrivant à Lisbonne, Deutz devra chercher à voir le roi dom Miguel et à lui remettre secrètement la lettre de Madame. Si le roi le permet, il expliquera à Sa Majesté que Henri V a de nombreux serviteurs en France ; qu'ils sont unis par des associations dans presque toutes les provinces ; qu'ils sont organisés et armés dans plus de vingt départements ; que Madame a résolu de se placer elle-même à la tête des premières populations et des premières troupes qui l'appelleront.

« M. Deutz donnera connaissance au roi du langage que Madame se propose de tenir à l'égard des Français et des troupes ; il lui fera observer qu'il n'y a pas assez d'armes et de munitions de guerre en Bretagne et en Poitou pour armer tous ceux qui, dans ces provinces, veulent servir Henri V, et qu'il ne semblerait pas difficile d'y faire passer, sur de petits bâtiments qui partiraient de Lisbonne, des barils de poudre de 50 livres chacun, ou de 100 livres au plus, et des barils contenant 6 à 800 cartouches de calibre français, ou portugais dans le cas où on enverrait aussi des fusils portugais. Toutefois, il serait préférable d'envoyer des fusils français, qui doivent exister dans l'arsenal de Lisbonne par suite des campagnes de 1808 et 1813. Les mêmes bâtiments pourraient porter des caisses contenant chacune dix fusils seulement, afin qu'on pût les débarquer et les transporter plus aisément pendant la nuit.

« L'embarquement de ces objets devrait être

fait près de Lisbonne, le plus secrètement possible, soit sur de petits bâtiments français, soit sur des bâtiments portugais. Des pilotes des côtes de Bretagne et du Poitou seraient envoyés à Lisbonne sur de petits bâtiments, pour recevoir ces objets ou pour servir de pilotes aux petits bâtiments portugais sur lesquels seraient faits les chargements ; ces pilotes seraient adressés à M. Deutz, et lui présenteraient un morceau de papier en signe de reconnaissance. Ils seraient convenus, avant de quitter la France, du point où ils se présenteraient pour opérer le débarquement, et des signaux qui, à cette occasion, doivent être faits de part et d'autre.

« On ignore si, avec la meilleure volonté du monde, dom Miguel pourrait prêter de l'argent. M. Deutz fera sentir combien cela serait utile à Madame. Dans le cas où le roi pourrait et voudrait bien prêter des fonds à Madame, il faudrait les convertir en lettre de change à l'ordre de M. François, négociant à Nantes, et les lui adresser par la poste en duplicata, par deux courriers successifs, en première et deuxième de change ; puis lui écrire de réaliser en caisse le montant de ces valeurs, pour en disposer suivant les avis qu'il recevrait de la lettre de change et de la lettre. Cette précaution est nécessaire pour que le négociant ne soit pas compromis.

« M. Deutz me ferait connaître le nom et la signature de la lettre écrite de Lisbonne à

M. François. M. Deutz écrirait ensuite de Lisbonne à M. François pour qu'il lui recommande les intérêts de la personne qui lui écrirait les lettres de change, et il signera *Gonzague*. Les avis seraient donnés à Nantes, et on comprendrait ce que cela voudrait dire. »

Une fois ces papiers en poche, le Juif vit d'un seul coup d'œil combien l'affaire serait lucrative. Dès le mois de juin il écrivait au ministre de l'intérieur français pour lui proposer ses services. M. de Montalivet, renseigné gratuitement par Metternich, lequel savait, nous l'avons dit, tout ce qui se passait à Massa, ne donna aucune suite aux ouvertures de Simon Deutz. Ce dernier, en octobre suivant, devait reprendre les négociations avec M. Thiers, et vendre sa protectrice pour une somme que Judas lui-même n'eût jamais osé demander [1].

---

1. Madame Adélaïde d'Orléans, voulant marquer toute son estime pour Deutz, lisons-nous dans l'*Egérie de Louis-Philippe* (par Raoul Arnaud), l'invita à danser, pour le premier quadrille, au bal des Tuileries du 30 janvier 1833.

(Peut-être son amie la comtesse de Boigne lui faisait-elle vis-à-vis ? Elle ne le raconte pas dans ses mémoires amusants... mais peu dignes de foi, car elle n'appuie ses racontars sur aucune preuve, et le général Thébaud, entre autres contemporains, nous montre qu'elle n'était guère qualifiée pour flétrir la galanterie bourbonnienne !)

La vertu de l'Egérie en question inspirait aux poètes des vers dans le genre de ceux-ci :

« Sœur de Louis-Philippe et femme d'Atthalin,
« Altesse jacobine, et qui plus est, catin. »

CHAPITRE IX

Etat du IIIe corps en avril 1832. — Bonnet et Solignac. — Instructions de Bourmont à d'Autichamp et à Charette. — Deutz et dom Miguel. — Les paysans démoralisés par les *pancaliers*. — Ce sont les chefs qui ne veulent pas se battre. — Nouveaux excès de la troupe et de la police. — Cruautés et assassinats.

Au mois d'avril 1832, toutes les divisions du IIIe corps étaient à peu près organisées. Certaines modifications avaient dû être apportées aux dispositions primitives. Les deux divisions du Marais avaient été réunies sous les ordres de M. de Maynard, Robert, qui commandait l'une d'elles, ayant manifesté l'intention de faire sa soumission au gouvernement. De nombreux indices donnaient à croire que ce dernier était un traître. Il fut un instant question de le fusiller, mais on préféra s'en débarrasser à prix d'argent et on l'expédia à l'étranger. Un autre chef trahissait également ; il informait le général Rousseau, commandant le département de la Vendée, de tous les mouvements de Charette. Mais le général Rousseau[1] était un homme loyal, aimant peu les espions et les délateurs, et il ne fit pas usage des renseignements fournis par le triste

---

1. C'est grâce à lui qu'en 1815, dans le Morbihan, la guerre entre chouans et bonapartistes conserva un caractère d'humanité inconnu des troupes révolutionnaires.

personnage. Comme toujours chez les royalistes, des conflits d'amour-propre et de jalousie se produisaient un peu partout. Charette et le général Saint-Hubert (commandant provisoire du corps la Rochejaquelein) ne pouvaient s'entendre au sujet de la division de Clisson, que chacun réclamait comme appartenant à son territoire. M. Benjamin de Maynard avait fait de grandes difficultés pour servir sous Charette, ayant la prétention d'avoir un commandement indépendant. M. de Goulaine et sa coterie témoignaient en toute chose la plus grande inertie ou la plus extrême mauvaise volonté. Par contre, le vieux la Robrie, que nous verrons soutenir presque seul l'honneur vendéen au combat du Chêne, M. Le Chauff et quelques autres poussaient leurs préparatifs avec autant de dévouement que d'activité. Dans une lettre adressée au maréchal le 19 mars 1832, M. de Charette avoue qu'il vient de passer par une terrible crise de découragement; il ne dissimule pas que, dans le pays, les affaires vont assez mal : « Déjà, dit-il, deux personnes des plus influentes viennent d'être arrêtées; des mandats d'amener ont été lancés contre d'autres royalistes, et ils sont en fuite. Le système de la résistance profite de cet état de choses pour accuser les chefs de compromettre la sécurité publique comme la fortune particulière. Nul doute que de pareilles idées ne trouvent de l'écho. Il en résulte donc, sinon du découragement, du moins de l'inquiétude. J'estime que nous ne pouvons rester dans un tel état de choses sans que les gens influents soient arrêtés, ou au moins obligés de se soustraire aux recherches. Alors ils nous accuseront de les tromper, et le peu de bien que nous pourrions faire est paralysé par suite de semblables réflexions. L'on semble croire aujourd'hui que le gouvernement reculera devant la mesure du tirage, au moins dans les provinces de l'Ouest. Mais, dans cette supposition, je continue à penser qu'un mouvement ne peut être remis, parce que les jeunes gens de la classe 1832 ont pris des engagements avec les réfractaires, et qu'enfin tous les esprits sont préparés à une réaction. Arrivés à leur apogée, ils ne peuvent que décliner si on ne se hâte de profiter des éléments qui sont encore aujourd'hui à notre disposition, mais qui demain peuvent venir à nous manquer. »

Du côté philippiste, le général Bonnet avait pris le commandement des divisions de l'Ouest, à la place du général Lamarque que le gouvernement, non sans raison, ne trouvait pas assez hostile aux royalistes, et le général Solignac, celui de la 13° division dont le siège était à Nantes. Bourmont connaissait bien le caractère de ces deux officiers : « Prenez garde, écrit-il à M. de la Rochemacé, que vous aurez affaire à Nantes à deux hommes vigoureux, et capables de tirer bon parti de leurs troupes : Bonnet et Solignac. Ce dernier n'a pas d'opinion politique, et peut-être ne serait-il pas insensible à l'intérêt évident de la France...

appuyé par des promesses avantageuses pour lui personnellement. Toutefois, une négociation de cette sorte est difficile, et peut-être dangereuse. Je ne peux à ce sujet rien conseiller d'aussi loin, et en cherchant en dehors de lui, on peut trouver plus de facilités. Ce qu'il y a de certain, c'est que je ne pense pas qu'on puisse réussir à Nantes sans avoir pour soi une partie de la garnison; je crois qu'au premier mouvement des campagnes, Solignac (et peut-être aussi Bonnet) marcherait contre vous à la tête des deux tiers ou des trois quarts de la garnison, et que ce pourrait être une occasion de succès dans cette ville. »

Solignac avait sous ses ordres les subdivisions de la Charente-Inférieure, de la Loire-Inférieure, de la Vendée, des Deux-Sèvres et de la Vienne, commandées par les généraux de brigade Pinoteau (remplacé par Varenghien), Barré (remplacé par Dermoncourt le 1er mai 1832), Rousseau, Mocquery et Rosetti. C'était avec les troupes de Rousseau et de Dermoncourt que le IIIe corps devait avoir surtout maille à partir. Le premier, nous l'avons dit, était un loyal ennemi ; quant à Dermoncourt, dont les historiens de 1832 ont voulu faire un tempérament chevaleresque, c'était, en réalité, un homme absolument dépourvu de principes, sans conviction aucune, prêt à toutes les besognes, et ne se piquant pas de sentiments d'humanité, comme le prouve son ordre de juin 1832 où il prescrit aux troupes de massacrer les prisonniers. S'il témoigna quelques égards à Mme la duchesse de Berry, au moment de son arrestation, ce fut uniquement pour taquiner le gouvernement qui ne lui donnait pas d'avancement, et pour ennuyer Solignac qu'il détestait; la générosité et la galanterie n'eurent rien à voir dans cette affaire. Unissant une finesse de paysan normand à des allures affectées de vieux reître, il trouvait Louis-Philippe éminemment grotesque : on jugera de son dévouement à la monarchie citoyenne quand on saura que M. de Puyseux, aide-de-camp de Charette, vint se réfugier chez lui après s'être évadé de la prison de Nantes. Pour reconnaître les bons procédés du digne général, lequel se vantait *de f... plus facilement un coup d'épée qu'un coup de plume*, Puyseux se chargea de rédiger le rapport qu'il devait adresser au ministre relativement aux menées des carlistes dans la Loire-Inférieure. Ce rapport fut sans doute plus littéraire que véridique [1].

Pour en revenir au général Solignac, des offres pécuniaires, disait-on parmi les légitimistes, lui avaient été faites, et il les avait écoutées favorablement [2]. Le furent-elles réellement, ou bien les

---

1. M. Alexandre de Monti, survivant du combat du Chêne et frère de l'aide-de-camp de Charette, nous a raconté cette anecdote qu'il tenait de la bouche même de Puyseux.
2. Le même royaliste nous affirmait, il y a quelques années, que Solignac avait promis son concours à l'insurrection moyennant 500.000 francs. Au plus léger succès des chouans, il aurait agi personnellement sur les troupes.

négociations entamées n'étaient-elles pas encore terminées au moment de la prise d'armes? Toujours est-il que, jusqu'au dernier instant, malgré les symptômes inquiétants qui se manifestaient incessamment autour de lui et les avertissements de Dermoncourt, le chef de la 12ᵉ division militaire ne prit aucune mesure défensive contre une insurrection soudaine; il semblait même inviter les royalistes à un coup de main, en laissant toujours les troupes disséminées par petits paquets dans les cantonnements. Son acharnement, disons même sa férocité contre les chouans prisonniers, après l'échec du soulèvement, peuvent très bien s'expliquer par la crainte d'être accusé de complicité avec eux. Beaucoup d'autres officiers, nous en avons la preuve écrite, eussent abandonné la cause de Louis-Philippe si Madame avait remporté un premier succès, ce qui fût probablement arrivé si elle n'avait pas été abandonnée elle-même par la plupart des chefs vendéens, au moment d'engager le combat.

Cependant le moment décisif approchait. Dans les derniers jours d'avril, d'Autichamp reçut des instructions concernant l'armée de la rive gauche. Ces instructions étaient datées du 22 avril 1832; elles prescrivaient une vigoureuse offensive :

« Monsieur le Comte,

« Vous avez dû recevoir déjà les ordres de Madame; mais, dans la crainte que sa lettre ne vous fût pas parvenue, j'ai été chargé de vous répéter ce que contenait l'écrit de Madame qui vous a été envoyé.

« Madame vous prévenait qu'elle donnerait incessamment avis de son arrivée en France, qu'elle adresserait cet avis à Nantes où il arriverait probablement du 1er au 3 mai, et d'où il vous serait transmis ainsi qu'à tous les chefs de l'Ouest. Madame vous recommandait de faire prendre les armes aussitôt que vous recevriez ce dernier avis de sa présence en France, et vous engageait à prendre dès à présent des mesures pour votre sûreté personnelle, comme aussi pour donner à la prise d'armes tout l'ensemble possible, non seulement en faisant prévenir de suite Cathelineau, Allard, Saint-Hubert et Charette, mais en vous rapprochant vous-même de Nantes pour ce moment-là, et en prenant au surplus toutes les mesures que votre zèle et votre expérience pourraient vous suggérer.

« A cela je dois ajouter un avis qui a de l'importance, et dont Clouet a déjà dû vous faire savoir quelque chose : c'est que le 29e de ligne est en général dans de bonnes dispositions, que son colonel a de bons sentiments, et qu'on regarde comme possible de le déterminer à prendre parti avec nous. Ce régiment occupe les environs de

Bressuire. Si vous pouviez avoir de ce côté un officier général connu des troupes et leur inspirant quelque confiance, et le charger de s'occuper spécialement de ce corps, et si, d'un autre côté, vous recommandiez à M. Allard de ne point le traiter en ennémi, il y aurait chance d'entraîner avec vous ce régiment tout entier dès le début, et ce serait un immense avantage. Madame espère que vous ne négligerez rien pour l'obtenir, et vous autorise à lui donner le titre de 7° régiment de la garde et à le traiter en tout comme régiment de la garde.

« En prenant les armes, et aussitôt après avoir enlevé les petits postes intérieurs qui ne sont pas susceptibles de défense, vous devrez réunir toutes vos forces depuis Cholet jusqu'à Mortagne et environs, pour combattre ensemble et en allant à leur rencontre les premières troupes qu'on fera marcher contre vous soit d'Angers, soit de Nantes et de Bourbon. Après avoir battu celle de ces garnisons que vous aurez jointe la première, il faudra la poursuivre vivement et jusqu'à ce qu'elle n'existe plus comme force, puis marcher dès le lendemain sur les autres, si elles se sont aventurées au centre de votre pays.

« Si vous aviez ainsi battu celle de Nantes, il faudrait manœuvrer pour empêcher ses débris de rentrer dans la ville, et tâcher de les rejeter sur Bourbon, où vous les poursuivriez encore le lendemain et tâcheriez de faire déclarer pour vous Luçon, Fontenay et les Sables.

« Si vous aviez affaire à la garnison d'Angers, il faudrait tâcher de l'empêcher de gagner les Ponts-de-Cé, faire filer un gros détachement par une de vos ailes pour essayer de s'emparer des ponts avant que cette garnison pût y revenir, si, comme on peut l'espérer, le général qui la commande avait négligé de laisser un détachement assez fort pour défendre les Ponts-de-Cé. Si vous parveniez à vous emparer des Ponts-de-Cé, il ne faudrait plus les quitter et faire faire une tête de pont sur la rive droite, afin de faciliter la défense de ce point au fort détachement que vous y laisseriez. Le commandant sur la rive droite attaquerait Angers, et se porterait ensuite sur Durtal et Baugé. Il pourrait aussi, je pense, vous fournir du canon pour assurer votre tête de pont.

« Vous jugerez suivant les circonstances si vous devrez vous porter ensuite sur Saumur ou sur Poitiers, avec ce que vous aurez pu organiser régulièrement, car il ne serait pas sage de sortir du pays coupé avec des masses sans organisation forte.

« Madame vous recommande de faire tout au monde pour qu'il n'y ait point de désordre dans les villes que vous pourriez prendre. Elle pense que pour cela il ne faudra garder dans ces villes que des bataillons organisés, et que leur nombre ne dépasse point ce qui sera nécessaire pour opérer le désarmement des ennemis, et protéger les autorités civiles que vous y aurez établies...

« M. Hébert reçoit l'ordre de vous fournir sur votre demande les fonds qu'il aurait disponibles, et dont vous jugeriez convenable d'ordonner l'emploi pour les besoins des troupes royales de la rive gauche; il faut avoir grand soin de faire payer régulièrement tous les cinq jours leur solde aux hommes isolés ou fractions de corps de la ligne qui se seraient réunis à nous. On donnera ensuite, autant que possible, la même solde aux volontaires qui consentiront à se soumettre à une organisation régulière. Les autres volontaires auront droit seulement aux vivres de campagne. »

M. de Bourmont avait écrit quelques jours auparavant[1] au baron de Charette, pour lui recommander de pousser aussi vivement que possible l'organisation de corps réguliers. « Gardons-nous, lui dit-il, de nous porter dans les plaines avant d'avoir vaincu la première armée qui s'avancera contre nous dans le Bocage, ce qui doit arriver dans les quinze ou vingt premiers jours. Commençons par prendre tous les postes de l'intérieur du pays, les villes de Bourbon, Montaigu, les Sables, Cholet, Vihiers, Bressuire, Parthenay, Beaupréau, les Ponts-de-Cé, et Saumur s'il est pos-

---

1. Cette lettre est datée du 6 avril 1832.

sible, et hâtons surtout d'achever l'organisation des corps réguliers et d'en accroître le nombre autant qu'on pourra. Faisons aussi tout ce qui sera possible pour nous appuyer sur La Rochelle[1] et pour avoir la possession de Nantes et d'Angers. Si nous obtenons cela dans les dix ou quinze premiers jours, et que sur la rive droite on soit devenu maître de Vannes, Rennes et Pontorson, nous serons en état de nous bien défendre contre cent mille hommes, et des détachements du Maine et de la Basse-Normandie pourront être poussés par les forêts du Perche jusqu'aux environs de Versailles. Si, au contraire, nous marchions en avant sur Tours ou sur Chartres avant d'avoir suffisamment régularisé notre organisation et tous nos services, nous serions détruits par le désordre, et je crois très probablement achevés par la perte d'une bataille livrée dans les plaines. Il faut bien se garder de s'exposer à un pareil danger par trop de précipitation.

« Nous avons lieu de croire que dom Miguel voudra bien donner de la poudre, et peut-être des armes. Il faudrait que vous pussiez faire partir pour Lisbonne un petit bâtiment qui serait chargé de les recevoir et de vous les rapporter. Le pilote, avant de vous quitter, conviendrait des signaux et

---

[1]. Le général de Saint-Marsault, qui commandait la Charente-Inférieure avant la révolution de Juillet, avait reçu un ordre de commandement pour ce département. La possession de La Rochelle avait une très grande importance au point de vue stratégique.

autres moyens d'assurer le débarquement, et en arrivant à Lisbonne il irait se présenter à M. Hyacinthe Deutz, muni du papier ci-inclus, qui servirait à le faire reconnaître. Pour trouver M. Deutz, il s'adresserait au couvent des capucins français à Lisbonne, et demanderait à voir le vieux capucin qui seul y demeure et qui lui indiquerait les moyens de voir M. Deutz. C'est à ce dernier seul qu'il aura à montrer son papier. M. Deutz, qui est chargé de solliciter ce secours, ne devant être rendu à Lisbonne que vers le 20 de ce mois, il suffira que votre pilote soit arrivé dans cette ville pour les premiers jours de mai. Si vous ne pouviez expédier un bâtiment, vous enverriez alors un pilote seul, qui s'adresserait de la même manière à M. Deutz. M. Deutz tâcherait alors de faire embarquer la poudre et les armes sur un petit bâtiment portugais, et d'y faire monter votre pilote qui dirigerait le débarquement suivant les conventions qu'il aurait faites avant son départ de votre pays. Si vous ne jugiez pas un débarquement pareil exécutable avant la prise d'armes, vous attendriez, pour faire partir votre pilote, que le moment du soulèvement fût assez rapproché pour qu'il ne pût être de retour sur nos côtes que huit à dix jours après le soulèvement. Il faut huit jours pour aller, terme moyen. »

Le 19 avril, Bourmont envoyait à M. Guibourg, commissaire civil du roi à Nantes, une note l'avertissant de se tenir prêt à recevoir d'un moment à l'autre un courrier portant l'ordre de prendre les armes :

« Vous recevrez probablement *un courrier au Bon-Tuteur, place du Port-Communeau, à Nantes, du 30 avril au 3 mai prochain;* il portera probablement *l'ordre de Madame de prendre les armes*, et l'annonce *de sa présence en France*, car ce courrier ne serait expédié *qu'après la présence de Madame en France.* Arrangez-vous donc pour voir ce *courrier* à l'instant même de son arrivée, pour faire porter rapidement les *ordres de Madame* à d'Autichamp, à Clouet, à Coislin et aux autres chefs, de façon à ce que tous puissent agir ensemble le 3 mai, avant que l'ennemi soit informé de l'arrivée de Madame et qu'il ait pu ordonner de nouvelles dispositions. Ayez soin de transmettre l'avis que vous porterait le courrier à Angers, à Rennes, au Morbihan et dans le Maine, soit par Clouet, soit par vous-même, suivant ce dont vous serez convenu avec lui. N'oubliez pas non plus Félicie (Mme de la Rochejaquelein), Gaspard (Charette) et Achille (Cathelineau), sur l'autre rive. Vous serez le centre d'où tous les avis devront partir à la fois. Si vous pouvez agir à Nantes le 3 mai, ce sera un grand bien; si la garnison vous inquiète trop, vous pourrez, j'espère, agir lorsqu'elle se sera portée à cinq où six lieues de la ville. Faites au besoin l'avance de quelques fonds à Saint-Marsault pour La Rochelle, qui est un point très important. Si vous ne receviez pas l'ordre de Madame annoncé par cette lettre, ou que le bruit public et avéré ne vous faisait pas connaître la présence de Madame en France, il ne faudrait pas faire la levée de boucliers : un incident imprévu aurait obligé Madame à retarder l'exécution de ses projets. Toutefois ce dernier cas est invraisemblable. »

Le lendemain 20 avril, le maréchal écrit encore au duc d'Escars pour lui annoncer que Madame va franchir le Rubicon. On lui donne, dit-il, quelque espoir d'un gros contre-coup à Paris, où « les gros bonnets sont plus temporisateurs que jamais, » à l'exception de Floirac, Chazelle et *Berryer* qui « sont seuls d'avis qu'on y peut réussir dans une occasion donnée ». Le 22, il adresse un billet au comte de Corbières, à Rennes, l'informant que Guibourg va lui faire passer, du 2 au 4 mai, « la nouvelle d'un grand événement dans le Midi », et là se termine la correspondance du commandant en chef avec les provinces de l'Ouest avant son arrivée en France.

Ainsi Bourmont avait tout préparé pour le soulèvement ; ses ordres précis et clairs avaient été reçus partout en temps voulu, les chances de succès étaient sérieuses ; mais il avait compté sans la pusillanimité et l'égoïsme des illustres personnages des comités de Paris ; il ignorait que la plupart des chefs de la rive gauche parcouraient les campagnes, démoralisant partout les paysans en leur montrant le succès comme impossible, et semant dans leurs cœurs d'injustes soupçons contre les plus braves et les plus loyaux de leurs officiers ; enfin il ne pouvait avoir imaginé que des gentilshommes portant des noms glorieux dans l'histoire des guerres de l'Ouest donneraient leur démission au moment du combat. Les temps héroïques de la Vendée étaient passés ; le courage, le dévouement, l'abnégation avaient fait place à la prudence et à l'égoïsme.

Un des principaux motifs mis en avant par les *pancaliers*, après les événements de 1832, pour excuser leur défection, fut que les paysans lassés par l'ingratitude des Bourbons ne voulaient plus se battre, et se montraient disposés à se rallier à Louis-Philippe. La chose n'est pas exacte ; partout où les *messieurs* firent leur devoir, les paysans furent braves et fidèles. Quant à aimer le gouvernement de Juillet, si des hommes riches et assez prudents pour ne pas se compromettre pouvaient mener, dans leurs châteaux, une existence très supportable sous son joug, il n'en était pas ainsi des habitants des campagnes, livrés sans défense aux persécutions des tyranneaux administratifs, aux cruautés et aux pillages de la troupe et de la gendarmerie. Chose étrange, cette dernière arme, composée d'anciens soldats souvent mariés et pères de famille, s'est toujours signalée dans les temps de trouble par sa violence et son manque d'humanité.

Nous allons citer quelques exemples par lesquels on verra jusqu'à quel point les populations vendéennes devaient apprécier les bienfaits du noveau régime[1].

Le 22 janvier 1831, M. de Girardin était en train de se rafraîchir à l'auberge Richard, avec un lieutenant du 32ᵉ de ligne, quand survinrent un brigadier et deux gendarmes de Tiffauges, qui demandèrent ses papiers au jeune royaliste. Celui-ci exhiba un passeport parfaitement en règle, mais non encore visé à la préfecture. Malgré les instances de l'officier et de plusieurs témoins, qui déclarèrent connaître M. de Girardin et offrirent de se porter garants pour lui, les gendarmes prétendirent le mettre en état d'arrestation. Se dégageant, M. de Girardin courut prendre son cheval, sauta en selle et disparut. Une demi-heure plus tard il repassa devant l'auberge. Un gendarme tira sur lui et le manqua. Le soir, le sergent-major de la compagnie d'infanterie cantonnée à Tiffauges voulut profiter de l'absence des officiers pour se donner le plaisir d'investir le château du Couboureau avec un petit détachement, et, de son autorité privée, au mépris de la loi, opérer une visite domiciliaire nocturne chez le marquis de la Bretesche. Celui-ci, naturellement, refusa d'ouvrir ses portes. Furieux, les soldats tirèrent

---

1. Les faits que nous relatons ont été publiés dans tous les journaux de l'Ouest. Nous n'avons mentionné que ceux dont nous avons pu vérifier l'authenticité, en les comparant avec les rapports de la gendarmerie, de la police ou des commandants de détachements, et en recueillant la tradition des habitants du pays.

trois balles sur le jardinier accouru pour voir ce dont il s'agissait, puis, un peu plus tard, deux autres sur le notaire de la localité qui avait passé la soirée au château et qui, vers les dix heures, demandait à rentrer chez lui, puis encore sur le garde accompagnant ledit notaire. Satisfait de ces diverses tentives d'assassinat, le sergent rallia ses hommes et rentra au cantonnement. Une plainte fut adressée le lendemain au colonel du 32ᵉ de ligne, le colonel Duvivier. Cet officier, se basant sur le rapport du capitaine de Marconnay, *lequel était absent au moment de l'attentat*, nia effrontément les faits incriminés, vanta la discipline de son régiment en général, et de la compagnie Marconnay en particulier. M. de la Bretesche s'adressa directement alors au général Lamarque, commandant supérieur des divisions de l'Ouest, qui, lui, ne plaisantait pas avec la discipline, et ne se prêtait pas aux fantaisies révolutionnaires de Dumoustier et de Delaage-Saint-Cyr. Une enquête fut ouverte à ce sujet; il est probable que, cette fois du moins, les coupables furent punis.

Le 19 mars 1831, dans le voisinage de Bressuire, les soldats s'introduisirent chez le nommé Prisset, ancien soldat vendéen, sous prétexte de chercher Diot. Prisset était absent, ils ne trouvèrent que sa femme et son jeune enfant. Le portrait du brave chouan, placé sur la cheminée, attira l'attention des envahisseurs :

« Voilà le portrait de Diot, il faut le fusiller ! » crièrent-ils.

La femme Prisset voulut s'opposer à cette exécution ridicule; elle fut battue, renversée à terre. Son frère, jeune homme très vigoureux, survint en ce moment; empoignant un soldat de chaque main il les jeta dehors. Mais tous les autres, se ruant sur lui, s'apprêtaient à lui faire un mauvais parti quand arrivèrent quelques gradés, qui, par crainte d'une ennuyeuse histoire, mirent fin à cette scène odieuse.

Un officier démissionnaire, le capitaine du Baillet, atteint d'une blessure grave, s'était fait transporter dans sa terre de la Bruffière. Les *garnisaires* envahissent la maison. Soi-disant pour y chercher une correspondance clandestine, ils arrachent les appareils du blessé dont les plaies s'enveniment, et qui meurt laissant une veuve désespérée.

Le 12 juillet, à l'Ardoisière, une noce avait eu lieu le matin; deux cents invités finissaient la journée en dansant gaiement. Quelques jeunes réfractaires, profitant des ténèbres, s'étaient glissés parmi eux, ravis de pouvoir s'amuser un peu. Par malheur un misérable bellâtre de la localité, désireux d'augmenter les ressources dont il avait besoin pour maintenir son rang de coq du village, voulut gagner la prime promise à ceux qui livreraient un réfractaire *mort ou vivant*. Il s'esquive sans bruit, court à Bois-Cené avertir le chef du cantonnement, le sous-lieutenant Ladvocat, du 14ᵉ léger. Une quarantaine d'hommes, auxquels se sont joints en volontaires le garde champêtre et quelques douaniers, se mettent immédiatement en route. Le garde champêtre, un ancien chouan pensionné par Charles X, guide la troupe. On arrive, on cerne les danseurs : « Feu ! » Deux corps tombent à terre ; un jeune homme a le bras cassé, un enfant la tête fracassée.

La troupe se précipite, et, guidée par le Judas vendéen, elle arrête trois des réfractaires : Ringeard, de Machecoul ; Achard, de Bois-Cené ; et Bureau, de Saint-Gervais. Cependant les paysans commencent à revenir de leur stupeur ; un sourd grondement, précurseur de la tempête, se fait déjà entendre ; on parle de courir chercher les bâtons. Les soldats se hâtent de se retirer avec leurs prisonniers. L'enfant assassiné était le fils d'un nommé Fleury, brave métayer estimé de tout le pays. Le surlendemain, on enterrait la jeune victime, et, à l'issue de la cérémonie, on emportait, en même temps que le petit cercueil, le corps du malheureux père tombé sans connaissance.

Le 31 du même mois, à la Gaubretière, dans le cabaret Gaboriaud, deux métayers buvaient tranquillement ensemble. Entrent des soldats qui veulent forcer les paysans à boire et les traitent de b..... de chouans. Des injures on en vient aux coups ; les soldats s'emparent du cabaretier, l'étendent sur la table, puis l'emportent vers la cheminée où ils se disposent à le suspendre au-dessus du feu. Un officier survient heureusement; il a le *courage* de s'opposer à leur projet criminel.

A Bourbon-Vendée, M. de Clabat le fils est jeté dans un cachot souterrain, pour avoir été rencontré dans son propre canton avec un passeport non visé.

Chez le vieux baron du Chillou, la conduite de la troupe est telle que les officiers qui l'ont lâchement laissé faire sont forcés, par ordre supérieur, de venir présenter leurs excuses, et que l'autorité militaire est obligée de payer une indemnité pour les dégâts et les déprédations commis par les soldats.

Près de Bressuire, un détachement, guidé par un faux chouan, tire sans sommations sur deux réfractaires non armés : l'un des jeunes gens a la tête fracassée; les meurtriers emportent son cadavre à la sous-préfecture pour y toucher le prix du sang.

Le vendredi saint (mars 1832), le réfractaire Proust est rencontré sans armes par la troupe. Un molosse dressé à la chasse à l'homme est lancé contre lui. Le chien saisit le réfractaire par la jambe; un voltigeur accourt, et, à bout portant, il lui envoie une balle dans le cœur. Proust s'affaisse en gémissant : « Oh! mon Dieu! mon Dieu! ayez pitié de moi! » Un détachement du même régiment, commandé par un capitaine et venant de Machecoul, arrive le jour de Pâques au village où habitent les parents du chouan. Le meurtrier fait partie de ce détachement : il a le cynisme de se présenter devant la sœur de la victime et d'insulter à sa douleur. — « Mon frère est plus heureux que toi, lui dit la pauvre fille, il est auprès du Bon Dieu. » — « Près du Bon Dieu ? répond le misérable. Si je le trouvais, ton Bon Dieu, je lui passerais une balle à travers le corps comme je l'ai fait à ton frère, et bientôt je t'en ferai autant. Tiens, regarde : ça, c'est le fusil qui a tué ton frère ; c'est moi qui ai tiré, et je m'en fais gloire ; ça m'a rapporté *vingt-cinq francs*[1] et un galon sur les manches. »

Dans la nuit du 4 au 5 avril 1832, deux voltigeurs du 44e, cantonnés à Maulévrier, passaient sur la commune de Cerqueux, après avoir reconduit un officier à son domicile. Ils s'égarent et frappent à la métairie du Petit-Géry, pour demander leur chemin. Le métayer Cousin se lève et leur propose de les remettre dans la bonne route, mais, au moment où le Vendéen trop complaisant franchit le seuil de la porte, un des voltigeurs lui donne sur la tête un violent coup de crosse. Tout étourdi, Cousin n'en continue pas moins de marcher ; il conduit les soldats jusqu'au chemin de Maulévrier. Là il veut se retirer, mais le

---

1. Le prix du sang montait jusqu'à 25 francs, quand le préfet était généreux.

soldat Herquely, qui, avant de partir pour cette expédition, s'était vanté à ses camarades de ne pouvoir résister au besoin de tuer un chouan, vise le paysan au milieu du dos et l'étend raide mort. Pour dérouter la justice, Herquely recharge son fusil et tire en l'air. Son camarade épouvanté l'a compris ; craignant de passer pour complice, il décharge lui aussi plusieurs fois son arme, afin de faire croire à un engagement avec les carlistes. Le lendemain cet homme, saisi de remords, va révéler le drame au commandant du bataillon. Herquely est arrêté, traduit devant le conseil de guerre de Nantes, le 2 mai 1832, et condamné à mort. Le règlement voulait que le misérable fût fusillé sur le lieu même de son crime. M. Barthe, ministre de la justice, demande sa grâce à Louis-Philippe, qui s'empresse de l'accorder mais qui, par contre, laisse tomber sur l'échafaud les têtes des chouans Caro et Secondi.

À Treize-Voies, un septuagénaire aperçoit une patrouille en sortant de chez lui. Effrayé, il prend la fuite clopin-clopant. Une balle lui traverse le cœur. Les soldats prétendent avoir pris ce petit vieillard cacochyme pour un jeune réfractaire; ils ne sont pas inquiétés.

Il faudrait *plusieurs volumes* pour rappeler les assassinats commis sur des royalistes au nom de Louis-Philippe. Nous avons cité ces quelques faits afin de montrer combien les *pancaliers* ont été maladroits en voulant nous faire croire que les paysans vendéens pouvaient éprouver aucune sympathie envers un gouvernement capable de favoriser de pareilles atrocités. La Révolution aime le sang; le fils d'Égalité le voyait couler, sinon avec plaisir, du moins avec une parfaite indifférence.

CHAPITRE X

Arrivée de Madame en Provence. — Ridicule échauffourée de Marseille. — Dévouement de M. de Villeneuve-Bargemon. — Voyage de Madame. — Son arrivée en Saintonge. — En Vendée. — M. de Goulaine et Benjamin de Goyon cherchent à décourager Madame. — Arrivée de Bourmont. — Berryer et la duchesse de Berry.

Nous ne redirons pas ici les péripéties trop connues du débarquement de Madame sur les côtes de Provence, le 29 avril 1832. Le mouvement de Marseille avorta piteusement ; le dévouement méridional en travail accoucha de la *ridiculus mus* de la fable. Au surplus, si l'on désire que nous touchions quelques mots de cette sotte échauffourée, nous laisserons la parole au duc d'Escars lui-même. Voici comment le chef des royalistes du Midi la raconta, le lendemain, à M. de Villeneuve-Bargemon[1], le guide si brave et si dévoué qui allait conduire Mme la duchesse de Berry en Vendée.

« Nous ne pouvions faire des répétitions à huis clos, dit cet officier général ; nos mesures étaient bien prises et n'ont manqué que par des malentendus, car je ne puis accuser le courage et la fidé-

[1]. Notes manuscrites de M. de Villeneuve-Bargemon sur le voyage de Madame, de Provence en Saintonge.

lité des hommes qui avaient promis leur concours. »
« Il m'apprit alors, continue M. de Villeneuve-Bargemon, que sur deux mille hommes enrégimentés et armés secrètement, qui devaient faire le mouvement, des compagnies de cent hommes devaient se porter à la fois chez le général commandant la division, chez le préfet, chez le receveur général, à l'hôtel de ville, au télégraphe et aux autres différents postes les plus importants, et que le reste devait parcourir la ville avec le drapeau blanc, en appelant le concours de la population royaliste, et annonçant l'arrivée de S. A. R. Madame, régente du royaume. Trois cents marins placés sur le côté du port dit *Rive-Neuve*, devaient traverser le port et arriver à l'hôtel de ville dès que le drapeau blanc y serait arboré. On ne doutait pas qu'un mouvement général n'entraînât les masses et même que, dans l'ivresse de la joie et de l'enthousiasme, les femmes du peuple n'eussent le pouvoir de s'emparer chacune d'un soldat de la garnison et de lui faire arborer la cocarde blanche ! Dès que le mouvement de Marseille aurait réussi, des courriers auraient été expédiés à Avignon, à Nîmes et sur toute la ligne jusqu'à Bordeaux et en Vendée. Beaucoup de villes de Provence devaient suivre l'exemple de Marseille. On espérait que Toulon même [1] reconnaîtrait l'autorité de Madame. Mais tous ces plans avaient échoué par l'effet de causes demeurées,

---

1. Un officier de marine dévoué, M. Gay de Taradel, y préparait un mouvement.

disait-il, encore inexplicables. Après avoir passé la nuit à conférer successivement avec les chefs des différentes centuries organisées, à assigner à chacun son poste, et après avoir reçu l'assurance de l'ardeur et du zèle qui animaient tous les conjurés, le duc d'Escars avait fixé le rendez-vous général à quatre heures du matin, sur la plage de la Tourette qui domine la ville et la mer. C'est de là que devaient partir les différentes expéditions destinées à s'emparer des autorités et des divers postes. A l'heure indiquée, une soixantaine de personnes seulement se trouvaient réunies. On attendit un peu de temps, et alors quelques chefs isolés vinrent avertir qu'avant d'agir leurs hommes demandaient qu'on arborât le drapeau blanc sur la tour du clocher de Saint-Laurent. On eut beau leur faire remarquer que c'était commettre la plus grave imprudence, qu'on donnerait ainsi l'éveil à la police, et qu'un temps précieux et irréparable se perdrait inutilement, ils insistèrent, et alors on envoya placer une grande serviette au bout d'un bâton au haut de la tour Saint-Laurent, dont on eut beaucoup de peine à faire ouvrir les portes. Cela fait, personne n'arrivait davantage au rendez-vous. On voyait seulement de loin des groupes qui semblaient hésiter.

« Cependant des chefs, invités à se décider enfin, répondirent que leurs hommes demandaient maintenant que le tocsin fût sonné du haut de la même tour, et qu'ils n'avanceraient qu'à ce signal.

Toute observation fut inutile. Le temps s'était écoulé, il faisait grand jour et le soleil commençait à briller sur l'horizon, lorsque le duc d'Escars, après avoir répondu qu'il allait donner l'ordre de faire sonner le tocsin, déclara qu'il se mettait en marche avec ses amis, espérant bien être suivi. En effet, il partit, accompagné seulement de soixante à quatre-vingts personnes, la plupart sans autres armes que des pistolets, des épées et des bâtons. Lui et les officiers supérieurs qui l'entouraient étaient vêtus de pantalons de paysans et de chapeaux gris à larges bords. Par une méprise funeste, au lieu de suivre le quai du port, on prit les rues étroites qui lui sont parallèles, et l'on vint aboutir au poste militaire placé derrière l'hôtel de ville. On voulait le désarmer, mais l'officier qui le commandait ordonna de croiser la baïonnette et parvint, malgré une vive résistance, à arrêter les chefs principaux : le colonel Lachau, le marquis de Candaule, le comte de Bermont et d'autres. Le duc d'Escars ne dut qu'à la vigueur de son bras et à sa dextérité d'éviter le même sort. En luttant courageusement contre les soldats qui l'étreignaient, il parvint à s'échapper de leurs mains, à traverser Marseille, à se rendre auprès de Madame pour lui apprendre le triste résultat de l'entreprise, et à envoyer des exprès sur toute la ligne pour arrêter jusqu'à nouvel ordre toute tentative de mouvement.... »

Satisfaite d'avoir goûté pendant quatre mois les

charmes d'un hymen désiré, madame la duchesse de Berry avait repris la vaillance et l'entrain qui lui étaient si naturels. Nous n'entreprendrons pas de suivre Madame dans son voyage de Provence en Vendée, nous donnerons seulement son itinéraire très exact, pour détruire toutes les légendes qui la font s'arrêter dans une quantité de châteaux où elle ne mit jamais les pieds.

Après avoir rejoint Madame et l'avoir fait cacher dans une retraite sûre, le duc d'Escars était venu trouver à Aix M. de Villeneuve-Bargemon qui s'était offert pour conduire l'aventureuse princesse en Vendée. Malgré l'insuccès de Marseille, elle n'avait pas voulu sortir de France, ni ajourner une entreprise dont le début n'était pourtant pas encourageant. M. de Villeneuve s'était muni des passeports nécessaires; Madame et le comte de Mesnard, son chevalier d'honneur, le trouvèrent au rendez-vous qu'il leur avait fixé près du village de Lambesc, dans la nuit du 3 au 4 mai, un peu après minuit. Une voiture attendait les voyageurs sur la route. Le marquis de Lorges, déguisé en laquais, monta sur le siège. Madame dit affectueusement adieu à M. de Beausset-Roquefort qui avait accompagné M. de Villeneuve-Bargemon, puis la voiture partit au grand trot. A une heure et demie on prenait sans encombre des chevaux de poste à Pont-Royal, et le voyage se continuait sans difficulté, conformément à l'itinéraire et à l'horaire suivants :

Vendredi 4 mai. — Orgon, quatre heures du matin. — Nîmes, dix heures. — Lunel, trois heures du soir. — Montpellier, cinq heures.

Samedi 5. — Béziers, deux heures du matin. — Narbonne, cinq heures. — Barbaira, neuf heures. — Castelnaudary, quatre heures du soir. — Toulouse, neuf heures.

Dimanche 6. — Pont de Moissac, deux heures du matin. — La Magistère, sept heures et demie. — Croqueladre, trois heures et demie du soir. — Villeneuve-d'Agen, huit heures. — Canson, dix heures.

Lundi 7. — Bergerac, trois heures du matin. — Castillon, huit heures. — Saint-André-de-Cubzac, une heure du soir. — Blaye, six heures. — Les Étauliers, sept heures. — Plassac, dix heures et quart.

Les deux seuls incidents notables de la route furent la rencontre de M. de Puylaroque qui, à Toulouse, reconnut M. de Lorges, son camarade de la garde royale, et qui eut un entretien avec Madame; puis, le dimanche 6, la visite au château de Saint-Philippe, chez le comte Guy de Dampierre. Celui-ci invita la princesse à déjeuner, la prenant pour Mme de Villeneuve-Bargemon, et Mme de Dampierre (née de Vassal) la conduisit à la grand'messe au village de Saint-Nicolas [1].

---

1. Nous donnons aux *Pièces Justificatives* le récit de ces deux incidents, extrait des notes manuscrites de M. de Villeneuve-Bargemon.

Nous ne raconterons pas, répétons-le encore, toutes les anecdotes du séjour de Madame en Vendée, car elles ont été redites trop de fois ; nous nous contenterons donc de donner le récit succinct de son voyage de Plassac aux Mesliers, chez M. de la Roche Saint-André.

Mercredi 17 mai. — Toujours en poste, par Saintes, Saint-Jean-d'Angély, Niort, Fontenay, Bourbon-Vendée, Luçon et Montaigu, Son Altesse Royale arriva au château de la Preuille, dont le propriétaire était M. de Nacquart, le mercredi 17, à neuf heures et demie du matin[1]. Elle s'y arrêta seulement le temps nécessaire pour changer de vêtements et se travestir en jeune paysan. De là M. Guignard la conduisit à sa propriété du Mortier. Cette maison, située sur la route de Nantes à La Rochelle, n'était pas une retraite sûre ; il fut décidé que Madame se dirigerait sur Montbert, pour se cacher dans une ferme appelée Bellecour, à quatre lieues du Mortier. La princesse partit dans la soirée, guidée par un nommé *le Normand*, avec Charette et M. Guignard. Tombée dans la petite rivière de la Moine, d'où Charette la retira, elle fut obligée de retourner au Mortier pour changer encore une fois de vêtements. On se remit en marche après quelques instants de repos, cette fois par une route moins accidentée, mais encore plus dangereuse, car elle était presque constamment par-

---

1. De tout le voyage, ce fut seulement à Bourbon qu'on demanda son passeport à Madame.

courue par des patrouilles : la route de Nantes à Remouillé.

La nuit était très avancée quand la petite troupe atteignit Bellecour. Le propriétaire, M. Le Romain, attendait les voyageurs; une servante fidèle, Marie Gilard, que Madame surnomma *la chouanne*, vint leur ouvrir la porte. MM. de Monti et Prévost de Saint-Mars se trouvaient également à Bellecour.

Jeudi 18. — A trois heures du matin, M. Libault de la Chevasnerie, ancien brigadier des gardes du corps, guidé par M. Edouard de Kersabiec, arriva porteur d'une lettre où M. de Coislin et deux chefs vendéens suppliaient Madame de révoquer l'ordre de la prise d'armes... et de s'en aller. Madame en fut d'autant plus surprise et peinée que Coislin et les deux autres signataires du factum avaient été les plus bruyants parmi les royalistes qui l'avaient appelée dans l'Ouest, et qui lui avaient prodigué les protestations les plus guerrières. C'était le premier son du glas annonçant à l'infortunée princesse la fin des temps héroïques de la Vendée militaire. Madame répondit à M. de Coislin d'une façon mesurée, mais ferme, en maintenant ses ordres.

A neuf heures du soir, Charette fut prévenu qu'un commissionnaire, qu'il avait envoyé à Nantes pour y chercher quelques effets d'habillement à l'usage de Madame, avait été arrêté par la gendarmerie des Sorinières. Ce brave royaliste avait heureusement pu soustraire à la police la correspondance très compromettante dont il était porteur.

Ignorant cette heureuse circonstance, Charette craignit que la gendarmerie ne fît une descente à Bellecour; en conséquence il résolut de conduire Madame à la Chaimare, ferme à 5 kilomètres de Montbert, dans la paroisse de Genêton. Le jeune Vendéen Jean Picheau guidait la petite troupe, composée de Madame, de Charette et de Monti. On se mit en route à dix heures du soir. Sans le savoir, Madame la duchesse de Berry courait un grand danger, car, pour écarter de Bellecour les gendarmes du voisinage, Corniet leur avait répondu qu'il ne connaissait pas le propriétaire des effets saisis : un domestique, prétendait-il, lui avait glissé de l'argent dans la main, et lui avait demandé s'il consentirait à porter un paquet sur la lande de Genêton, où il devrait être arrivé pour onze heures du soir. « L'autorité crut le prendre dans ses propres filets, et lui dit qu'il aurait à se rendre sur la lande de Genêton, et à exécuter à la lettre les conditions qui avaient été réglées. Il partit avec les gendarmes[1]. » Or, presque au même instant, Madame quittait Bellecour, et elle traversa probablement la lande en question quelques minutes avant l'arrivée de la gendarmerie qui venait y tendre son embuscade. Peut-être les gendarmes étaient-ils

---

1. *Journal d'un Chef de l'Ouest.*

déjà là; peut-être la pluie qui tombait à torrents les empêcha-t-elle d'apercevoir la petite bande. Toujours est-il qu'en cas de rencontre la princesse et ses trois compagnons eussent été infailliblement massacrés, car ils ne pouvaient résister à trente hommes bien armés.

Vendredi 19. — A minuit passé le guide frappait à la porte du métayer Deniaud. Madame coucha dans l'étable. M. de Charette fit prier M. de la Robrie le fils de venir le rejoindre à la Chaimarc. Sur ces entrefaites, M. Le Romain apporta une lettre pour Madame annonçant que M. de Bourmont avait passé à Angers et serait le lendemain 19 à Nantes. La princesse écrivit aussitôt au maréchal de se rendre immédiatement près d'elle.

A la nuit tombante, guidée par Hyacinthe de la Robrie, elle partit pour Louvrardrière, ancienne demeure de cette héroïque famille.

Samedi 20. — Madame y passa la nuit. Le lendemain elle put témoigner toute son estime à M. de la Robrie le père, lui dire combien elle déplorait du fond du cœur la façon indigne dont le gouvernement de la Restauration l'avait traité, après tout ce qu'il avait souffert pour la cause royale, après tant de sang versé par les siens, après les exploits de paladins par lesquels lui et ses frères avaient illustré de pages si glorieuses l'histoire des guerres de Vendée. Elle remit au vieux brave le brevet de maréchal de camp, et traita ses deux jeunes filles, Pauline et Sophie, de la manière la plus affectueuse.

Le soir, la mère d'Henri V monta à cheval, en croupe derrière Hyacinthe de la Robrie; elle s'en alla coucher au Magazin, propriété de M. Gouëzel, beau-frère de M. de la Robrie.

Dimanche 21. — Pendant cette journée, Madame reçut la visite de M. Guibourg qui lui annonça l'arrivée du maréchal à Nantes. Edouard de Monti accompagnait le commissaire civil du roi; il portait à Charette un ordre de mouvement, pour le 24 mai, signé d'Autichamp. Madame retint à dîner l'abbé Pineau, prieur de Saint-Étienne-de-Corcoué, royaliste aussi vaillant que dévoué. Elle avait également appelé auprès d'elle M. de la Roche Saint-André, pour lui demander s'il voudrait bien la recevoir dans sa propriété des Mesliers, où elle désirait conférer avec M. de Goulaine. Les Mesliers étaient une petite maison isolée qu'habitaient seulement trois serviteurs discrets et sûrs : Prudent Ploquin, Charles Hervé et Rosette Mauvilain.

M. de la Roche Saint-André trouva Madame habillée en homme, mais ayant toujours de petits souliers de femme attachés par des rubans[1]. Une perruque châtain aux cheveux plats, couverte d'un petit bonnet de soie noire, empêchait d'apercevoir sa chevelure blonde. Son costume se com-

1. Notes manuscrites de M. de la Roche Saint-André : *Dix jours de Son Altesse Royale en Vendée.*

posait d'une méchante veste verte, avec des boutons d'un métal terne ; d'un gilet jaune sale, boutonné seulement par le bas, laissant voir la chemise et le gilet de flanelle, et d'un pantalon de coutil bleu s'attachant par un large bouton de métal. Il fut convenu que M. de la Roche Saint-André attendrait Madame à dix heures du soir, près de la ferme des Ardillers. La princesse partit après souper, en croupe derrière le petit Simailleau, l'homme de confiance de l'abbé Pineau, sur le cheval de Pierre Sorin, meunier de M. de la Roche Saint-André. MM. de Mesnard, de Charette et de Monti, Sorin et un nommé Benoît, domestique du prieur de Saint-Etienne-de-Corcoué, les accompagnaient. Au rendez-vous, Charette confia Madame aux soins de M. de la Roche Saint-André qui l'y attendait avec M. Onésippe de Tinguy. MM. de Goulaine et Benjamin de Goyon arrivèrent dans la nuit même aux Mesliers. Ces deux messieurs s'efforcèrent de prouver à Madame qu'elle ne trouverait pas cinquante hommes prêts à répondre à son appel ; que les paysans n'étaient plus dévoués ; que la Vendée était couverte par *cinquante mille hommes* de troupe, qu'elle manquait d'armes, et qu'ils étaient d'autant plus étonnés d'une levée de boucliers aussi prochaine qu'ils ne s'étaient engagés à marcher qu'en cas de succès marquants dans le Midi, de révolution à Paris, ou d'entrée des armées étrangères en France. Madame les arrêta sur ce dernier point, en leur rappelant *qu'au contraire* le maréchal et elle *s'étaient toujours refusés avec indignation* à toute intervention du dehors. M. de la Roche Saint-André nous raconte dans ses notes cet entretien très passionné de part et d'autre :

« La princesse debout, tenant une chaise devant elle, frappait souvent la terre de l'un et l'autre pied. Elle nous dit qu'elle était venue pour accomplir la promesse qu'elle avait faite à la Vendée ; qu'elle était venue sur l'invitation de nombreux envoyés de diverses provinces et de plus de cinq cents lettres ; QUE SI UNE FOIS L'ÉTRANGER METTAIT LE PIED EN FRANCE, CE BEAU ROYAUME SERAIT RUINÉ POUR CENT ANS ; qu'au reste, si la Vendée la rejetait, elle irait dans la Bretagne où Cadoudal l'attendait avec quarante mille hommes. La Vendée est loin, lui répondit-on, de rejeter Madame. Les officiers qui ne peuvent réunir leurs divisions sont prêts à se sacrifier pour Son Altesse Royale, mais nous avons tout lieu de croire que Madame a été trompée au sujet de la Bretagne comme sur la Vendée. — « Messieurs, reprit la princesse, rappelez-vous la guerre de 93. » On lui représenta qu'en 93 les paysans furent chercher leurs chefs, tandis qu'en 1815, comme en 1832, les chefs furent et vont encore aujourd'hui chercher les paysans ; que la différence était immense. Cependant les observations que l'on faisait à la princesse commencèrent à porter leurs fruits. M. de Mesnard voulut encore interrompre : — « Taisez-vous, lui dit Son

Altesse Royale, ces Messieurs parlent d'après leurs convictions, je suis bien aise de les entendre. »
Il était trois heures, le jour commençait à poindre ; la sûreté de Madame nous força de nous retirer. »

Bourmont, nous l'avons dit, était arrivé à Nantes le 19 mai. Pour diminuer les chances de capture, *pour ne pas mettre tous les œufs dans le même panier*, suivant l'expression de Madame, il avait quitté celle-ci à Marseille et était passé par Valence, Lyon, le Bourbonnais et Angers. Chemin faisant il s'était concerté avec un grand nombre d'officiers généraux et supérieurs qui promettaient, au premier succès dans l'Ouest, d'appuyer le mouvement par des troupes échelonnées sur une ligne allant de Lyon à Montpellier, Toulouse et Bordeaux. Les royalistes du *parti pancalier* l'attendaient à Angers ; ils l'assaillirent au débotté de nouvelles décourageantes, le plus souvent mensongères, dont la conclusion invariable était qu'un soulèvement royaliste était absolument impossible. Aussitôt arrivé à Nantes, le maréchal fut littéralement *confisqué* par les *pancaliers*. On lui fit cent rapports inexacts : on n'avait ni armes, ni poudre, ni balles ; les paysans ne voulaient pas se battre, etc... Comme aucun royaliste du parti de l'action n'était admis auprès de M. de Bourmont, celui-ci devait forcément se laisser influencer par les propos décevants de son entourage, lequel était surtout composé de pairs de France, d'anciens députés, ou de riches propriétaires ; or le grand bien-être et les hautes situations sociales n'engendrent ordinairement ni les grands dévouements ni les grands courages.

Cependant Bourmont n'osait pas révoquer l'ordre de mouvement donné par Madame pour le 24 mai, quand, le 22, l'arrivée de Berryer à Nantes changea la face des choses. Quelques semaines auparavant, la voix du grand orateur résonnait en Vendée comme un clairon guerrier ; aujourd'hui il venait, au nom des comités de Paris, étouffer un soulèvement qu'il avait prêché d'une façon si vibrante. Il ne fallut pas longtemps à l'avocat pour capter la volonté du maréchal de France. Berryer était arrivé dans la matinée, à midi, Bourmont signait le contre-ordre ci-dessous, qui devait être immédiatement expédié aux chefs des divisions :

« Nantes, le 22 mai 1832.

« Retardez de quelques jours l'exécution des ordres que vous avez reçus pour le *vingt-quatre mai*, et que rien d'ostensible ne soit fait avant de nouveaux ordres, mais continuez à vous préparer.

« Le maréchal comte DE BOURMONT. »

Que Bourmont eût raison ou tort de le signer, ce contre-ordre était en tout cas bien tardif pour parvenir en temps voulu aux chefs des divisions éloignées. Par un hasard providentiel, et probablement aussi grâce à de *hautes complicités*, le gouvernement, ayant absolument perdu la trace de la duchesse de Berry depuis plusieurs semaines, n'avait aucun soupçon d'un danger immédiat, malgré son luxe d'espions, de délateurs et de faux chouans, malgré ses garnisaires et ses gendarmes : pareille chance ne pouvait durer indéfiniment, des soulèvements partiels et prématurés pouvaient se produire si le contre-ordre n'arrivait pas à temps partout, et l'on perdrait ainsi l'avantage d'une surprise, prévu dans le plan de campagne du maréchal, avantage sans lequel le succès était impossible. C'était la troisième fois qu'on arrêtait les paysans au moment de prendre les armes ; désormais, l'on ne devait attendre de leur part ni élan ni confiance. On pouvait vaincre le 24 mai ; après, il était trop tard. Les *pancaliers* le savaient bien, aussi démissionnèrent-ils en masse quand on leur envoya un nouvel ordre de mouvement. Les fidèles qui répondirent à l'appel de Madame furent d'autant plus dignes d'admiration, qu'ils combattirent sans illusions et sans espoir.

Muni du précieux contre-ordre, Berryer sortit de Nantes à la tombée de la nuit, dans un cabriolet de louage. Il se fit conduire à Saint-Étienne-de-Corcoué, y laissa sa voiture, et se rendit au Magazin où l'attendait l'abbé Pineau. Le prieur l'envoya au château de la Grange, sur son propre cheval. M. de Goulaine était absent, mais l'inévitable Benjamin de Goyon s'y trouvait : deux chevaux furent sellés, et, à onze heures du soir, l'avocat et son compagnon arrivaient aux Mesliers.

Madame reçut Berryer étendue sur un lit de bois blanc, enveloppée dans un mauvais tartan écossais rouge et vert; Charette et M. de Mesnard étaient à son chevet. M. de Goyon ne fut pas admis à l'entretien; le comte de Mesnard et M. de Charette en furent les seuls témoins. Voici comment le raconte ce dernier, dont le récit fut ultérieurement reconnu exact par Madame et Berryer lui-même[1] :

« L'illustre orateur s'était chargé de porter à Son Altesse Royale le contre-ordre que le maréchal avait cru devoir donner aux provinces de l'Ouest. Mais la principale mission de M. Berryer était de remettre à Son Altesse Royale une note du comité de Paris, qui l'engageait à quitter la France et à ordonner aux chefs de remettre l'épée dans le fourreau.

« Cette pièce, dont la lecture fit tant d'impression sur l'infortunée princesse, n'était pas signée[2]. La remettant à M. Berryer avec une expression tout à la fois de douleur, de dignité et de mécontentement, elle dit : « Je suis étonnée que ce soit vous, Monsieur, qui vous soyez chargé d'une pareille mission[3]. » Comme le grand orateur se

---

1. *Journal d'un Chef de l'Ouest.*
2. Les nobles membres du comité de Paris qui l'avaient rédigée étaient trop soigneux de leur sécurité personnelle pour y apposer leur signature, même chiffrée et à l'encre sympathique.
3. Madame devait s'en étonner d'autant plus que Berryer, nous

défendait d'avoir pris part à la rédaction de cette lettre, Madame, emportée par la vivacité de ses impressions, sous le poids de la juste douleur que lui faisait éprouver le contre-ordre, trouvant dans cette note un refus de concours, répondit d'une voix altérée par l'agitation qui la dévorait :

« — Monsieur, quand on se charge d'un pareil message, on peut bien en être l'auteur. Retournez auprès de ceux qui vous ont envoyé; dites-leur que la régente de France ne peut répondre à une demande qui n'a reçu aucune signature. » M. Berryer garda un respectueux silence qui donna à Madame le temps de se remettre de son agitation. Dominant alors ses sentiments, elle dit qu'elle n'était venue en France *qu'appelée par les royalistes influents qui lui promettaient le concours de tous les amis de l'ordre et de la légitimité;* elle répéta ce qui a été dit plus haut au sujet des puissances étrangères et des différents corps de l'État où elle entretenait des intelligences. Elle ajouta :

— « Mes amis de Paris ne peuvent connaître l'état de ce pays; ils ne le savent que par les personnes opposées au mouvement. Croyez-moi, monsieur Berryer, ce n'est pas à cent lieues que l'on peut juger de l'opportunité d'un soulèvement. Les choses se

---

l'avons dit, était un des royalistes qui l'avaient le plus gourmandée pour le retard qu'elle mettait à entrer en France et à donner l'ordre de prendre les armes. Mais, s'il avait l'esprit versatile, Berryer était du moins fidèle, et l'on ne saurait trop admirer la façon digne et respectueuse avec laquelle il supporta l'algarade de la princesse.

fussent mieux passées dans les premières guerres, si Paris n'eût pas toujours voulu donner la direction aux provinces de l'Ouest. Voyez-vous, monsieur Berryer, l'exemple du duc de Bourbon est toujours devant mes yeux. Si, en 1815, il n'eût consulté que son grand courage et celui de la majeure partie de ses amis, si, en un mot, il se fût mis à la tête de la Vendée, au lieu de prêter l'oreille à cette politique menteuse dont on entoure sans cesse les princes, bien des malheurs eussent été évités, de funestes divisions ne se fussent pas mises parmi les chefs, et la France n'eût pas vu une seconde invasion. Savez-vous ce qu'il en coûterait à cette France si les alliés y rentraient une troisième fois? Son partage, sans doute. A cette pensée tout mon sang de Française et de mère se révolte; et je vous donne ma parole que jamais mon fils ne régnera, s'il devait acheter le trône de France par la cession d'une province, d'une maison, d'une chaumière comme celle où la régente de France vous reçoit en ce moment. »

Madame parla ensuite longuement des institutions qu'elle comptait donner à la France. Elle dit avec entraînement et dignité : « Je veux que le trône de mon fils, relevé aujourd'hui ne croule pas demain. Je veux que la France soit libre, forte; qu'elle ait des alliances, *et non des maîtres...* Je veux surtout que mon peuple soit heureux ! »

« Il y eut un moment de silence. M. Berryer

chercha alors à faire envisager à Madame la facilité que le contre-ordre lui offrait pour sortir de France, sans compromettre ses amis ni sa personne. Elle répondit qu'une fois qu'elle aurait quitté son pays elle ne le reverrait plus. Elle cita l'exemple d'un des membres de sa famille qui, en vue de cette terre sacrée, ne put jamais l'aborder, tant la politesse anglaise, et peut-être aussi *trop d'intérêts privés*[1] apportèrent de difficultés à cette entreprise. Elle dit encore qu'on aurait raison de traiter d'équipée sa course périlleuse, si elle ne donnait pas suite à ses desseins ; que ses ennemis servaient merveilleusement ses projets en laissant les troupes aussi disséminées qu'elles l'étaient. Elle expliqua alors avec précision la facilité que les royalistes trouveraient à enlever des militaires couchant isolés dans chaque ferme, et qui, oublieux de leur sûreté, laissaient, après la patrouille faite, leurs fusils et leurs armes dans l'âtre de la cheminée ; elle ajouta qu'elle était décidée, bien que le contre-ordre pût paralyser les moyens d'action, à en appeler à Dieu de la justice de sa cause ; qu'elle allait donner l'ordre au maréchal de se rendre auprès d'elle, et, comme si ces paroles animées eussent épuisé ses forces, elle cessa de parler, et, par son attitude, commanda le silence. »

1. On a beaucoup discuté sur le plus ou moins de facilité que le comte d'Artois rencontra pour débarquer en Vendée : ces paroles de Madame « *et aussi trop d'intérêts privés* » montrent clairement que, dans son opinion, la politique anglaise n'était pas la seule attache qui retint le prince au rivage.

Cependant le jour approchait ; M. Berryer fit un nouvel effort qui lui valut la victoire.

— « Eh bien ! oui, dit Madame épuisée, vaincue par le puissant rhéteur, je vais quitter la France, mais je n'y reviendrai pas, car *je ne veux pas revenir avec les étrangers*. Ils n'attendent qu'un instant, vous le savez bien, et, le moment arrivé, ils viendront me demander mon fils ; non pas qu'ils s'inquiètent beaucoup plus de lui qu'ils ne s'occupaient de Louis XVIII en 1813, mais ce sera un moyen pour eux d'avoir un parti à Paris. Eh bien ! alors ils ne l'auront pas, mon fils ; ils ne l'auront pour rien au monde : je l'emporterais plutôt dans les montagnes de la Calabre. »

Telle était la femme que Blacas et consorts poursuivaient de leur haine, et la famille royale de sa mesquine jalousie : la France aux Français, la liberté pour tous, le peuple heureux, *les courtisans écartés*, l'armée puissante et respectée, Madame n'avait pas d'autre idéal.

Il avait été convenu, la veille, que Berryer déjeunerait au Magazin, et qu'il reprendrait ensuite sa voiture à Saint-Etienne-de-Corcoué (23 mai). Il fut décidé que la princesse les rejoindrait, Charette et lui, chez M. Gouëzel : Madame monterait sur le cheval de Sorin, assise sur un sac de blé ; le brave meunier serait son guide.

« Jusqu'au moment où Madame eut pris une décision, le baron de Charette garda un respectueux silence ; il demanda alors à Son Altesse

Royale la permission de lui soumettre une réflexion. Il lui conseilla, avant de quitter la France, de réunir soit à Nantes, soit sur tout autre point qui lui conviendrait, les principaux chefs de l'Ouest, et de leur expliquer les motifs qui la forçaient à s'éloigner de ses amis. C'était, selon lui, le meilleur moyen de connaître les véritables ressources qu'elle laissait dans le pays, de les comparer avec celles qui étaient exprimées dans les rapports précédents. Son Altesse Royale adhéra complètement à cette proposition, et il fut convenu qu'elle donnerait l'ordre aux généraux vendéens et bretons de se réunir près d'elle à Nantes.

« Toutes ces dispositions arrêtées, MM. Berryer et de Charette songèrent à quitter Son Altesse Royale. Le commandant du III⁰ corps avait tout au plus le temps nécessaire pour faire parvenir à ses chefs de division, avant la nuit suivante (23 au 24 mai), le contre-ordre qui ajournait l'insurrection. Ce fut dans le trajet des Mesliers chez le marquis de Goulaine, où la correspondance du III⁰ corps était établie, que M. Berryer, placé sous l'impression de cette nuit, s'écria : — « Il y a dans la tête et le cœur de cette princesse de quoi faire vingt rois ! » En effet, M. Berryer ne pouvait rester insensible à ce génie qui se révélait à lui peut-être pour la première fois. Qui n'a connu Madame que dans le palais des rois ne peut avoir aucune idée de la puissance de sa parole et de la solide élévation de sa pensée[1]. »

M. de Charette, ayant expédié le contre-ordre, quitta la Grange avec Berryer pour rejoindre Madame au Magazin : ils prirent des chemins différents, car l'un voyageait ostensiblement, n'étant pas compromis et ayant un passeport en règle, tandis que l'autre était obligé de se cacher. M. de Goyon conduisit Charette par des sentiers détournés jusqu'au Magazin, où Berryer était arrivé déjà. Mais Madame, elle, n'y était pas : les heures succédaient aux heures sans que personne pût deviner les causes de son retard. Elle devait dîner au Magazin à cinq heures, on avait posté des hommes sûrs et discrets tout le long du chemin qu'elle avait à suivre ; personne n'avait rien vu. A six heures, on aperçut le meunier Sorin. Il portait une lettre pour le commandant du IIIe corps. Cette lettre, dont voici le contenu, frappa Berryer d'étonnement :

« Mesliers, le 23 mai.

« Mon cher Charette,

« Je reste parmi vous. J'écris à Berryer ma détermination. L'autre lettre est pour le maréchal ; je lui donne l'ordre de se rendre immédiatement auprès de moi.

« Je reste, attendu que ma présence a compromis un grand nombre de mes fidèles serviteurs ;

---

1. *Journal d'un Chef de l'Ouest.*

il y aurait lâcheté à moi à les abandonner ; d'ailleurs j'espère que, malgré le malheureux contre-ordre, Dieu nous donnera la victoire.

« Adieu, mon cher ami, ne donnez pas votre démission, puisque Petit-Pierre ne donne pas la sienne.

« Marie-Caroline. »

Madame priait en outre M. de Charette d'envoyer un officier au maréchal pour le conduire aux Mesliers. M. de Puyseux fut désigné ; Berryer le prit dans son cabriolet.

La maison de Mme Billou, la vaillante royaliste, servait en ce moment d'asile à M. de Bourmont. Dans la nuit du 24 au 25, Puyseux et lui prirent un cabriolet ; pour dépister les espions, ils dirent au cocher de les conduire chez M. Robineau, dont le nom bien cher aux *patauds* devait écarter tout soupçon. En route ils quittèrent leur voiture, et, après beaucoup de difficultés, ils arrivèrent à la Garde, autre propriété de M. de la Roche Saint-André. De là ils se rendirent aux Mesliers sous la conduite de M. Onésippe de Tinguy, précédé lui-même de quelques pas par un domestique de M. de la Roche Saint-André. Ce domestique, se croyant suivi, prit un raccourci conduisant plus directement aux Mesliers. Il se heurta contre une patrouille qu'il évita en sautant derrière une haie. Quant au maréchal, écrit M. de la Roche Saint-André, après avoir suivi tranquillement le grand chemin il parvint à destination sans encombre.

Madame lui fit part des motifs qui l'avaient décidée à rester en France. Le honteux échec de Marseille n'avait pas fait perdre à la princesse sa foi dans les promesses du Midi ; une insurrection républicaine, affirmait-elle, allait éclater à Paris d'un moment à l'autre, celle-là mieux préparée que le mouvement du 2 février. Madame faisait observer, non sans raison, il faut le reconnaître, que beaucoup de royalistes de l'Ouest étaient déjà gravement compromis, et qu'un bien plus grand nombre encore le seraient bientôt, si des soulèvements partiels avaient lieu par suite de non-réception du contre-ordre, envoyé trop tardivement : il fallait ou les sauver, ou les protéger par une victoire. M. de Bourmont en convint. De concert avec M. de Charette, on mit en question la date d'un nouvel ordre de mouvement. Quelqu'un proposa le 1ᵉʳ juin ; mais le maréchal, qui avait une grande expérience des guerres de l'Ouest, choisit la nuit du dimanche 3 au lundi 4 juin. « Le dimanche, dit-il, les paysans se rassembleront comme d'habitude à la porte des églises, après la grand'messe, et tous les capitaines pourront, sans éveiller les soupçons, leur communiquer l'ordre de prendre les armes. »

Les réflexions du maréchal étaient justes ; séance tenante on rédigea l'ordre suivant, qui fut immédiatement expédié à tous les chefs de division :

« Ayant pris la résolution de ne pas quitter les

provinces de l'Ouest et de me confier à leur loyauté si souvent éprouvée, je compte sur vous, Monsieur, pour prendre toutes les mesures nécessaires à la prise d'armes qui aura lieu dans la nuit du 3 au 4 juin. J'appelle à moi tous les gens de cœur. Dieu nous aidera à sauver notre patrie. Aucun danger, aucune fatigue ne me découragera. On me verra paraître au premier rassemblement.

« Marie-Caroline,

« Régente de France.

« Pour copie conforme :

« Le maréchal Comte de Bourmont. »

Il avait été convenu que Madame resterait en Vendée avec Charette, et que le maréchal se rendrait en Bretagne où l'on était plus énergique, et où Clouet avait organisé toute chose d'une façon vraiment militaire, tandis que d'Autichamp n'avait rien fait. On pouvait manœuvrer avec les troupes royalistes de la rive droite, plus aptes à une organisation régulière et chez lesquelles les intrigues des *pancaliers* n'avaient pas infusé, comme en Vendée, la méfiance envers les chefs et le découragement.

La nuit suivante (25 au 26), le maréchal eut un entretien, sous des châtaigniers, à quelques pas du Magazin, avec MM. de Goulaine, Benjamin de Goyon et de Tinguy. Ces messieurs étaient exaspérés du nouvel ordre de mouvement ; maintenant ils déclaraient qu'ils ne marcheraient pas. M. Bernier de Maligny était venu aux Mesliers porter une lettre de la comtesse de la Rochejaquelein, qui reprochait en termes virulents à Madame d'avoir prêté l'oreille aux conseils de Berryer : « Partez, lui disait-elle, faites comme le comte d'Artois à l'île d'Yeu, le duc de Bourbon à Beaupréau, Charles X et le Dauphin à Rambouillet. Partez, Madame, abandonnez à leur malheureux sort plus de trois cents jeunes gens sortis de Nantes pour la prise d'armes que vous avez commandée, et dont l'existence est actuellement tout à fait compromise ; mais rappelez-vous que la cause d'Henri V est à jamais perdue. » Bernier de Maligny assistait à cet entretien, et dans ses notes manuscrites il le raconte de la façon suivante : « Vers onze heures du soir, on me mena dans un champ où étaient réunis quelques chefs de division, le brave et actif Puyseux, qui depuis mourut glorieusement en Portugal, et plusieurs jeunes gens. Bientôt M. de Bourmont arriva. Chacun à son tour parla librement et put motiver son opinion. — « Monsieur le maréchal, disait l'un, si vous étiez sûr de deux régiments, nous n'hésiterions pas. — Deux régiments ! répondit le maréchal : si j'avais deux bataillons, je ne vous consulterais pas ! » Et s'adressant à moi : — « Et vous, vous soulèverez-vous ? — Je vous donne ma parole d'honneur que, si j'emporte l'ordre du soulèvement, nous sonnerons le tocsin, et, ma foi, après nous le déluge ! — Messieurs, interrompit Puyseux, nous n'avons plus que deux chemins : l'un conduit probablement à la mort, l'autre sûrement au déshonneur. » Une voix sourde et voilée répondit : — « Chacun son goût ! » Et l'on continua de discuter [1]. »

L'entrevue terminée, Bourmont revint à Nantes, en passant par la Marionnière, propriété du colonel de Kersabiec. Rentré en ville, il fut de nouveau séquestré par les *pancaliers*, à tel point que Charette ne pouvait plus communiquer avec

---

1. Dans son ouvrage sur *La Duchesse de Berry et ses Amis* (Nantes, Libaros), le vicomte de Kersabiec reproduit comme nous l'incident de la *voix sourde et voilée*, et le fait suivre de ces réflexions :
« Depuis M. de Puyseux se fit tuer glorieusement en Portugal... J'ai vu l'autre recevoir l'étoile de la Légion d'honneur, sans qu'on ait jamais pu savoir pourquoi. C'est le cas de répéter : *chacun son goût !* »
Le personnage qui prononça ces paroles est ici très clairement désigné. Il a laissé des notes manuscrites où il s'efforce de couvrir de boue les royalistes les plus braves et les plus respectés du IIIe corps, contre lesquels il éprouvait une rancune profonde, parce que ceux-ci ne le regardaient à aucun point de vue comme un Bayard. La duchesse de Berry elle-même n'est pas plus ménagée par lui. L'écrivain qui présente ces notes au public eût peut-être bien fait, avant de les appuyer lui-même d'une façon aussi passionnée, de vérifier la valeur de pareils témoignages, et d'un pareil témoin dont la personnalité falote évoque dans le pays nantais des souvenirs plus joyeux qu'héroïques ; mieux renseigné, il eût hésité avant de s'associer aux rancunes dudit personnage. On s'étonne d'autant plus de le voir rompre des lances pour une telle cause que lui-même, dans un glorieux combat, a prouvé que chez lui « le courage excluait totalement la prudence, » contrairement à la devise que son client prend comme exergue. Il y a tant de *dessous ignorés* dans l'histoire de 1832 qu'il faut s'engager avec une grande prudence sur ce terrain dangereux, quand on ne le connaît pas bien à fond.

lui, et que, pour lui remettre un message important, il fallut user d'un stratagème. Le maréchal se trouvait chez M. de..., on le savait pertinemment. On fit prévenir le maître de la maison qu'une visite domiciliaire allait avoir lieu chez lui : M. de Bourmont sortit sous un déguisement, et de la sorte Edouard de Monti, le guettant à la porte, put le suivre et lui remettre le pli en question [1].

Tandis que le maréchal, tiraillé par tant d'influences contraires, voyait avec une sombre inquiétude la désunion et la haine diviser les royalistes au moment où l'union était pour eux une question de vie ou de mort, sa mère courait les plus grands dangers au château de la Haie-Mahéas. Affaiblie par l'âge et les inquiétudes de toute sa vie, elle n'avait pu se résigner à émigrer après 1830, et depuis, en butte aux lâches persécutions des fonctionnaires libéraux, elle avait perpétuellement à souffrir des insultes des garnisaires qu'on avait installés chez elle, et que leurs officiers n'avaient pas honte d'encourager, ou du moins de laisser faire. La nouvelle des événements de Marseille avait achevé d'exaspérer les passions révolutionnaires de la troupe.

« Que votre fils mette le pied dans l'Ouest, disaient les chefs, et votre vie nous répondra de lui. Il apprendra qu'au premier coup de fusil nous ferons tomber votre tête. » Une nuit, trom-

---

[1]. Ce fait nous a été confirmé par M. Alexandre de Monti.

pant la surveillance de ses geôliers, Mᵐᵉ de Bourmont sortit du château par un passage secret, et, suivie d'un vieux domestique, elle se rendit à Nantes, où un armateur courageux, M. François, la fit embarquer sur un brick norvégien qui la conduisit en Angleterre.

CHAPITRE XI

D'Autichamp envoie l'ordre de mouvement. — Défection de plusieurs chefs de division. — Protestation des officiers de la division de Luçon. — Affaire d'Amailloux. — Imprudence de quelques royalistes. — Affaire du Port-la-Claye. — Le sergent Fréron. — La saisie de la Charlière rend le succès des royalistes impossible.

Nous avons vu que, le dimanche 21 mai, Madame étant au Magazin, chez M. Gouëzel, Edouard de Monti avait porté à M. de Charette l'ordre de mouvement du général d'Autichamp[1] pour le 24 mai. Cet ordre était le suivant :

« Monsieur le Général,

« Madame, qui est arrivée dans la Vendée, a transmis l'ordre à toutes les provinces fidèles de l'Ouest et du Midi de prendre les armes le 24 de ce mois. Tous les royalistes de France en sont prévenus et doivent agir en conséquence.

« En donnant cet ordre au corps que vous commandez, vous ferez sentir aux braves Vendéens la confiance que doit leur inspirer la présence parmi

---

1. M. de Goulaine et ses amis prétendent que d'Autichamp refusait de marcher. L'ordre que nous reproduisons réduit leurs affirmations à néant.

nous d'une princesse qui a échappé comme par miracle aux recherches de ses ennemis. Dieu l'a protégée ; il nous protégera sûrement aussi, car c'est pour sa sainte cause que nous allons combattre.

« Madame me charge d'appeler particulièrement votre attention sur l'armée ; elle peut assurer nos succès : c'est donc un devoir d'employer vis-à-vis d'elle tous les moyens de suggestion possibles ; vous aurez donc soin de répandre les proclamations et les ordonnances de Son Altesse Royale ; vous ne vous porterez à des voies de fait contre les troupes qu'après avoir employé tous les moyens de conciliation : telles sont les volontés positives de Madame. D'après cela, il ne peut être question que de l'enlèvement des détachements ou des hommes isolés qui ne devront pas faire de résistance.

« Vous ferez prendre les armes dans la nuit du 23 au 24 de ce mois ; vous réunirez de suite vos divisions pour être en mesure d'agir suivant les circonstances ; vous me rendrez compte de suite du résultat de vos premières opérations ; vous ne négligerez pas d'assurer votre approvisionnement de vivres.

« Comte Charles d'Autichamp.

« Ce 20 mai 1832. »

M. de Charette avait dû se séparer de Madame au moment où celle-ci quittait le Magazin pour les Mesliers ; il se rendait chez M. de la Robrie, chef de la division de Saint-Philbert-de-Grandlieu, afin de prendre, de concert avec cet officier général, ses dernières dispositions avant le soulèvement. Il passa ensuite chez M. Auguste de la Haye, où le 22, à onze heures du matin, il reçut la déclaration suivante, signée par MM. de Jasson, chef de la division du pays de Retz, le Maignan de l'Écorce, chef de la division de la Vieillevigne, de Goulaine chef de la division de Legé, Louis de Cornulier, chef de la division de Machecoul, et Victor de Cornulier, agissant au nom de M. de Nacquart, chef de la division de Montaigu. Cette déclaration devait être remise à Mme la duchesse de Berry :

« DÉCLARATION.

« La Grange, le 27 mai 1832.

« Les officiers du IIIe corps se sont crus obligés de déclarer franchement à Son Altesse Royale que les causes qui pouvaient donner chance aux événements de la Vendée n'existaient pas ; ils ne peuvent se flatter d'opérer un soulèvement utile. La mauvaise disposition des esprits depuis la tentative échouée dans le Midi ne nous permet plus d'espérer le succès.

« Quelques personnes étrangères au pays manifestent seules une opinion contraire à la nôtre ; elles sont tombées dans l'erreur en assurant à Son

Altesse Royale que sa présence dans l'Ouest pourrait y faire naître un soulèvement général et spontané ; elles veulent expier, par un beau dévouement personnel, la faute d'avoir appelé une courageuse princesse qui doit voir aujourd'hui combien ses conseillers se sont trompés.

« Quand il n'y a encore de fait qu'une faute réparable, pouvons-nous hésiter, nous habitants du pays, à conseiller franchement d'ajourner jusqu'à de nouvelles chances une tentative qui n'offre aujourd'hui que des malheurs pour la cause, et pour une princesse que nous ne pouvons défendre qu'avec nos faibles moyens personnels? Nous nous faisons un devoir de faire à Son Altesse Royale une déclaration pénible pour nos cœurs. »

Aussitôt qu'il eut pris connaissance de ce factum, Charette envoya M. Auguste de la Haye chez les officiers qui l'avaient signé, afin de leur représenter l'inopportunité d'une pareille démarche. Ces messieurs s'obstinèrent dans leur détermination. En conséquence le général se rendit auprès de Madame pour prendre ses ordres. C'est alors qu'eut lieu l'entrevue avec Berryer, que nous avons rapportée au chapitre précédent.

Le 25 mai, MM. de Goulaine, le Maignan, Victor de Cornulier (pour M. de Nacquart), de Jasson, du Martrais (chef de la division de Palluau) et de Montsorbier (chef de la division de Maisdon) envoyèrent leur démission collective au baron de Charette. Strictement parlant, ces messieurs pouvaient refuser leur concours à Mᵐᵉ la duchesse de Berry, car, d'après les conventions de la Fétellière, le soulèvement de la Vendée était subordonné à un succès bien constaté dans le Midi, ou à la proclamation de la République à Paris, sinon à une invasion étrangère que les partisans de *la résistance* réclamaient comme indispensable, mais que Madame, Bourmont, Clouet et les royalistes d'action repoussaient comme honteuse et funeste ; cependant, après les protestations exubérantes et les serments de « *mourir pour la cause de son fils, le jour où elle serait menacée,* » prodigués à Madame en 1828 par la plupart des chefs démissionnaires, celle-ci devait s'attendre à les voir agir d'une façon plus généreuse, à l'heure où elle se confiait à leur courage et à leur fidélité. Dans tous les cas, on peut reprocher aux officiers incriminés de n'avoir pas du moins gardé la neutralité, et, par rancune pour ceux qui les traitaient de *pancaliers*, de s'être joints aux ennemis de la monarchie légitime (inconsciemment sans doute), pour faire avorter l'insurrection en démoralisant les paysans, et en les empêchant de prendre les armes. Nous ne saurions trop le répéter, contrairement aux assertions de M. de Goulaine dans sa brochure contre Charette, les paysans de 1832 ne manquèrent ni de fidélité ni de cœur ; la défection ne vint pas d'eux. « Mais avant tout, écrit à ce sujet un glorieux soldat des guerres de l'empire, le général Clouet, militairement parlant, quand on a reconnu des chefs et qu'on a accepté des grades, ou même qu'on s'en est fait donner avant la guerre, lorsqu'elle éclate on doit la faire et obéir aux ordres qu'on reçoit; c'est un très vieux principe français de ne pouvoir donner sa démission après la guerre déclarée[1]. »

Tous les chefs de division du IIIe corps ne partageaient pas d'ailleurs la manière de voir des signataires de la déclaration; Madame reçut au sujet de ces démissions de nombreuses et très violentes protestations, parmi lesquelles nous citerons la lettre des officiers de la division de Luçon et Champ-Saint-Père, dont M. Benjamin de Maynard était le chef :

« 4° DIVISION DU MARAIS, IIIe CORPS D'ARMÉE

« SOUS LES ORDRES DU GÉNÉRAL DE CHARETTE.

« *A Madame, Régente de France.*

« Ayant appris avec la plus vive douleur, le 23 mai, que plusieurs chefs de division avaient refusé formellement de prendre les armes pour Henri V, notre chef de division, indigné d'une aussi infâme lâcheté, protesta le 24 du même mois contre cette déshonorante protestation, en offrant à notre auguste régente quatre mille braves Ma-

---
1. Lettre de Clouet à Charles X, Archives de M. le baron Clouet.

raîchins, tout prêts à arborer le drapeau blanc. Notre protestation, remise au château de M. Louis de Cornulier le 25 mai, n'est point parvenue à Madame. Comme il y va de notre honneur, nous osons la renouveler, et assurer à Madame la régente que ses fidèles Maraîchins se rappellent de leur vieux serment, et qu'ils sont toujours disposés à prendre les armes quand elle daignera leur en donner les ordres, et qu'ainsi que leurs pères, ils sont bien décidés à verser jusqu'à la dernière goutte de leur sang pour la défense de la sainte, juste et belle cause de la légitimité[1]. »

Certains officiers exhalaient leur colère en termes encore plus énergiques, traitant aussi de lâches ceux qui faisaient défection. M. de la Rochemacé, dont la division était pourtant la plus brave et la plus fidèle, comme on put le voir quelques jours plus tard au combat de Riaillé, écrivait à Madame que ce nouvel ajournement de la prise d'armes avait bien diminué l'ardeur et la confiance des paysans. Tout le monde, maintenant, semblait prévoir une catastrophe.

Les désastreux effets du contre-ordre vinrent promptement justifier les sombres pressentiments des royalistes restés fidèles. Les campagnes des Deux-Sèvres ne l'avaient pas reçu : dans la nuit du 22 au 23, plusieurs drapeaux blancs, sur lesquels était écrit : « Vive Henri V ! » avaient été

---

[1]. Archives Nationales.

arborés dans les communes de Ferrière, Oroux, Viennay et plusieurs autres. Le 23, Diot et Robert[1] échangèrent quelques coups de fusil avec une compagnie du 64° (capitaine Vieille) qu'accompagnait la brigade de gendarmerie de Chiché. Le lendemain 24, la même bande de réfractaires rencontra un gros détachement de ce régiment, près d'Amailloux. Les philippistes, très vivement poussés et sur le point d'être tournés, battaient en retraite avec une précipitation menaçant de tourner en panique, quand ils furent rejoints par plusieurs compagnies d'infanterie attirées par la fusillade et guidées par les brigades de gendarmerie de Parthenay et de la Chapelle-Saint-Laurent. Les réfractaires se retirèrent alors dans les bois où ils s'égaillèrent. Malheureusement plusieurs royalistes, presque tous anciens officiers de l'armée régulière, qui n'avaient pas non plus reçu le contre-ordre, arrivaient en ce moment pour participer à la prise d'armes : peu familiers avec le métier de chouans, la plupart se laissèrent prendre par l'ennemi, assez maladroitement, semble-t-il ; parmi lesquels : MM. Emile et Paul de Chièvres, Wampers, Charles-Ferdinand de Mesnard, fils du chevalier d'honneur de Madame, Monnier, Dardillac, Gaufreteau, Cornu, du Repaire, etc... Un des MM. de Chièvres, ancien officier supérieur, annonça par bravade aux philippistes qu'une insurrection allait éclater le len-

---

1. Il ne faut pas confondre le brave lieutenant de Diot avec l'ex-chef du Marais.

demain dans tout l'Ouest. Ses camarades, croyant à une délivrance prochaine, narguaient également l'ennemi. On trouva sur l'un deux le contrôle des officiers de sa division. Le voici tel que l'ont publié les journaux libéraux :

« *Etat-major.* — MM. de Grandsaignes, ex-capitaine de la gendarmerie de la Vendée, colonel; d'Hauterive (Maurice), lieutenant-colonel; de Bricqueville (Aubin), porte-étendard ; Guérineau (Auguste), curé de Saint-Urbain, aumônier ; Grenou, lieutenant-trésorier ; Ténier (Jacques-François), artiste vétérinaire.

« 1re *compagnie.* — MM. de Combarel, capitaine; Fleury de la Caillère, lieutenant; d'Hillerin, lieutenant en 2e; Bertrand (Charles), sous-lieutenant.

« 2e *compagnie.* — MM. de Vaublanc, capitaine; de Gravaret (Charles), lieutenant; de Garreau (Charles-André), sous-lieutenant.

« 3e *compagnie.* — MM. de Dion-Daunot (Michel-François), capitaine; Gaillard (Jacques), lieutenant; Mallet (François), sous-lieutenant.

« 4e *compagnie.* — MM. de Maynard (Benjamin), capitaine. Léon de Lamotte de Savatte, ancien garde du corps, lieutenant; de Bricqueville (Urbain), sous-lieutenant. »

Des mandats d'amener furent aussitôt lancés contre ceux de ces officiers qu'on n'avait pas encore arrêtés.

En ce qui concerne la division de Luçon, le

point de rassemblement fixé aux royalistes de Champ-Saint-Père se trouvait dans le bois de Saint-Sormin. Le 23, avant le jour, un jeune homme de vingt et un ans, M. Léopold de Marcé, était parti de Chasnais pour répondre à l'appel de Madame ; M. de Tryé, capitaine de l'armée régulière en congé, l'accompagnait. Ce ne fut qu'à Chaillé-les-Ormeaux qu'ils furent avisés du contre-ordre. A la tombée du jour ils reprirent en sens inverse leur route du matin. M. de Marcé avait conservé son fusil de chasse à deux coups, chargé à balles. Evitant le gros bourg du Port-la-Claye, ils avaient passé le pont du Laye et s'étaient engagés sur la chaussée qui le prolonge en traversant des prairies très marécageuses, quand ils rencontrèrent le sergent Fréron, du 17e léger, qui revenait de la foire de Luçon en compagnie d'un jeune homme du nom de Rousse. Fréron était le chef du poste de Port-la-Claye ; après l'avoir abandonné, sans doute pour courir les mauvais lieux ou les cabarets de la ville voisine, il revenait surexcité par la boisson. Il interpella les deux voyageurs d'un ton comminatoire. Léopold de Marcé, remarquablement leste et vigoureux, voulait, pour toute réponse, envoyer le sous-officier cuver son vin dans le marais ; mais le capitaine de Tryé crut sauver la situation en déclarant tout de suite sa position d'officier en congé, et en disant que son compagnon et lui revenaient pacifiquement d'une chasse au marais. Il insista pour que M. de Marcé remît son fusil à

Fréron. M. de Marcé, par déférence pour M. de Tryé, plus âgé que lui de quelques années, s'exécuta docilement ; ce en quoi il eut tort, car aussitôt qu'il vit ses interlocuteurs sans armes, le sergent leur intima l'ordre de faire demi-tour et de marcher devant lui jusqu'au poste, pour supplément d'informations. Léopold de Marcé avait fait seulement quelques pas quand Fréron lui tira par derrière une balle de son propre fusil. Marcé tomba, une cuisse cassée, tandis que M. de Tryé s'enfuyait en se jetant dans le marais. Les soldats du poste étaient accourus au bruit du coup de feu ; ils se ruèrent sur le blessé, le frappèrent avec une férocité sauvage, le traînèrent pantelant jusqu'à la maison la plus voisine, en proférant contre lui des menaces de mort. On le fit asseoir sur un coffre, à demi évanoui. Fou de colère et d'alcool, Fréron le mit en joue, et fit feu de nouveau sur sa victime désarmée. Marcé avait levé machinalement le bras gauche pour se protéger : la balle le traversa et s'enfonça dans le cou, d'où elle ne put jamais être extraite.

Pendant ce temps le capitaine de Tryé était allé prévenir les chouans du voisinage qui, au nombre d'une quarantaine, accoururent pour délivrer le prisonnier. Mais la compagnie du 17e cantonnée à Champ-Saint-Père les avait devancés au Port-la-Claye : à l'entrée du village, une section commandée par le sous-lieutenant Rayet ouvrit sur eux un feu violent. Sans armes pour la plupart, car vu le contre-ordre, on ne leur en avait pas distribué, ils furent obligés de se retirer, laissant deux morts sur le terrain, les nommés Bret et Billet.

MM. de Brémond et de Grandsaignes avaient pris part à cette échauffourée. « Après avoir erré toute la nuit sous une pluie torrentielle, accablés de fatigue [1], épuisés par la faim et par une longue marche à travers les champs et les bois, ils se décidèrent au point du jour à entrer dans le bourg de Saint-Cyr. Ils étaient dans l'auberge du nommé Barbier, se disposant à prendre quelque nourriture, lorsque, sur les sept heures du matin, les nommés Joussenet et Pierre Piaud, marchands colporteurs, vinrent dans la même auberge et s'avisèrent de leur demander s'ils avaient des passeports. M. de Brémond et son compagnon répondirent qu'ils n'en avaient pas besoin, étant assez connus dans le pays, et de la gendarmerie même. Le sieur Piaud, qui ne savait ni lire ni écrire — et qui eût été fort embarrassé de constater lui-même la validité des papiers que les voyageurs auraient pu lui montrer — l'officieux colporteur, disons-nous, n'en demanda pas davantage et courut dénoncer au maire de Saint-Cyr la présence de deux étrangers. Il ameuta en même temps, par ses propos mensongers, une partie de la population du bourg, qui ne tarda pas à envahir la maison où étaient MM. de Brémond et de Grandsaignes. On

---

[1]. *La Famille de Brémond*, par le marquis de Brémond, Niort, Clouzot.

n'avait pas oublié d'aller en toute hâte chercher un détachement de soldats au cantonnement du Port-la-Claye. Enhardis par ce renfort, plus de vingt braves se jetèrent sur les deux prisonniers, les dépouillèrent presque entièrement en déchirant leurs habits. Une escorte de cinquante gardes nationaux, non moins intrépides, les conduisit au pas de course jusqu'au Port-la-Claye, en les traitant comme des malfaiteurs de la plus dangereuse espèce.

« Leur arrivée dans ce dernier village fut accueillie par mille cris de mort, et l'on acheva de les dépouiller de leurs vêtements pour les fouiller.

« Le juge d'instruction du tribunal des Sables-d'Olonne, M. Duverger, accompagné du procureur du roi, M. Daniel Massion, était déjà au Port-la-Claye pour procéder à l'interrogatoire des prisonniers faits au combat de la veille.

« Pendant que l'on interrogeait M. de Grandsaignes, le comte de Brémond fut enfermé dans un four abandonné où la populace, excitée d'avance, l'accabla d'outrages ; cent fois il fut sur le point d'être égorgé par cette foule insensée, que les misérables instigateurs de vengeance ne cessaient d'ameuter contre des hommes sans défense. »

A la suite de ces diverses échauffourées, soixante-trois royalistes furent inculpés, dont quarante seulement furent jugés par la cour d'assises. Ces derniers étaient : MM. de Maynard père et fils, de

Marcé, de Tryé, Urbain et Aubin de Bricqueville, Mandavy; Alexis Vrignaud, charpentier, ancien capitaine de paroisse en 1815 ; de Grandsaignes, de Brémond, Léon et Alexandre de Savatte ; Jean Lebeaupin, journalier; Hélion de Barbançois, ancien colonel de cavalerie et sous-gouverneur du duc de Bordeaux; Charles-Ferdinand de Mesnard; Etienne Servat, négociant; Jacques et Charles Barbereau, cultivateurs ; Etienne, René et Louis Bret (frères du chouan de ce nom tué au Port-la-Claye), cultivateurs ; Friou, Palvadeau, cultivateurs ; Pincédou, fermier ; Nicolas et Joseph Grangeard, Rouillé; Louis, Jacques et Jean Besseau ; Mériau père et fils, cultivateurs ; Contanceau, domestique ; Guillet, Jean et Pierre Bétu, Musseau, Touzeau, Doré et André, cultivateurs.

N'oublions pas de dire que le sergent Fréron reçut un sabre d'honneur, puis la croix pour sa belle conduite, tout comme le lieutenant Régnier, l'assassin de Cathelineau. Plus tard, il fut officiellement, lui aussi, convaincu d'infamie devant la cour d'assises ; mais, à défaut de l'honneur, la pension lui resta[1]. Quant à M. de Marcé, jeté dans une charrette non suspendue, son voyage jusqu'à la prison des Sables fut une longue agonie, car

---

1. Aux assises, le défenseur de M. de Marcé, M⁰ de Sèze, ayant flétri la conduite du sergent Fréron, celui-ci en demanda raison à l'avocat. Un jury d'honneur composé d'officiers et d'avocats déclara qu'on ne pouvait se battre avec un assassin. Parmi les officiers se trouvait le général Petit, qui assista aux adieux de Fontainebleau.

les soldats, ayant vu que chaque cahot était pour lui un martyre, s'amusèrent à faire passer la voiture sur la banquette de la route où se trouvaient les tas de cailloux destinés à l'empierrement. Léopold de Marcé fut condamné à deux ans de prison.... pour *tentative d'assassinat!*

Chose vraiment incroyable et qui semble bien démontrer la complicité du général Solignac, malgré les affaires d'Amailloux et du Port-la-Claye, malgré les écrits compromettants trouvés sur les prisonniers et les bavardages inconsidérés de ceux-ci, aucune mesure militaire n'avait encore été prise, quand, le 30 mai, tous les papiers du corps indépendant de Coislin furent saisis, à la suite d'une visite domiciliaire opérée chez M. de l'Aubépin, à la Charlière, par le général Dermoncourt en personne. Cet officier venait de succéder à Nantes au général Barré; il n'avait pu encore être l'objet d'aucune tentative de séduction de la part des royalistes. Par contre, il avait des soupçons très prononcés sur la fidélité au gouvernement de son divisionnaire, le général Solignac, et il se faisait un plaisir de lui jouer un mauvais tour. Tous les papiers compromettants, tous les ordres des chefs royalistes avaient été fourrés dans des bouteilles et cachés sommairement dans un buisson, à quelques pas du château. Cela s'était fait en plein jour, de crainte, sans doute, que les espions et les délateurs pussent en ignorer. Comme, dans toutes les perquisitions, les recherches de la troupe commençaient toujours par l'ouverture des bouteilles, les documents qu'on prétendait vouloir cacher devaient inévitablement tomber aux mains de l'ennemi. La saisie de la Chârlière fut ou l'œuvre de la trahison, ou tout au moins un chef-d'œuvre d'incommensurable bêtise de la part de M. Coislin et de son état-major.

Sans se préoccuper de son supérieur hiérarchique, Dermoncourt rendit compte de sa découverte au maréchal Soult, ministre de la guerre. Ce dernier lui envoya l'ordre de concentrer par bataillons les troupes encore follement disséminées dans les campagnes. C'en était fait du succès de l'insurrection ; dans de pareilles conditions, Madame aurait dû renoncer à un soulèvement qui, présentant jusque-là des chances de réussite, n'était plus maintenant qu'une folie.

CHAPITRE XII

Charette est obligé de modifier ses dispositions primitives. — La division de Vallet. — Visites domiciliaires à la Blanchetière.— Arrestations. — Défection des officiers. — Affaire de Maisdon. — Insuffisance du commandement. — Brillant courage de M. Le Chauff et de ses fils. — Arrestation de MM. de Kersabiec et Guilloré.

Nous avons laissé Madame aux Mesliers, où, si l'on en croit l'abbé Pineau, on ne cessait de lui donner de fausses nouvelles pour l'engager à quitter la partie[1]. Désirant se rapprocher du centre des

---

1. Ce fut pendant son séjour aux Mesliers que Madame apprit une triste nouvelle qui, cette fois, n'était que trop véridique : la mort du malheureux Cathelineau. Le 27 mai, le lieutenant Régnier, du 29ᵉ de ligne, et le lieutenant de gendarmerie Mézion opéraient une visite domiciliaire à la Chaperonnière, où étaient cachés Cathelineau, M. de Civrac et M. Moricet. Pour forcer le fermier, le brave Pierre Guinehut, à dévoiler la retraite de ses hôtes, on fit subir au malheureux une véritable torture ; sous prétexte de le faire parler, on lui ouvrit la bouche avec un canon de fusil qui lui brisa les dents et lui troua le palais ; on le menaça de le fusiller. L'héroïque paysan n'avait pu retenir quelques gémissements. Cathelineau et ses compagnons les entendirent et ne voulurent pas le laisser ainsi torturer pour les sauver. Ils se préparaient à sortir de leur cachette quand un soldat, entendant du bruit, découvrit la trappe qui lui servait d'entrée et la souleva avec sa baïonnette : — « J'en vois un ! j'en vois deux ! » cria-t-il. — « Ne tirez pas, nous nous rendons ! » Disant ces mots, Cathelineau monte hardiment l'échelle. Il répète en apparaissant hors du trou : — « Ne tirez pas ! nous sommes sans armes. » — « Feu ! » commande le lieutenant Régnier. Les soldats n'exécutent pas ce lâche commandement. Alors Régnier, furieux, arrache le fusil des mains de l'un d'entre eux, et, à bout portant, fracasse

premières opérations, lassée des obsessions dont elle était l'objet, la princesse fit demander au prieur de Saint-Etienne-de-Corcoué de s'entendre avec M. de la Robrie pour lui procurer un gîte dans ses environs. Simailleau et Sorin reçurent l'ordre d'aller attendre Madame en un point voisin des Mesliers, le 30 mai au soir, et de la conduire à la Mouchetière, chez M. de la Robrie ; mais un malentendu sur le lieu du rendez-vous et un brouillard très épais empêchèrent qu'on se rencontrât. Le lendemain 31, l'abbé Pineau reçut un petit mot où *Madame le priait, au nom de Dieu, de venir la tirer des mains de ses ennemis*[1]. Il fut convenu qu'on la mènerait à Louvrardière, petite habitation appartenant aux la Robrie. — Cette habitation est située à quatre lieues des Mesliers. — Madame avait prié Charette de rester auprès d'elle jusqu'au moment décisif. Le général voyait

---

la tête de Cathelineau. Le corps de l'infortuné est porté dans une chambre voisine ; le juge de paix de Cholet, un sieur Ménard, trouve plaisant de s'asseoir sur ce cadavre sanglant pour verbaliser, avec mille plaisanteries inconvenantes. MM. de Civrac et Moricet sont conduits à Beaupréau sur une charrette, à côté du corps de leur ami. Arrivé à la prison, Cathelineau est dépouillé de ses vêtements, son scapulaire est déchiré avec mille blasphèmes par les gendarmes, et son corps jeté tout nu dans la cour y reste toute la nuit, jusqu'au moment où l'abbé Ploquin vient le prendre avec ses vicaires pour le conduire au cimetière. On sait que, comme d'Autichamp et plusieurs membres de la famille royale, la duchesse d'Angoulême haïssait le fidèle et vertueux Cathelineau, que ses camarades surnommaient le *Saint de la garde*, mais qu'elle s'obstinait à regarder comme un ivrogne. Quand on lui annonça la nouvelle de sa mort : « Cathelineau ? Il buvait !... » dit-elle. Ce fut toute l'oraison funèbre du digne fils du *Saint de l'Anjou*.

1. Notes manuscrites de l'abbé Pineau.

avec peine s'écouler en marches et contre-marches inutiles les quelques heures qui le séparaient de la prise d'armes ; il ne pouvait aller s'assurer que ses ordres étaient bien parvenus à tous les chefs restés fidèles, ni surveiller leur exécution. Le 31 mai, un peu après onze heures du soir, la mère d'Henri V et ses compagnons quittèrent les Mesliers. Le meunier Sorin guidait la petite troupe. Madame était en croupe derrière le jeune Simailleau, Mlle de Kersabiec[1] montait le cheval de Sorin avec M. de Mesnard. En traversant la forêt de Rocheservière dans laquelle l'obscurité était profonde, le cheval de Madame mit les pieds de devant dans un ruisseau et faillit s'abattre ; il se releva d'un effort vigoureux. La princesse avait éprouvé une terrible secousse, mais, nullement effrayée, elle éclata de rire, et, après avoir flatté de la main l'animal tout tremblant, elle mit tranquillement pied à terre, pour voir, dit-elle, si elle n'avait rien de cassé. Une demi-heure plus tard, le cheval de Sorin glissa et tomba lourdement avec ceux qu'il portait. En se relevant il envoya une ruade dans la poitrine de Mlle de Kersabiec. La vaillante jeune fille, dont la monture se trouvait hors de service, continua la route à pied, malgré la douleur que lui causait sa blessure. Près du Moulin-Guibert,

---

1. Madame avait été rejointe aux Mesliers par Mlle Eulalie de Kersabiec qu'on avait attachée à sa personne. Mlle de Kersabiec était, elle aussi, travestie en jeune paysan. Madame, qui s'intitulait Petit-Pierre, donnait à sa compagne le surnom de Petit-Paul.

entre Saint-Etienne-de-Corcoué et Saint-Colombin, on rencontra M. de Choulot, l'envoyé de Madame auprès des cours du Nord. Ce brave gentilhomme était arrivé la nuit précédente chez l'abbé Pineau ; depuis de longues heures, assis au coin d'une haie, il attendait Madame sous une pluie battante. Il lui rendit compte de sa mission : l'empereur de Russie promettait d'envoyer un agent diplomatique accrédité auprès de la régente de France, aussitôt que le drapeau blanc aurait été arboré sur un point quelconque du territoire ; son concours moral et financier lui était assuré.

Il faisait presque jour quand l'entretien se termina, et l'on était encore à une lieue de Louvrardière. Au Moulin-Guibert, où MM. de la Robrie devaient attendre Madame, on ne trouva pas ces deux officiers. Désespérant de la voir paraître, après une attente de deux jours, ils venaient de se retirer.

La situation devenait critique : on était sur un point du pays occupé par de nombreux détachements philippistes. Charette estimait que Madame devait continuer sa route toute seule avec son guide. Déguisée en jeune garçon comme elle l'était, à cheval derrière Simailleau qui, en sa qualité de commissionnaire de Saint-Etienne-de-Corcoué à Nantes, était connu de tous les gendarmes, elle eût traversé facilement les cantonnements ; mais elle préféra partager le sort de ses compagnons. On prit donc le parti d'aller encore une fois demander l'hospitalité à M. Gouëzel. A peine arrivé, le premier soin de Charette fut d'avertir M. de la Robrie que Madame était en sûreté au Magazin ; il le priait d'engager deux de ses filles à se rendre chez leur oncle, pensant que Madame pourrait prendre les vêtements d'une de ces demoiselles et parvenir sans danger, à l'aide de ce déguisement, soit à Louvrardière, soit à la Mouchetière, maison située à une centaine de mètres du village du Pont-James. Ce projet fut accepté, et mis à exécution un peu avant la chute du jour. Les détachements de troupes qui avaient vu passer Mlles Pauline et Luce de la Robrie crurent les reconnaître [1].

Quand la nuit fut tout à fait venue, Charette et ses compagnons rejoignirent Son Altesse Royale à la Mouchetière. Ils en trouvèrent les habitants fort inquiets pour la sûreté de la princesse. L'imprudence et la légèreté d'un officier de la division la Robrie, M. de Villiers, avait mis sur pied la gendarmerie du Pont-James et les détachements d'infanterie voisins. Ce jeune homme, sommé de s'arrêter par les gendarmes au moment où il traversait le village sur un cheval très vigoureux, avait piqué des deux en criant : « Vive Henri V ! » Comme on savait que M. de Villiers sortait de chez M. de la Robrie, la Mouchetière allait très probablement être l'objet d'une visite domiciliaire. Cependant,

---

1. *Journal d'un chef de l'Ouest.*

après qu'on eut établi des vedettes tout autour de l'habitation, Madame se décida à y passer la nuit. Mais, à deux heures du matin, M. de la Robrie vint prévenir Charette qu'on remarquait dans les cantonnements un mouvement insolite, et qu'une patrouille avait rôdé aux environs de la Mouchetière; dans de pareilles conditions, il ne répondait pas des jours de Madame[1].

On réveilla donc la princesse qui partit un instant après, laissant Mlle de Kersabiec en proie à une fièvre violente causée par sa blessure.

A trois heures du matin (2 juin), son Altesse arrivait au Moulin-Etienne[2]. Elle y trouva MM. Prévost et Le Romain, et fit demander auprès d'elle M. de Couëtus. Ce gentilhomme, d'abord hostile au soulèvement, faisait bon marché de ses théories, maintenant que l'heure du danger avait sonné. M. de Guillomont, sous-intendant du III° corps, MM. de Monti, de la Chevasnerie et Henri de Puyseux arrivèrent successivement au moulin : « Tant de mouvement, tant d'arrivées successives, devaient certainement compromettre la sûreté

1. L'assassinat de Mlle Céline de la Robrie, dont nous racontons plus loin la mort, montre bien que la troupe et la gendarmerie n'auraient pas respecté la vie de la princesse, sachant que l'impunité, ou même la faveur du gouvernement leur serait assurée le cas échéant. Il est évident pour nous que les soldats du 17° léger, quand ils tirèrent sur la malheureuse jeune fille et criblèrent son cadavre de coups de baïonnette, croyaient avoir affaire à la duchesse de Berry.
2. Appartenant à M. de la Haye. Bien jeune encore, cet officier brave et dévoué avait pris part aux guerres de la chouannerie. En 1815, comme en 1832, il fut fidèle à son drapeau.

de Son Altesse Royale, dit le *Journal d'un chef de l'Ouest;* mais, si l'on pense à la fidélité des habitants du pays, on sentira qu'elle était confiée pour ainsi dire à leur garde. Sur tous les points elle avait des sentinelles invisibles, qui seraient venues l'avertir si quelques dangers l'eussent menacée. Il avait suffit de dire aux plus intelligents : « Mes amis, veillez à la sûreté du Moulin-Étienne !... » Les surprises de nuit étaient plus difficiles à éviter. »

A dix heures du soir Madame se remit en route, accompagnée par Charette, Hyacinthe de la Robrie, Edouard de Monti et MM. de Mesnard, Le Romain et de la Chevasnerie. La malheureuse femme s'efforçait de cacher à ses amis la profonde douleur qui l'accablait : elle venait, presque à l'instant même, d'apprendre la saisie de la Charlière, par laquelle, grâce à l'impéritie, ou même au mauvais vouloir du général de Coislin et de certains officiers de l'état-major de ce dernier, tous les plans de l'insurrection et la date même de la prise d'armes étaient dévoilés à l'ennemi. Sur le bord de la Boulogne, la princesse trouva M. de la Robrie père qui lui fit traverser cette petite rivière à l'aide d'un mauvais bateau. Après une halte au pied d'un chêne, pendant laquelle Madame, couchée à terre, la tête appuyée sur un portemanteau, sembla sommeiller quelques instants, vaincue par la fatigue, les guides attendus se présentèrent. Mme la duchesse de Berry, avec MM. de Mesnard et de la Chevasnerie, prit le chemin de la Brosse, propriété appartenant à Mme Rédoi, de Nantes. Cette maison, habitée seulement par les fermiers, les trois frères Jeanneau, et une servante nommée Anne Boisselot, offrait l'avantage d'être très isolée. Charette, Le Romain, Edouard de Kersabiec, après s'être séparés de la princesse, s'étaient dirigés vers Montbert. Là Charette fut pris d'une fièvre intense : « Tant de veilles, surtout tant de secousses morales avaient épuisé ses forces. Ce fut un grand sujet d'inquiétude et d'agitation pour lui de penser qu'au moment où il avait besoin de ses facultés, elles allaient lui faire défaut. Ces réflexions devaient encore ajouter à ses souffrances. On était alors au 3 juin ; dans la nuit devait commencer le soulèvement[1]. »

La situation était atroce ; mais, par un puissant effort de volonté, le général avait conservé tout son sang-froid : il n'était plus question de vaincre, il fallait se battre, et voilà tout, sans songer au lendemain. La chose capitale était de sauver Madame dont la vie était confiée à l'honneur vendéen. Dominant la maladie, Charette fit venir auprès de lui quelques paysans dévoués des communes de Montbert et de Genêton. Lesdites paroisses appartenaient à la division de Vieillevigne ; elles n'avaient pas reçu l'ordre de prendre les armes. Leur chef ayant, au dernier moment, refusé son concours à Madame, comme on l'a

---

[1]. *Journal d'un chef de l'Ouest.*

vu précédemment, M. de Charette les fit prévenir qu'elles auraient pour mission d'appuyer le mouvement de la compagnie nantaise. Malgré l'absence de leurs capitaines dont l'un, le brave et fidèle Thomas, était dangeureusement malade, les paysans, pendant la nuit, formèrent un rassemblement d'une centaine d'hommes. Charette avait jugé prudent de quitter Bellecour, « où trop d'allées et venues avaient attiré l'attention des habitants du village de Montbert, qui renferme quelques acquéreurs de biens nationaux, connus dans le pays sous le nom de *patauds*. »

La compagnie nantaise s'était partiellement rassemblée près du château de Rezé ; elle arriva au château de Montbert le 4 juin, à quatre heures du matin. Les manœuvres des *pancaliers* avaient, comme partout ailleurs, produit des effets dissolvants sur cette troupe d'élite, composée en grande partie de jeunes gens de la noblesse et de la bourgeoisie : au lieu de deux cent cinquante hommes, on ne vit arriver à Montbert que cinquante-quatre hommes à pied et dix cavaliers[1], dont nous donnons les noms ci-après :

Troupes à pied. — Frédéric La Roche, ex-lieutenant de gendarmerie de la garde, commandant ;

---

1. Nous n'en trouvons que sept sur la liste d'Edouard de Monti. Peut-être Charette, qui donne le nombre de onze cavaliers, y comprend-il un officier monté appartenant à une compagnie. Sur cette liste, nous voyons le nom de M. de la Noue qui ne figure pas sur celle de Charette.

Comte d'Hanache, ex-capitaine au 5ᵉ de la garde royale;

de Bonrecueil, ex-officier de la garde;

Convins, ex-lieutenant de la garde royale;

de Lafaille, ex-chef d'escadrons;

O'Egerthy;

de Clercy[1];

Édouard de Trégomain;

de Trégomain jeune, ex-sous-officier de chasseurs;

Alexis de Monti de Rezé ;

Arthur de Maublanc;

Lepot;

Émerand de la Rochette;

de Guinebaud;

de Kermel;

de Ploësquellec;

Robert des Dodières, avocat;

François des Dodières;

Achille Dubois, sous-caissier de la recette générale;

Dubois;

de Logette;

Reliquet;

Barbot;

Ronsey, ex-sous-officier de la garde royale;

---

1. MM. O'Egerthy et de Clercy assistèrent au rassemblement de Montbert, mais ils ne purent prendre part au combat du Chêne, le premier étant malade par suite des fatigues d'une trop longue marche, le second s'étant blessé au pied en déchargeant son pistolet.

Crouillebois, ex-sergent-fourrier de la ligne ;
Tordo, ex-gendarme de Paris ;
Journée, *id.* ;
Michaud, employé à la banque ;
Joubert, répétiteur dans une pension ;
Dumanoir ;
Théignié ;
Le Huédé, séminariste ;
Baconet, *id.* ;
Chevalier, *id.* ;
Étourneau, *id.* ;
Bonhomme ;
Hyacinthe de la Robrie ;
Beaudichon ;
de la Pinière ;
Henri Le Romain ;
Béloneau ;
Billou ;
Michot ;
François ;
Grimaud, menuisier ;
Oret ;
Reth.

Peloton à cheval. — Le comte de Lorges, ex-capitaine au 6ᵉ chasseurs ;
Alexandre de Monti ;
Foucaud ;
Michel du Châtelier ;
Auguste du Châtelier ;
Daviais ;

Ferdinand de Mesnard ;
Amédée de Maublanc ;
Albert de Coëtus ;
de Puylaroque[1].

Ajoutons à ces noms ceux de trois royalistes qui firent leur devoir, quoique n'ayant pas combattu au Chêne : MM. de la Palme jeune et Dumoustier, envoyés en mission et arrêtés à Paris, et Caroff, resté à Nantes par ordre pour manœuvrer la presse à imprimer, montée par le serrurier Perraud chez Mlles du Guiny.

Les paysans de Genêton et de Montbert ayant opéré leur jonction avec la compagnie nantaise, Edouard de Monti partit avec ce détachement pour occuper le village de Montbert, près duquel le général avait un dépôt d'armes et de munitions. On distribua aux hommes qui en manquaient des fusils, quelques espingoles et vingt-cinq mille cartouches. Le drapeau de la compagnie nantaise et celui du IIIe corps furent apportés solennellement ; la troupe leur rendit les honneurs. Le premier fut remis au comte d'Hanache, le second au brave Cormerais, ancien capitaine du grand Charette. Ce royaliste fidèle avait demandé que ses deux fils marchassent à côté de lui : « Si je tombe, leur dit-il, songez à sauver votre drapeau ! »

---

[1]. Dans le *Journal d'un chef de l'Ouest*, M. de Villiers est porté comme faisant partie de la compagnie nantaise, mais il ne figure pas sur le contrôle de ladite que nous avons trouvé dans les archives du IIIe corps. Il appartenait en réalité à l'état-major de la division de Saint-Philbert.

Quelques instants auparavant, le général avait reçu un billet daté de Maisdon, *quatre heures du matin*, par lequel Puyseux lui faisait savoir que le rassemblement s'opérait avec succès sur la lande de la Grenouillère, et que cinq cents hommes étaient déjà arrivés, ainsi que le colonel de Kersabiec et le vieux M. Bascher.

Ce billet stupéfia Charette; il croyait Puyseux tout ailleurs qu'à Maisdon, car c'était seulement le lendemain *5 juin* que les divisions du Loroux et de Maisdon avaient l'ordre de se réunir. Par suite de quelle déplorable aberration avait-on désobéi à cet ordre? Le général répondit à son aide-de-camp que lui-même allait marcher sur Aigrefeuille, et de là sur Maisdon où l'on avait pris les armes prématurément; qu'il fallait *à tout prix* éviter un engagement, *et surtout se tenir en garde contre une surprise*. Le cantonnement de Clisson, éloigné de 12 à 14 kilomètres [1] et fort de huit à neuf cents hommes, devait être particulièrement surveillé. On verra plus loin comment furent suivies ces instructions.

M. de Charette avait soumis au maréchal un plan de campagne, d'après lequel le III⁰ corps commençait son mouvement par les divisions de Vallet et du Loroux, voisines des territoires des I⁰ʳ et II⁰ corps, et avec lesquelles devait marcher la compagnie nantaise. Malheureusement la défec-

---

1. A vol d'oiseau Clisson est à 9 kilomètres nord-est de la lande de la Grenouillère.

tion des principaux officiers, les affaires malheureuses d'Amailloux et du Port-la-Claye, la saisie de la Charlière, les combats de Chanay et de Toucheneau où, sur la rive droite de la Loire, Gaullier et Courson, surpris par le contre-ordre quand ils avaient déjà levé quelques paroisses, s'étaient vu accabler par les forces écrasantes mobilisées contre eux, tous ces funestes incidents avaient obligé le commandant du III° corps à modifier complètement ses dispositions primitives. Maintenant il croyait préférable de commencer le soulèvement par la division de Saint-Philbert, à laquelle était rattachée la compagnie nantaise. Ces contre-ordres perpétuels, dit Charette dans son *Journal*, achevaient de jeter l'indécision et l'inquiétude dans les esprits.

Ne pouvant diriger en personne le rassemblement des divisions de Vallet et du Loroux, le général avait chargé M. de Puyseux de porter verbalement ses dernières instructions à leurs chefs. Ceux-ci devaient éviter tout engagement avec l'ennemi et n'opérer que le second jour du soulèvement, c'est-à-dire le *5 juin seulement*, leur jonction près du bourg de Maisdon où des vivres pour cinq mille hommes avaient été emmagasinés. Malheureusement, au lieu de cet ordre, Puyseux transmit l'ordre de se rassembler à Maisdon le *4 juin*. L'impardonnable légèreté du jeune officier allait avoir des conséquences déplorables pour les royalistes.

Avant de raconter la stupide échauffourée de Maisdon, où la division de Vallet fut engagée follement par la faute de Puyseux, nous dirons quelques mots du personnel et de l'organisation de cette division[1].

La division de Vallet dont le territoire s'étendait jusqu'à Saint-Jacques, c'est-à-dire jusqu'aux portes de Nantes, avait pour commandant M. Le Chauff de la Blanchetière ; pour commandant en second le comte de Retz ; pour chefs de bataillon MM. Guilloré, ancien chouan de 1815, blessé au siège de Guérande, Girodeau, ex-officier de cavalerie, et de la Croix. Elle pouvait mettre sur pied quatre mille hommes bien armés.

Ce n'était pas sans difficulté que M. Le Chauff était parvenu à ce résultat. La police, sachant son dévouement à la cause royale, avait l'œil ouvert sur lui ; elle surveillait étroitement la Blanchetière. Pour endormir les soupçons et être plus libre dans ses mouvements, M. Le Chauff eut l'ingénieuse idée de faire pêcher un étang dont il était le propriétaire, et d'en faire déposer le poisson dans les douves du château. On publia dans les bourgs environnants qu'il y avait du poisson à vendre tous les jours à la Blanchetière ; de cette manière, les paysans de la division purent venir prendre les

---

1. Nous possédons des documents fort intéressants sur cette division ; nous regrettons que leurs propriétaires ne nous aient pas autorisé à les publier intégralement. Peut-être un jour serons-nous tenu à moins de discrétion.

instructions de leurs chefs sans se compromettre, et rapporter chez eux, avec leur poisson, des cartouches, de la poudre ou des fusils démontés. Lorsqu'il se présentait des *patauds*, on leur vendait du poisson à des prix raisonnables, et ils s'en allaient satisfaits et sans défiance. Tout marchait bien de la sorte, quand M. Le Chauff fut dénoncé à la police par un nommé Bernardeau, comme recevant toutes les nuits de mystérieux visiteurs, ce qui était d'ailleurs parfaitement exact, car la Blanchetière était le centre de correspondance de la division. M. Le Chauff et François Martin, son domestique, passaient la plupart de leurs nuits à fondre des balles, tandis que Mme Le Chauff et sa fidèle servante, Rose Arnaud, fabriquaient des cartouches. A la suite de la dénonciation de Bernardeau, les patrouilles philippistes ne cessèrent plus de rôder autour de la Blanchetière; il fallut redoubler de précautions. Un jour M. Le Chauff rencontra le délateur qui passait sur ses terres et le rossa d'importance; cette petite satisfaction lui coûta cent cinquante francs d'amende, mais il ne les regretta pas.

Peu de temps après, la Blanchetière fut le théâtre d'un incident qui montre combien les paysans de la division de Vallet étaient dévoués à leur chef, et combien ils eussent été disposés à prendre les armes, si les manœuvres des *pancaliers* n'avaient paralysé leur bonne volonté à la dernière heure.

Conformément aux instructions de Mme la duchesse de Berry, M. Le Chauff avait refusé de payer ses contributions. Au mois d'avril 1832, un huissier nommé Tierré, décoré de Juillet et connu pour ses opinions avancées, vint opérer la saisie à la Blanchetière, escorté de quarante hommes du 29e de ligne et d'un lieutenant. Mme Le Chauff fit manger les soldats, puis, malicieusement, elle les introduisit dans le cellier. Une heure après, les fantassins, complètement ivres, criaient : « Vive Bourmont ! vivent les bourgeois ! vive toute la maison ! » L'officier voulut les faire manœuvrer afin de les calmer, mais, pour toute réponse, ils jetèrent leurs fusils et allèrent s'étendre sous les arbres où ils s'endormirent paisiblement. Mme Le Chauff promit au lieutenant, un peu inquiet, que les chouans ne profiteraient pas de leur sommeil pour désarmer ses hommes. Quelques heures après, un nouveau détachement, commandé par un sous-lieutenant, vint relever le premier. Le lieutenant emmena sa troupe, après avoir fait à son jeune camarade la recommandation de se méfier du vin de la Blanchetière ; recommandation stérile, car la seconde section, parfaitement sourde aux objurgations de son chef, but un nombre triple de bouteilles. Les soldats, plus ivres que leurs prédécesseurs, acclamaient la famille Le Chauff, Bourmont, et tous les chouans passés, présents et futurs, quand le capitaine commandant la compagnie fit son apparition. Nullement effrayés, les hommes allèrent se coucher dans tous les coins pour y cuver leur vin ; les menaces les plus terribles ne purent les faire lever. Les officiers, impuissants, prirent le parti de les laisser tranquilles. A huit heures du soir on s'efforça de rassembler la section : sur quarante hommes, dix-huit seulement étaient en état de marcher. Tout le long de la route, ces derniers s'égrenèrent si bien dans les fossés qu'en rentrant à Vallet, le détachement ne se composait plus que de quatre hommes seulement. Le chemin était semé de fusils, de sabres, de baïonnettes, de ceinturons, de shakos, de gibernes, etc... Le tout fut recueilli par les soins de M. Le Chauff et fidèlement restitué à qui de droit, comme il avait été promis par M*me* Le Chauff. Quand on se rappelle les atrocités commises par les troupes dans les campagnes depuis tant de mois, on ne peut refuser un tribut d'admiration à la loyauté et à l'humanité des chouans, lesquels eussent pu facilement se venger d'ennemis sanguinaires et se procurer quarante bons fusils.

Le lundi de Pâques, le sieur Tierré, quatre gendarmes et deux cents hommes de troupe arrivèrent à la Blanchetière, escortant quatre grandes charrettes envoyées de Nantes pour enlever les meubles de M. Le Chauff. Bien qu'on eût promis 24 francs par voiture pour le trajet de la Blanchetière au bourg, aucun habitant du pays n'avait voulu donner la sienne, à l'exception du sieur Hommet, le maire de la Chapelle-Heulin. Tout fut saisi au château, même le trousseau de Mme Le Chauff, et transporté à Vallet pour y être vendu à des fripiers de Nantes, officieusement avertis par l'autorité qu'ils feraient de bonnes affaires, les habitants royalistes du pays ne voulant rien acheter à la vente, les autres devant s'abstenir par crainte d'être montrés au doigt.

Sept mille paysans étaient réunis dans le bourg. Les officiers, effrayés par leur attitude, demandèrent du renfort à Clisson; on leur envoya un bataillon. Les paysans avaient le ruban vert au chapeau; leur énervement augmentait à mesure que la vente se poursuivait. Les cris de : « Vive Le Chauff! Vive notre ancien maire! » retentissaient de plus en plus bruyants dans le village. D'autres leur succédèrent : « A bas la justice! A bas la clique! » Une centaine d'arrestations avaient été opérées, mais la foule devenait toujours plus houleuse, toujours plus menaçante; les officiers sentaient le moral de leurs hommes chanceler; déjà quelques soldats disaient tout bas aux paysans : « Ne nous faites pas de mal! Attrapez-nous par derrière, sous les bras, et nous laisserons prendre nos fusils[1]. »

La compagnie qui avait festoyé à la Blanchetière était présente; le souvenir des vins généreux de

---

1. Notes manuscrites d'un officier de la division de Vallet.

Mme Le Chauff et l'attitude menaçante de la foule développaient chez ces hommes des sentiments toujours croissants de gratitude... et de prudence. « Si vous saviez comme ces nobles sont bons ! disaient-ils à leurs camarades, comme ils traitent bien le soldat et comme on leur fait de la misère sans raison ! » Un mot de M. Le Chauff, et un soulèvement spontané éclatait, qui peut-être eût enflammé tout l'Ouest comme une traînée de poudre. Mais M. Le Chauff n'osa prendre sur lui une telle responsabilité. Il réclama seulement la mise en liberté des prisonniers, « sans quoi, dit-il, il ne répondait de rien, » tandis qu'au contraire, si on les relâchait, il promettait qu'avant une heure la tranquillité serait complètement rétablie. Le commandant des troupes philippistes se vit obligé de céder, moyennant quoi les fripiers nantais furent laissés libres de rentrer chez eux avec les dépouilles de la famille Le Chauff. Trois individus du pays seulement osèrent prendre part aux enchères. Quatre cents paysans reconduisirent triomphalement M. et Mme Le Chauff et leurs enfants à la Blanchetière, où il ne demeurait plus guère que les murs. Pour faire souper ces braves gens, il fallut envoyer chercher du pain dans les fermes voisines. Il restait heureusement du lard dans le cellier, et comme les soldats n'avaient pu mettre les caves du château complètement à sec, on y trouva quelques bouteilles pour boire à la santé d'Henri V.

Le lendemain M. Le Chauff apprit qu'un mandat d'amener venait d'être lancé contre lui. Sans perdre de temps, il rasa sa barbe, se grima et se travestit si bien en homme du peuple que ses amis les plus intimes ne pouvaient le reconnaître. Bien lui en prit, car, quelques heures plus tard, un individu vêtu en paysan arrivait au château. Il dit à Mme Le Chauff qu'il voulait parler à son mari, devant celui-ci même qu'il prit pour un domestique. Mme Le Chauff lui ayant répondu négativement, il prétendit regretter vivement ce contretemps ; que M. Le Chauff le connaissait bien, et qu'il venait pour s'enrôler sous la bannière d'Henri V. Cet homme avait les mains trop blanches et s'exprimait en termes trop choisis pour un paysan. M. Le Chauff lui montra du doigt la porte, et lui cria d'un ton menaçant : « Sors à l'instant d'ici, gredin ! si mon maître était là il te ferait chasser à coups de trique, car tu n'es qu'un espion. »

Ledit espion, se voyant découvert, sortit sans se faire répéter l'ordre, tandis que M. Le Chauff gagnait la campagne par une porte de derrière, bien certain, lui aussi, d'avoir été reconnu. Quelques minutes après, effectivement, les gendarmes faisaient irruption à la Blanchetière. Furieux d'avoir manqué leur proie, ils arrêtèrent deux domestiques hommes. L'un d'eux parvint à s'échapper, mais l'autre fut conduit, les menottes aux mains, à la prison de Nantes où il resta six mois. Pendant toute la route les gendarmes lui firent subir les traitements les plus inhumains.

A dater de ce moment, les habitants de la Blanchetière n'eurent plus un instant de tranquillité; il leur fallut subir jusqu'à trois visites domiciliaires par jour. Aussitôt la nuit venue, Mme Le Chauff se déguisait en paysanne pour aller porter de la nourriture aux proscrits, ou les ordres de son mari aux différents chefs de la division.

Un soir M. Le Chauff, son fils aîné et un officier de la division, M. Bascher, furent pris d'un irrésistible désir de passer une nuit dans un lit; ils arrivèrent tous trois à la Blanchetière. C'était une grave imprudence. Mme Le Chauff les supplia d'aller plutôt coucher dans une ferme du voisinage; le danger y serait moins grand. M. Le Chauff et M. Bascher, accompagnés du comte de Retz qui venait d'arriver à la Blanchetière, se rendirent à ses prières, et ils partirent tous. Le jeune Henri Le Chauff, contre lequel il n'y avait pas de mandat d'amener, resta seul à la maison. Mais une heure plus tard M. Le Chauff et ses deux compagnons étaient de retour, chassés de la ferme par les furieuses attaques d'une légion de puces. Cette fois ils ne voulurent rien entendre et ils se mirent au lit. M. Le Chauff était à peine endormi quand il eut un pénible cauchemar: les soldats envahissaient la Blanchetière et l'arrêtaient. Mme Le Chauff entendit son mari gémir; elle l'éveilla. Celui-ci l'ayant mise au courant de son rêve, elle le conjura d'obéir à ce qu'elle regardait comme un avertissement du Ciel, et de quitter la maison au plus vite. Impressionné par l'agitation de sa femme, M. Le Chauff se leva et alla réveiller ses compagnons. Ils refusèrent énergiquement de s'en aller : « Nous sommes trop bien au lit, » dirent-ils. Et ils se rendormirent. M. Le Chauff termina paisiblement sa nuit à la ferme. Le réveil fut moins gai à la Blanchetière. MM. de Retz et Bascher commençaient leur toilette quand le cri : « Les voilà ! » retentit dans la cour. En un instant la maison fut cernée. « — Votre père est en Bretagne ! » Ce fut tout ce que Mme Le Chauff eut le temps de dire à ses beaux-enfants. Le détachement était commandé par un officier d'infanterie qui avait trouvé plaisant d'entrer à cheval dans le salon. Peu de temps après arrivèrent d'autres troupes, avec le général Dermoncourt en personne. Les beaux-enfants de Mme Le Chauff furent interrogés séparément ; l'on usa de tous les moyens pour les forcer à dire où se cachait M. Le Chauff. Un capitaine ne craignit pas d'employer la violence pour contraindre Mlle Henriette Le Chauff à trahir son père. Mais cette enfant de douze ans montra autant de courage que de finesse dans ses réponses. Devant l'indignation maternelle de Mme Le Chauff, Dermoncourt, un peu honteux de l'ardeur policière de ses officiers, ordonna au capitaine en question d'être moins zélé à l'avenir.

On ne tarda pas à découvrir M. Bascher dans une

chambre, et M. de Retz dans un tas de foin où les soldats le lardèrent de quelques coups de baïonnette, heureusement sans gravité. Le fidèle valet François fut également arrêté. On les conduisit à Nantes. Un assez grand nombre d'armes qu'ils avaient apportées la veille à la Blanchetière furent saisies, ainsi que plusieurs livres de poudre, et des paquets de cartouches que les soldats trouvèrent cachés sous les nids des poules. Quant à M. Le Chauff, la Providence semblait veiller sur lui d'une façon spéciale. La maison dans laquelle il s'était réfugié fut aussi perquisitionnée ; on n'avait pu lui fournir, pour toute cachette, qu'un vieux tonneau placé dans un grenier absolument vide, et derrière lequel il s'était blotti. Les gendarmes y montèrent, mais ils n'eurent pas l'idée de déplacer le tonneau.

Cependant le jour du soulèvement approchait. M. Le Chauff reçut l'ordre, mal transmis par M. de Puyseux, comme nous l'avons dit, de prendre les armes dans la nuit du *3 au 4 juin*, pour venir opérer sa jonction avec la division du Loroux à Maisdon *le 4 au matin* (au lieu du 5, ordre réel). M. Le Chauff était caché à la Loué quand sa femme le lui porta, quelques heures seulement avant la date fixée. Avec son fils aîné, il parcourut les communes de la Haie-Fouassière, de Haute-Goulaine, de Basse-Goulaine et de Saint-Sébastien, pour avertir son monde, pendant que Mme Le Chauff, avec le jeune Amand, allait porter l'ordre de mouvement à Vallet, Monnière, Mouzillon et la Chapelle-Heulin. Le rendez-vous était à la Blanchetière.

Malheureusement les ennemis de Mme la duchesse de Berry les avaient devancés ; partout ils avaient semé le découragement et la méfiance, partout ils avaient fait germer l'égoïsme et la peur. Dans la division de Vallet, comme presque partout en Vendée, ce furent les officiers qui donnèrent le signal de la panique et de la défection. Le 3 au matin, la plupart avaient disparu, emportant avec eux le secret des cachettes où étaient déposées les armes et les munitions qu'ils devaient distribuer à leurs hommes. Les malheureux paysans, sans armes et sans chefs, ne purent venir au rendez-vous. Au lieu de quatre mille hommes, trois cents à peine suivaient M. Le Chauff quand il se mit en route pour Maisdon. « Adieu, ma bonne amie, avait-il dit à sa femme en la quittant ; nous marchons à la boucherie ! » Peu s'en fallut que cette prédiction ne se réalisât.

Chemin faisant M. Le Chauff occupa et désarma le bourg de la Chapelle-Heulin ; M. Guilloré l'y rejoignit avec les gens de Basse-Goulaine. Il était dix heures du matin quand la petite troupe entra dans le village de Maisdon : elle y trouva seulement M. de Kersabiec, M. Bascher, et quelques vieux royalistes. M. Bascher, vieillard de soixante-dix ans, était presque complètement aveugle ; il ne pouvait rendre d'autre service que de s'offrir aux yeux de tous comme un sublime exemple de bravoure et de fidélité ; quant à M. de Kersabiec, M. de Charette avait commis une faute en lui confiant le commandement d'un rassemblement opéré dans des conditions particulièrement dangereuses. M. de Kersabiec était certainement un royaliste d'un dévouement et d'une loyauté maintes fois éprouvés, mais l'âge avait, semble-t-il, affaibli chez lui les forces du corps et de l'intelligence. Il s'obstinait à rester dans le bourg, tandis que M. Le Chauff voulait qu'on s'établît à l'ouest du village, sur la lande de la Grenouillère. Protégée au nord, à l'est et à l'ouest par deux rivières profondément encaissées, séparée de Maisdon par un ruisseau qui la contourne avant de se jeter dans la Maine, cette lande offrait une position hors ligne, facile à défendre de tous côtés. En plaçant au sud quelques petits postes, on rendait toute surprise impossible. Charette avait appelé l'attention de M. de Kersabiec sur le danger d'un rassemblement opéré si près des garnisons de Nantes et de Clisson, et il est probable que M. de Puyseux, qui était présent, dut joindre ses instances à celles de M. Le Chauff ; cependant non seulement M. de Kersabiec s'entêta à rester dans le bourg, mais, comme s'il eût voulu que le bataillon de Clisson ne pût ignorer sa présence à Maisdon, il fit sonner le tocsin. Au lieu de distribuer des cartouches aux hommes, il les passa en revue, leur présenta un drapeau et leur adressa des paroles éloquentes, mais intempestives ; après quoi les paysans firent la soupe! De postes et de vedettes, il ne fut pas question; la Providence fut seule chargée du service de sûreté. M. de Kersabiec, épuisé, congestionné par la chaleur, était allé s'étendre sur un lit, au presbytère. On ne put obtenir de lui aucun ordre [1], et par malheur M. Le Chauff, poussant trop loin l'esprit de discipline, n'osa prendre le commandement à sa place.

Le cri de : « Voilà les bleus ! » surprit les paysans autour des marmites. Une compagnie du 29ᵉ avait envahi le bourg avant que les chouans ne fussent revenus de leur stupéfaction. Ils hésitèrent un instant, puis voyant l'espace libre derrière eux, ils prirent la fuite. Ce furent deux enfants, Henri et Amand Le Chauff, qui, sur l'ordre de leur père, coupèrent la route aux fuyards, le pistolet au poing. Déjà M. Le Chauff avait rallié presque tout son monde autour de lui; les royalistes commençaient à se ressaisir quand un officier, qui jusqu'alors avait passé pour brave, fut saisi de panique : il jeta son fusil loin de lui en criant: « Nous sommes tous perdus ! » Et il prit honteusement la fuite [2]. Ce fut le coup de grâce pour le courage encore mal affermi

---

1. Déposition de l'abbé Cotteux au procès de Blois :
« M. de Kersabiec se jeta sur un lit pour prendre quelque repos : j'entendis qu'on venait lui demander quelques ordres, et qu'il répondit vivement : « Je ne me mêle point de tout cela ! »
2. Les événements de 1832 ne sont pas encore assez lointains pour que nous publiions son nom. Nous avons d'ailleurs usé maintes fois, dans le cours de cet ouvrage, d'une semblable discrétion à l'égard de personnalités ennemies, voulant avant tout être impartial.

des paysans; désormais rien ne put arrêter la déroute. Pleurant de rage et de désespoir, M. Le Chauff, ses deux enfants et un vieux chouan des grandes guerres, le fermier Jean Lusseau, se retranchèrent derrière un mur où vinrent les rejoindre une cinquantaine de braves gars. Pendant ce temps, Dermoncourt était arrivé près du théâtre de l'action, avec deux compagnies du 32ᵉ de ligne et cinquante gendarmes à cheval; il envoya l'une d'elles soutenir la compagnie du 29ᵉ qui attaquait Maisdon, et comme celle-ci avait reçu, d'autre part, une compagnie de renfort de Clisson[1], la petite bande de M. Le Chauff résistait maintenant à plusieurs compagnies. Mais, chose étrange, les philippistes victorieux furent saisis à leur tour par une terreur inexplicable; il fut impossible de les lancer contre le faible retranchement derrière lequel s'abritaient les royalistes. De part et d'autre on se fusillait follement, hors de portée. A la fin, cependant, les paysans fatigués par un combat qui traînait en longueur et qui ne pouvait avoir de solution heureuse, abandonnèrent leur poste et se débandèrent. Les soldats reprirent courage en voyant le petit nombre de leurs adversaires; ils se lancèrent à leur poursuite[2].

Telle fut l'affaire de Maisdon, à laquelle les his-

---

1. A cette époque, les bataillons étaient de six compagnies.
2. M. de Puyseux avait été blessé à la cuisse au commencement de l'action. Il échappa aux recherches de l'ennemi en se

toriens royalistes ont eu le tort de vouloir donner une tournure héroïque. Les paysans étaient braves, ils se fussent bien battus s'ils eussent été mieux commandés; il n'en est pas moins vrai qu'une déroute ne saurait jamais être glorieuse. Quant aux troupes philippistes, leur victoire n'eut rien de mémorable, car, ainsi que nous l'avons dit, plusieurs compagnies de l'armée régulière furent tenues en échec, pendant plus de deux heures, par quelques paysans mal armés, groupés autour d'un gentilhomme campagnard et de deux enfants.

Ce même jour, 4 juin, avant l'aube, Dermoncourt avait été informé que des rassemblements légitimistes se formaient sur divers points au sud de Nantes. Une pareille nouvelle n'était pas faite pour le surprendre; les papiers saisis à la Charlière lui avaient révélé la date exacte de la prise d'armes. Sans perdre une minute, il envoya au colonel Duvivier, du 32ᵉ de ligne, l'ordre de se porter à la Chapelle-Heulin pour surveiller le pays compris entre le Loroux et Vallet, et soutenir les compagnies du 29ᵉ cantonnées dans ces deux bourgs. Celui-ci attaquerait résolument tout rassemblement qui lui serait signalé; en cas d'échec

---

traînant derrière un pressoir où il trouva un abri momentané. Plusieurs blessés royalistes furent soignés par un médecin *pataud* nommé Dreux, qui, appelé comme témoin au procès de Blois, refusa très noblement de répondre aux questions insidieuses du président Perrot, lequel tentait, par surprise, de lui faire trahir le secret professionnel.

il se replierait sur Clisson, où se trouvait la fraction principale du bataillon auquel appartenaient lesdites compagnies (commandant George).

Pendant ce temps, lui, Dermoncourt, se porterait sur Aigrefeuille et se tiendrait prêt à soutenir les garnisons de Clisson et de Vertou.

A huit heures du matin, le général philippiste se mit en marche par la route de Nantes à Bordeaux, avec deux compagnies d'élite du 32ᵉ et cinquante cavaliers de la gendarmerie mobile. Arrivés à hauteur de la forêt de Touffou, ses éclaireurs crurent apercevoir au loin un mouvement insolite, à l'est de la route. N'osant s'aventurer dans les bois qui la bordent de ce côté, Dermoncourt continua sa marche en avant. Après avoir marché environ quinze cents mètres, il vit des flocons de fumée s'élever au-dessus de la Maine, affluent de la Sèvre qui se jette dans celle-ci à deux kilomètres nord-ouest de Saint-Fiacre, et il entendit le bruit lointain de quelques coups de fusil. Au relais de poste dont les habitants semblaient effarés, on lui raconta que, depuis onze heures du matin, on se battait à Maisdon et à Château-Thébaud, et que, suivant la rumeur publique, un corps de chouans venant de Montbert se dirigeait vers Aigrefeuille. Dermoncourt, en arrivant dans ce village, trouva la garde nationale sous les armes. Il la rassura par de bonnes paroles, puis, guidé par le bruit de la fusillade qui semblait s'apaiser, il marcha dans la direction du théâtre présumé de l'engagement. Il rencontra bientôt un peloton de grenadiers du 29ᵉ. Ceux-ci lui apprirent que les chouans avaient été surpris à Maisdon, et qu'ils commençaient à faiblir. Dermoncourt ordonna aussitôt à la compagnie de voltigeurs du 32ᵉ (capitaine Teyssier) de se porter en avant au pas gymnastique, tandis que l'autre compagnie la suivrait au pas accéléré. On connaît le reste : les paysans découragés plièrent et furent poursuivis jusqu'au passage d'un bac qui se trouvait alors sur la Maine, au sud de Château-Thébaud.

Pendant qu'il se rendait avec le reste de sa troupe sur le lieu du combat, Dermoncourt avait reçu la nouvelle qu'un fort parti de chouans, commandé par Charette et la Robrie, occupait le village de Montbert. Privé de sa compagnie de voltigeurs, il n'osa marcher contre eux ; il reprit donc la route d'Aigrefeuille où la compagnie Teyssier, harassée de fatigue, le rejoignit à huit heures du soir. Les deux compagnies du 29ᵉ l'y rallièrent également avec le commandant George.

Le 8 juin, une colonne de gendarmes et de gardes nationaux, commandée par le lieutenant-colonel d'état-major Paris, rencontra M. de Kersabiec et M. Guilloré à hauteur du château de la Cour-Neuve, à 2 kilomètres au sud des Sorinières, sur la route de Nantes à Bordeaux. M. de Kersabiec était si épuisé moralement et physiquement que son compagnon ne put le faire monter à cheval ni le décider à tenter aucun effort pour se sauver, ce qui eût été facile. Le gendarme Bétand et le tambour de la garde nationale Texier[1] lui mirent la main au collet. M. Guilloré, ne voulant pas abandonner l'infortuné vieillard, se laissa prendre avec lui, dévouement dont il manqua d'être la victime, car, frappés à coups de crosse de fusil et à coups de baïonnette par les gardes nationaux et les gendarmes, les prisonniers faillirent être massacrés par la populace de Nantes, et ne durent leur salut qu'au courage du capitaine de garde nationale Ruellan et du sergent Chevalier, qui les protégèrent au péril de leur vie.

1. Les fanfaronnades et les mensonges du garde national Texier et du gendarme Bétand les firent huer par l'assistance au procès de Blois. — Ce qui n'empêcha pas Bétand d'être décoré de la Légion d'honneur pour le courage qu'il avait montré en arrêtant un vieillard sans force, en présence d'une colonne de gardes nationaux et de gendarmes prêts à lui prêter main-forte en cas de besoin. — Voir aux *Pièces Justificatives* les détails sur cette arrestation. M. Guilloré sauva plusieurs fois la vie à M. de Kersabiec, auquel la canaille en voulait particulièrement, en lui faisant un rempart de son corps. On regrette de ne trouver aucun mot de reconnaissance pour M. Guilloré dans l'ouvrage du vicomte de Kersabiec : *M*ᵐᵉ *la Duchesse de Berry et ses amis.*

CHAPITRE XIII

Dermoncourt est rappelé par Solignac pour contenir la division d'Ancenis victorieuse à Riaillé. — Rassemblement de la division de Saint-Philbert. — Assassinat de Mlle Céline de la Robrie. — Combat du Chêne. — Affaire de la Caraterie. — Entrée de Mme la duchesse de Berry à Nantes.

On se souvient qu'à deux heures de l'après-midi la compagnie nantaise et les volontaires de Rezé, Montbert et Genêton, s'étaient dirigés sur Aigrefeuille. Leur avant-garde rencontra quelques paysans qui furent conduits devant Charette. Ces hommes lui apprirent la malheureuse échauffourée de Maisdon. Le général vit du premier coup d'œil les funestes conséquences d'un événement qui déjouait toutes ses combinaisons. Un moment il eut la pensée de continuer sa marche; mais, quelques instants plus tard, ayant reçu la nouvelle que Dermoncourt et ses troupes étaient déjà presque rendus à Aigrefeuille, il dut y renoncer, car il ne lui était plus possible de réparer la faute impardonnable commise par ses lieutenants à Maisdon : il ne pouvait plus désormais songer à suivre son plan d'opérations, ni à prendre contact avec les Ier et IIe corps; il se trouvait maintenant réduit, pour toutes forces, à la faible colonne en tête de

laquelle il marchait et aux détachements de
MM. de la Robrie et Louis de Cornulier. Il ne
fallait guère compter sur le concours de ce dernier,
dont la petite troupe d'une centaine d'hommes
était rassemblée dans les environs de Machecoul,
à 5 lieues au moins de Montbert. La Robrie devait avoir levé trois ou quatre cents hommes ; sa
mission principale était de veiller à la sûreté de
Mme la duchesse de Berry, dont son fils Hyacinthe
et lui étaient seuls à connaître la retraite.

Préoccupé des dangers que courait la princesse,
sachant M. de la Robrie trop faible pour résister
aux forces considérables de l'ennemi, Charette résolut de se porter à son secours. Il envoya aussitôt à M. Le Chauff, commandant de la division de
Vallet, et à plusieurs officiers de celles de
Maisdon et du Loroux, l'ordre de le rejoindre avec
le plus de monde possible ; il leur faisait savoir
que son intention était de manœuvrer dans les
limites du terrain compris entre les deux routes
allant de Nantes à Bourbon-Vendée, l'une par Aigrefeuille et l'autre par Legé. Ces ordres parvinrent
malheureusement trop tard à leurs destinataires.

Pendant ce temps les événements suivants avaient
lieu dans la division de Saint-Philbert. Se conformant aux instructions reçues, la Robrie s'était borné
à former un rassemblement d'environ trois cents
hommes qui prirent les armes dans la nuit du 3 au 4.
Après avoir désarmé les deux brigades de gendarmerie du Pont-James avec la plus grande facilité et

le plus grand ordre, la petite troupe gagna la forêt de la Freudière, afin de se rapprocher du point de concentration général désigné en cas d'événements importants. M. Edouard de Kersabiec, commandant en second la division de Saint-Philbert, se joignit bientôt à la colonne avec un certain nombre de paysans. Le lendemain 5, la Robrie opérait sa jonction avec Charette à la Grimaudière, où ce dernier avait passé la nuit. La division la Robrie entra dans le village son drapeau déployé, un vieux drapeau de la grande guerre, tout taché de sang et déchiqueté par les balles. « La joie fut vive dans tous les esprits, raconte Charette. On s'embrassa, on se félicita sur ce dévouement qui réunissait sur un même point six cents hommes de cœur[1]. »

Après avoir laissé les gens de M. de la Robrie se reposer quelques instants, Charette dirigea sa troupe vers le Pont-James. Il devait y trouver des vivres que le petit village de la Grimaudière ne pouvait lui fournir. En même temps il envoya cinq ou six cavaliers reconnaître la route de Legé. Ceux-ci poussèrent jusqu'à Saint-Étienne-de-Corcoué. Là ils apprirent qu'une colonne ennemie de huit cents hommes marchait sur le Pont-James.

Dermoncourt, on le sait, était venu cantonner

---

[1]. Le nombre des légitimistes était loin d'atteindre ce chiffre, puisqu'en tout ils n'eurent que quatre cent cinquante-neuf hommes présents au combat du Chêne, d'après l'état que nous avons trouvé dans les archives du IIIe corps.

à Aigrefeuille le 4 au soir. Le 5 au matin, il se porta sur le château de Montbert. Il le trouva évacué par les chouans et dut se contenter d'occuper militairement le village.

Le 6, il reçut du général Solignac l'ordre de rentrer à Nantes avec toutes ses forces, afin de marcher contre les insurgés de la division d'Ancenis, qui venaient d'infliger aux troupes gouvernementales, près du village de Riaillé, un grave et sanglant échec. Dermoncourt quitta aussitôt Montbert, n'y laissant que trois cents hommes. Ceux-ci avaient ordre de se porter sur Saint-Philbert-de-Grandlieu et Machecoul.

La troupe de M. de Charette fut rejointe au Pont-James par MM. Mornet du Temple et un grand nombre de paysans de la division de Legé, venus des paroisses de Saint-Étienne et de Saint-Jean-de-Corcoué malgré la défense de leur chef, M. de Goulaine. Cet officier avait mis tout en œuvre pour les empêcher de partir. Les nouveaux arrivants étaient armés et pourvus de cartouches. Le général les passa en revue; MM. La Roche, Prévost et de Monti leur distribuèrent des Sacrés-Cœurs pour attacher à leurs vestes. Ces braves Vendéens défilèrent devant le drapeau fleurdelisé, que chacun d'eux voulu baiser comme une relique.

Tout à coup le cri : *aux armes!* se fit entendre. Des paysans de Montbert venaient d'arriver hors d'haleine, annonçant que les soldats de Philippe, en quittant le village, avaient prononcé le nom du Pont-James, et que M. de Charette allait être attaqué d'un moment à l'autre. Le général fit aussitôt rentrer ses avant-postes, puis il se porta dans la direction présumée de l'ennemi. Les troupes étaient formées en deux colonnes marchant parallèlement, l'une sous son commandement direct, l'autre sous celui de M. de la Robrie. Ce n'était qu'une fausse alerte. Charette ne trouva aucun adversaire devant lui. Il fit une halte au village de Chiron pour se renseigner sur la marche des philippistes. La colonne ennemie était passée à Saint-Étienne à cinq heures du matin, et elle devait arriver vers sept heures au Pont-James, où on avait fait rassembler des vivres pour mille hommes.

Le petit corps légitimiste se trouvait à environ 4 kilomètres de la Brosse. Ne voulant pas être attaqué sur un point aussi rapproché du refuge de Madame, Charette se dirigea vers le village de la Bélinière, commune de Bouaine, en suivant des chemins détournés et d'un accès difficile, pour dépister les rouges. Son but était d'éviter, jusqu'à nouvel ordre, un combat contre des troupes trop supérieures aux siennes au point de vue du nombre, de l'armement et de la discipline, sans toutefois perdre complètement le contact avec elles; de les attirer sur ses traces, et de ne prendre l'offensive que lorsque celle-ci offrirait des chances de succès, en profitant d'une manœuvre imprudente de l'adversaire, ou en le surprenant dans quelque mauvais pas.

Malheureusement les éléments eux-mêmes semblaient conspirer contre la cause d'Henri V. Le temps, splendide et chaud jusqu'au jour de la prise d'armes, s'était mis à la pluie, une pluie glaciale et pénétrante. Pendant la nuit du 5 au 6, que les légitimistes passèrent à la Bélinière, un orage terrible, accompagné de véritables trombes d'eau, se déchaîna sur eux. Le mugissement du vent, les roulements affreux du tonnerre, des éclairs aveuglants auxquels succédaient des ténèbres opaques, empêchèrent les paysans de prendre aucun repos durant cette sinistre veillée des armes. Les Vendéens perdirent une grande partie de leurs cartouches, qu'ils portaient dans leurs poches où elles furent trempées par la pluie. Cette horrible tempête dura jusqu'au matin.

A l'instant où le jour commençait à paraître, des cris de désespoir glacèrent d'effroi tous les cœurs : « Ma fille ! Ma pauvre fille ! ils l'ont assassinée ! » C'était M. de la Robrie auquel on venait d'apprendre le drame épouvantable dont la Mouchetière avait été le théâtre. Voici ce qui s'y était passé :

Ne se croyant plus en sûreté chez elle, Mme de la Robrie s'était retirée avec ses filles dans une ferme isolée. Ses deux plus jeunes fils étaient au collège de Machecoul, collège dirigé par un ecclésiastique. Celui-ci fut pris de peur à l'idée que la présence d'enfants légitimistes pouvait attirer sur son établissement les foudres des petits bourgeois libéraux. Il fit appeler le fermier de Gargoulet, propriété appartenant à M. Gouëzel, et le pria de donner asile aux deux jeunes gens, ou de les conduire chez leur oncle. Le fermier, un nommé Jacques Renaudineau, observa judicieusement que les enfants seraient bien plus en sûreté parmi leurs camarades que dans une maison suspecte aux yeux de l'autorité ; « mais, ajouta-t-il, puisque l'abbé ne veut point garder les jeunes maîtres, je les reconduirai tout bonnement chez leurs parents ».

Renaudineau emmena donc les collégiens, accompagné d'Honoré Gautier, son beau-frère. Nos voyageurs arrivèrent à destination un peu après midi. Le plus jeune des frères rejoignit immédiatement sa mère dans la ferme où elle s'était retirée. Mlle Céline, la dernière fille de M. de la Robrie, quitta aussitôt cet asile hospitalier pour aller faire accueil aux deux fermiers, près desquels tous les hommes du village que l'âge ou les infirmités avaient empêchés de rejoindre Charette, étaient accourus en habits de travail, quelques-uns avec un morceau de pain à la main, afin d'apprendre *les nouvelles de la ville*. Sur l'ordre de Mlle de la Robrie, on venait de servir à ses hôtes un repas substantiel, quand une voix cria : « Voilà les *bleus* qui arrivent! » Tout le monde prit la fuite, à l'exception de quelques vieillards.

Une compagnie du 17ᵉ léger, commandée par un lieutenant, se dirigeait à travers champs vers la Mouchetière. Elle ouvrit un feu violent sur les fuyards. Gautier et trois domestiques de la maison furent mortellement atteints ; la femme de chambre eut la chance de faire une chute si opportune que la salve passa au-dessus de sa tête. Un sergent s'était mis à la poursuite de M{^{lle}} de la Robrie ; il la rejoignit au moment où elle s'efforçait de franchir un talus : froidement, à bout portant, il visa la jeune fille dans le dos et fit feu. La balle traversa le cœur de la pauvre Céline qui tomba raide morte.

A quelques pas de là, un grenadier renversait Henri de la Robrie, et, lui appuyant sa baïonnette contre la poitrine, il se préparait à l'en percer : l'enfant, sans chercher à se dégager, fixa sur le soldat un regard calme et fier. Celui-ci hésita, se troubla, et n'osa point perpétrer son crime.

Plus heureux que son beau-frère, Renaudineau n'était pas mort, mais, poursuivi par les *libéraux* et ne connaissant pas le pays, il courait éperdument de tous côtés. Les balles sifflaient à ses oreilles. Complètement affolé, il prit une fausse direction. Après avoir erré toute la nuit, il fut très étonné, le lendemain matin, de se retrouver dans la commune de Saint-Philbert-de-Bouaine. Jamais il ne put se rappeler où ni comment il avait passé la Boulogne, rivière que, dans sa course, il avait dû forcément traverser. Quant aux vieillards restés à la Mouchetière, au nombre desquels était un octogénaire, ils furent tous blessés grièvement.

L'assassinat de Céline de la Robrie, loin d'inspirer du remords aux soldats, leur parut une chose fort amusante ; ils traînèrent son cadavre devant la maison. Là, sous les yeux de leurs officiers, ils criblèrent de coups de baïonnette ce pauvre corps de seize ans, qui, les cheveux épars, encore gracieux dans la mort, semblait être celui de quelque jeune martyre chrétienne. Un grenadier trempa sa main dans le sang de l'innocente victime des haines révolutionnaires, et l'appliqua sur le mur du vestibule avec un rire ignoble. Ce sinistre mémorial resta longtemps visible à la Mouchetière.

Agé de quatorze ans à peine, Henri de la Robrie fut conduit à la prison de Legé d'abord, puis à celle de Nantes. Sur le pont de Pirmil, il faillit être massacré par la populace qui n'avait pas oublié les bonnes traditions du temps de Carrier ; les citoyens Casicat et Colombier, hommes de cœur quoique garde nationaux, lui sauvèrent la vie au péril de la leur[1].

1. Les assassins de la Mouchetière ne furent pas inquiétés. Leur chef de bataillon, le commandant Girard, envoya au ministre un rapport qui transformait en brillant fait d'armes les crimes inexcusables commis par ses subordonnés : « Les soldats, disait-il, avaient emporté d'assaut un château défendu par une nombreuse garnison ; Mlle de la Robrie avait été tuée *accidentellement* par une balle perdue ! »
Les mêmes troupes faillirent, peu de temps après, se rendre

L'horrible nouvelle du massacre de la Mouchetière se répandit en un instant parmi les insurgés. Une clameur s'éleva dans la Bélinière : « Aux armes ! aux armes ! Courons au Pont-James et vengeons M{}^{lle} de la Robrie ! »

Charette partageait la douleur et l'indignation de ses hommes; la vue de ce père éploré lui inspirait à lui aussi l'âpre désir de la vengeance; mais il devait avant tout songer à ses devoirs de général. Averti qu'un parti ennemi moins fort que celui du Pont-James marchait à sa rencontre, du côté des landes de Bouaine, il fallait l'attaquer avant que les deux corps philippistes eussent opéré leur jonction. Le général se porta résolument à sa rencontre.

La lande était déserte; au dire des paysans du voisinage, quelques gendarmes seulement y étaient passés le matin. Voulant à tout prix rencontrer l'adversaire, Charette traversa les vastes terrains incultes qui se déroulaient devant lui et s'engagea dans le Bocage vendéen. Pendant que la colonne faisait une courte halte, il apprit que la garnison de Vieillevigne, ren-

---

coupables de nouveaux assassinats. Au cours d'une visite domiciliaire au manoir de la Bauche-tue-Loup, les soldats, sur le refus de M{}^{lles} Bruneau de la Souchais de leur indiquer la retraite où se cachait leur père, les avaient placées contre un mur et s'apprêtaient à les fusiller, quand ils en furent empêchés par le chef du détachement. Cet officier craignait, sans doute, que l'opinion ne s'émût de tant de meurtres de jeunes filles. L'incident nous a été raconté en détails par la vénérable M{}^{lle} Bruneau de la Souchais, qui était âgée de seize ans en 1832 et qui vivait encore en 1896.

forcée par plusieurs compagnies venues à marches forcées des cantonnements voisins, manœuvrait pour l'attaquer. Cent hommes de la garde nationale (nous les citons à titre de figurants, car le rôle des *soldats-citoyens* se bornait à massacrer les blessés et à dépouiller les morts), et quelques brigades de gendarmerie avaient rejoint cette troupe, commandée par le chef de bataillon Morand, du 44e de ligne. D'autre part, le bataillon du Pont-James, d'après les derniers renseignements, semblait vouloir marcher sur les traces des insurgés. « Si la position de M. de Charette devenait de plus en plus critique, du moins avait-il l'assurance que Madame courait moins de dangers. Il avait réussi à éviter le combat sur un point trop rapproché du lieu qu'occupait Son Altesse Royale[1]. »

Au moment où les insurgés sortaient de la lande de Bouaine, Edouard de Monti avait reçu l'ordre de se porter rapidement sur Vieillevigne avec quelques cavaliers, et de désarmer la garde nationale. Il y trouva une section d'infanterie qui, silencieuse et l'arme au pied, paraissait attendre des ordres. N'étant pas en force, M. de Monti se retira sans avoir pu remplir sa mission, et il rallia au village du Chêne la colonne légitimiste qui avait repris sa marche. Les deux partis n'étaient plus qu'à environ une lieue l'un de l'autre.

Charette supposa que le détachement signalé

---

1. *Journal d'un chef de l'Ouest.*

à Vieillevigne était l'avant-garde de la troupe marchant à sa rencontre. Il eut un instant la pensée de le faire enlever; mais, averti que le gros de la colonne ennemie, forte de quatre à cinq cents hommes, approchait rapidement, il dut renoncer à l'offensive et se borner à placer sa troupe dans une position avantageuse pour y attendre les philippistes.

Le baron de Charette nous donne dans son Journal la description de ce qu'était le Chêne en 1832 : « Le village du Chêne-en-Vieillevigne, écrit-il, compte une douzaine de feux. A cent pas de là coule un petit ruisseau qui baigne les maisons du hameau[1]. Un pont de bois sert aux piétons : les chevaux et les charrettes entrent dans un gué qui peut avoir deux pieds et demi de profondeur en été. Le chemin qui y conduit est assez large pour que deux pelotons puissent s'y mettre en bataille et marcher ainsi pendant cinquante pas ; en arrivant au ruisseau, il se rétrécit, et une troupe serait forcée de se former en colonne. A la hauteur du gué, le ruisseau présente une nappe d'eau assez considérable. La haie qui borde l'autre côté du pont[2] suit une direction diagonale au che-

---

1. L'Issoire, qui passe sous la route de Nantes à La Roche-sur-Yon, au sud de Saint-Philbert-de-Bouaine, et se jette dans la Boulogne, à environ 3.500 mètres au nord-ouest de ce bourg. Le Chêne est situé au sud des landes de Bouaine, sur la rive droite de l'Issoire que traverse aussi la route de Vieillevigne à Saint-Philbert. Le gros bourg de Rocheservière se trouve à 6.500 mètres du Chêne.

2. Rive gauche (ouest). Le village et les abords du Chêne ont beaucoup changé depuis 1832.

min. Ce fut derrière cette haie que la compagnie nantaise prit position. Si l'ennemi fût arrivé jusqu'au pont, il aurait été foudroyé par ladite compagnie qui était en partie armée d'espingoles et qui eût fait sa décharge à bout portant, prenant le pont en travers; elle avait ordre de ne faire son feu qu'après celui de l'ennemi. »

Le pont en question se composait de poutrelles sur lesquelles étaient posées perpendiculairement quelques planches. M. de Charette les fit enlever après avoir repassé l'Issoire. Il déploya sa troupe sur la rive gauche. La droite des légitimistes était formée par la division de Saint-Philbert-de-Grandlieu qui avait devant elle les vergers du village; leur gauche par les hommes de Montbert et de Genèton, et par ceux de MM. du Temple; elle faisait face à des jardins. La réserve et les cavaliers étaient cachés dans un pli de terrain, à quelques centaines de mètres en arrière. Craignant d'être pris à revers par la colonne du Pont-James, tandis qu'il serait engagé avec les troupes venant de Vieillevigne, le général envoya des patrouilles dans la direction de Bouaine.

Ces dispositions prises, les insurgés attendirent l'ennemi dans le plus profond silence. Près d'une heure s'écoula sans que rien annonçât l'approche des philippistes. Fatigué de rester dans l'inaction, Charette venait de donner l'ordre de se reformer en colonne, quand on vit accourir un grand vieillard aux cheveux blancs, nu-pieds, couvert de sueur, la chemise entr'ouverte sur la poitrine, et paraissant hors d'haleine.

— « Où est le général ? » dit-il d'une voix entrecoupée.

— « Me voilà, répondit Charette, que me voulez-vous ? »

— « Mon général, les soldats de Philippe vont vous attaquer ; pour les éviter et pour arriver plus près de vous, j'ai couru à travers champs. Prenez vite vos dispositions, car l'ennemi approche. »

Beaucoup de fausses alertes, chose toujours mauvaise pour le moral des paysans, avaient été données depuis la veille ; la trahison pouvait ne pas y être étrangère. Le général avait décidé que tout porteur de fausse nouvelle, dont la malveillance serait absolument constatée, serait passé par les armes.

— « Faites garder cet homme à vue, dit-il à Edouard de Monti[1], et si, dans un quart d'heure, la troupe n'arrive pas, vous le ferez fusiller. »

Le vieux Vendéen redressa sa grande taille un peu courbée par l'âge, et, regardant Charette bien en face :

— « Je comprends votre défiance, Monsieur, fit-il d'une voix fière, mais j'ai combattu près de votre oncle pendant la grande guerre. J'ai reçu trois blessures, dont une m'a laissé cette cicatrice sur

---

1. M. Alexandre de Monti nous a raconté d'une façon beaucoup plus saisissante cette scène à laquelle il était présent.

la poitrine. Oui, vous avez raison, faites-moi fusiller si vous croyez que j'ai sali mes cheveux blancs en trahissant le neveu de mon général ! »

Il n'avait pas fini que la tête d'une colonne philippiste paraissait à la sortie du village. Elle se composait de deux compagnies du 44e de ligne (capitaines de la Croix et Schwin), et d'un détachement de la garde nationale suivant à distance respectueuse.

La compagnie nantaise, nous l'avons dit, était embusquée derrière une forte haie. Seul Charette, ses deux aides-de-camp Monti et Joseph Prévost de Saint-Mars, et quelques paysans formant un petit groupe, se montraient devant le pont. Les soldats, croyant déjà tenir la victoire facile que leurs chefs leur promettaient, rompirent les rangs et coururent sur eux en désordre. C'en était fait de la compagnie la Croix qu'allaient faucher les espingoles de la compagnie nantaise, quand un coup de fusil, parti des rangs légitimistes, fut pris pour un signal par celle-ci qui ouvrit prématurément le feu, alors qu'une section ennemie seulement se montrait à découvert. Les soldats, dont quelques-uns furent blessés, se replièrent précipitamment sur le village. Sans chercher à forcer le passage, le capitaine de la Croix établit sa troupe en avant des maisons; mais il ne la déploya point paralèllement au front des insurgés, et le centre de ces derniers se trouva de la sorte seul engagé. La compagnie Schwin restait en réserve sur la lande, au nord-est du Chêne. Pendant ce temps le commandant Morand, avec ses quatre autres compagnies[1], manœuvrait pour prendre les chouans à revers et traversait l'Issoire au sud du Breuil de Faulx, où le ruisseau tourne à angle droit dans la direction de l'ouest.

La fusillade continua de la sorte pendant une demi-heure, sans grands résultats de part et d'autre. En voyant l'ennemi se replier vers les maisons, MM. du Temple et Bruneau de la Souchais, suivis du nommé Gobin, de Sainte-Lumine-de-Coutais, avaient passé le pont sur les poutrelles. Une section de voltigeurs, abritée derrière un mur, dirigeait sur les insurgés un feu qui devenait gênant. Les trois hardis légitimistes tentèrent, en se glissant le long d'un pré et d'un verger, de gagner un point du terrain d'où ils pourraient prendre de flanc ces tirailleurs incommodes. Malheureusement leur manœuvre fut découverte, et les libéraux leur envoyèrent une grêle de projectiles. M. Bruneau de la Souchais avait devancé ses deux compagnons ; une balle lui fracassa le bras gauche à hauteur du coude, une autre lui laboura le pouce et le poignet, une troisième déchira son vêtement à hauteur du cœur. Il fut obligé de revenir sur ses pas et de prier M. du Temple de lui recharger son fusil. M. du Temple lui rendit ce service, puis, visant

---

1. On n'a pas oublié ce que nous avons dit plus haut : que les bataillons étaient de six compagnies.

un soldat qui se découvrait, il l'atteignit et lui cassa le bras à l'endroit même ou M. Bruneau de la Souchais venait d'être touché.

Comme le combat traînait en longueur, Charette envoya à la Robrie, par M. de Bonrecueil, l'ordre de faire passer le ruisseau aux deux ailes de sa division, afin d'envelopper l'ennemi et d'attaquer le village par toutes ses issues à la fois. « Cet ordre ne put être exécuté, par suite de la difficulté qu'on éprouve à faire manœuvrer des masses non disciplinées. Un mouvement qui n'a pas pour but de courir à l'ennemi ne peut être compris par elles. » Charette prit donc le parti de faire franchir le pont à son centre, sous le feu des libéraux. Il commanda *en avant!* et, suivi de MM. Edouard de Kersabiec, de Beauchamp, Bruneau de la Souchais, il passa le pont et courut vers le village. Au commandement *en avant!* la compagnie nantaise, avec un hourrah frénétique, se précipita d'un seul élan dans le ruisseau débordé, les hommes tenant leurs armes et leurs munitions élevées au-dessus de leur tête. Cet élan magnifique impressionna les libéraux. Sans chercher à défendre le village, ils prirent la fuite en jetant leurs sacs pour courir plus vite, laissant sur le terrain une dizaine de morts et de nombreux blessés. Le vieux général de la Robrie cherchait à se faire tuer en vengeant sa fille; il rejoignit les fuyards, déchargea sur eux ses pistolets, sabra tout autour de lui et revint sain et sauf au milieu des siens, tout couvert du sang de ceux des ennemis qui n'avaient pu lui échapper en se jetant dans les taillis et les haies. Dieu lui réservait une mort plus cruelle [1].

MM. Daviais et Alexandre de Monti, moins bien montés, avaient chargé les libéraux à sa suite; mais, profitant des obstacles du terrain, *les culottes rouges* avaient disparu en un instant. Quant au petit peloton de cavalerie qui se trouvait en arrière de la ligne de bataille, engagé dans des chemins creux impraticables, que la pluie avait transformés en fondrières, il ne put arriver à temps pour couper la retraite aux philippistes.

M. de Charette se demande, dans son *Journal*, s'il ne commit pas une faute en ne poursuivant point l'ennemi, qui était si découragé qu'il ne s'arrêta même pas dans ses cantonnements et se retira jusqu'à Montaigu. « Mais nous devons dire

---

[1]. Voici comment M. Alexandre de Monti nous a raconté cet incident en 1895 : « M. de la Robrie montait un cheval d'une remarquable vigueur ; je le suivais sur un jeune cheval. Dans leur fuite éperdue, les soldats se jetèrent dans un champ entouré d'énormes talus et clos par une barrière que la monture de M. de la Robrie franchit sans hésitation, mais que la mienne refusa. Je mis pied à terre pour l'ouvrir et fus en selle en un clin d'œil. Mais déjà le champ était vide : il n'y restait que deux cadavres. M. de la Robrie avait brûlé la cervelle à un voltigeur et traversé un second d'un coup de sabre; tous les autres s'étaient sauvés en passant à travers la haie où ils se déchirèrent les mains et la figure. »

Nous trouvons la confirmation de ce récit dans un rapport de police relatif à M. de la Robrie : « Lorsqu'il a appris la mort de sa fille, il a parcouru en fureur les rangs carlistes. On dit qu'ensuite il s'est jeté en désespéré sur les troupes patriotes... » (Archives de la Loire-Inférieure.)

que le général ne pouvait ignorer l'approche d'une autre colonne. Si l'on réfléchit à la position désespérée dans laquelle il était placé, on comprendra qu'il eût la pensée de profiter de cette fièvre d'ardeur que cause toujours un premier succès pour attaquer ces nouveaux adversaires. S'il était victorieux dans la seconde lutte, il restait maître d'une grande portion de terrain ; l'insurrection devenait entière dans le IIIᵉ corps. »

Pendant cette première affaire, les royalistes n'avaient eu que quatre blessés : M. Bruneau de la Souchais, un nommé Charon, cultivateur à Saint-Étienne-de-Corcoué, et deux hommes de la compagnie nantaise, les nommés Crouillebois, ex-fourrier, et Dumanoir, ex-gendarme.

Donc Charette, au lieu de s'acharner à la poursuite de l'ennemi, l'abandonna au bout d'un quart de lieue et ramena au Chêne sa petite troupe victorieuse. Il voulait passer en revue ses hommes pour les féliciter de leur belle conduite, et il comptait profiter de ce rassemblement pour remettre un peu d'ordre dans les compagnies mêlées les unes aux autres. L'expérience a démontré que les Vendéens se battent mieux quand ils sont groupés par paroisses, à côté de parents ou d'amis. Les officiers s'occupaient de ce soin important, quand un cavalier vint avertir le général qu'un fort détachement ennemi s'avançait rapidement vers le village, du côté ouest; il occupait probablement déjà la position que les légitimistes avaient prise en arrière du pont, lors du premier engagement. C'était la troupe du commandant Morand; elle avait achevé son mouvement tournant, mouvement exécuté avec une lenteur fort heureuse pour les insurgés, dont la situation eût été critique si l'attaque se fût produite au moment où les compagnies la Croix et Schwin occupaient encore le village.

Il serait inutile de chercher à raconter la manœuvre des légitimistes. A la nouvelle de l'arrivée des *culottes rouges*, le général n'eut le temps de prendre aucune disposition. Sans se préoccuper de leurs officiers, les paysans se ruèrent sur les libéraux dont deux compagnies avaient déjà passé le pont. Chargées sans ordre, mais avec une impétuosité dont les Vendéens ont souvent donné l'exemple, ces compagnies furent refoulées de l'autre côté du pont, que les royalistes franchirent sous le feu de l'ennemi. Les libéraux, étonnés, firent un mouvement rétrograde pour prendre position dans un champ de genêts, à quarante mètres au nord du chemin de Bouaine et parallèlement audit chemin. Les légitimistes se déployèrent derrière un talus; une fusillade violente s'engagea. Le capitaine Laroche, avec une vingtaine d'hommes de la compagnie nantaise et quelques paysans, repassa le pont. Suivant la rive droite de l'Issoire, il traversa de nouveau le ruisseau, puis, prenant d'enfilade le flanc gauche de l'ennemi, il lui fit subir des pertes si cruelles que celui-ci fut obligé d'évacuer le champ de genêts pour aller se reformer en arrière dans le champ voisin, à l'abri d'un talus.

La ligne de tirailleurs du commandant Morand, forte de deux compagnies, occupait maintenant un front d'environ 400 mètres, avec, au centre, un créneau d'une soixantaine de mètres, par lequel deux compagnies massées derrière un talus exécutaient des feux de salves.

Le combat continuait à traîner en longueur quand une terrible averse survint; ce fut un nouveau malheur pour les royalistes, car celles de leurs munitions qui n'avaient pas été mises hors de service pendant la tempête de la veille furent presque complètement trempées de pluie. Les philippistes, pourvus de solides cartouchières, continuaient vigoureusement le feu, tandis que les fusils de leurs adversaires rataient presque à tout coup. Privés de munitions, les paysans se retiraient peu à peu du combat. Il fallait en finir. Charette donna l'ordre aux officiers montés de se joindre à sa petite cavalerie pour charger le flanc droit de l'ennemi, tandis que M. Laroche continuerait à inquiéter son flanc gauche. En même temps le général, se plaçant en avant de sa ligne de bataille avec Prévost et Bonrecueil, commanda la charge à la baïonnette. Craignant d'être tourné, le commandant du bataillon ennemi rallia ses tirailleurs, et commença à se replier lentement et en bon ordre vers le nord-est. Pendant la charge,

M. de Bonrecueil était tombé, les genoux fracassés par une balle.

« Déjà les royalistes s'élançaient à la poursuite des rouges, lorsque quelques coups de fusil se firent entendre derrière eux, du côté de Rocheservière. Alors l'épouvante se mit dans leurs rangs, et ces braves paysans, vainqueurs dans deux combats, qui, un instant auparavant, se précipitaient avec une rare intrépidité sur des troupes disciplinées et supérieures en nombre, prirent la fuite sans connaître le nombre de leurs nouveaux adversaires. La voix du chef fut méconnue : les officiers, malgré leur sang-froid, furent entraînés dans la fuite.

« La colonne qui suivait le ruisseau se trouva naturellement coupée dans ce mouvement de retraite si inattendu ; elle ne put jamais rejoindre les forces principales des royalistes[1]. »

Le détachement philippiste, dont l'apparition venait de causer aux paysans cette déplorable panique, se composait seulement de deux compagnies d'infanterie arrivant de Rocheservière. Si elles n'eussent été conduites avec une incroyable mollesse, les insurgés étaient exterminés, car ils défilèrent devant elles à portée de pistolet. Seul un cultivateur de Saint-Philbert, nommé Thalé, fut atteint mortellement.

Bientôt Charette ne vit plus autour de lui que

1. *Journal d'un chef de l'Ouest.*

deux cents hommes et sa petite cavalerie. M. de la Robrie marcha pendant quelque temps à la tête d'une troisième colonne, mais les deux troupes ne tardèrent pas à se perdre de vue, dans ce pays si accidenté et si couvert. Les deux chefs vendéens ne devaient plus se revoir en ce monde.

Les chouans laissaient morts sur le champ de bataille : M. de Trégomain, jeune et brillant officier « qui était accouru des landes de la Bretagne, ainsi que son frère cadet (ex-officier de chasseurs), pour offrir ses services à Madame [1] »; Grimeau, menuisier de Nantes, volontaire dans la compagnie nantaise; Thalé, déjà nommé, et Guillebaut, cultivateur de Sainte-Lumine. Le comte d'Hanache, ex-capitaine du 5ᵉ de la garde royale, était tombé en teignant de son sang le drapeau de la compagnie nantaise. Bonrecueil, on le sait, avait eu les genoux brisés, et Bruneau de la Souchais le bras fracassé; Crouillebois, Dumanoir, le séminariste Lehuédé, étaient après eux les plus grièvement blessés. Parmi les autres royalistes hors de combat, nous citerons les nommés Dubois (Achille), Reliquet, Tordo (ex-gendarme de Paris), etc...

Nous nommerons les chouans dont la bravoure fut le plus remarquée : Bruneau de la Souchais, d'Hanache, Bonrecueil, Edouard de Monti, Achille Dubois et son frère (sous-caissier de la recette générale de Nantes), Beauchamp, les trois du

---

1. *Journal d'un chef de l'Ouest.*

Temple (officiers de la division de Legé qui avaient pris les armes avec quatre-vingts paysans, malgré les ordres de M. de Goulaine); Hyacinthe de la Robrie; Quillet, cultivateur de Viais; Gobin, de Sainte-Lumine, Pierre Bretagne, de Sainte-Lumine, et un autre brave paysan dont nous regrettons de ne pouvoir citer le nom[1]. Quant à Charette et la Robrie, nous n'en parlerons pas : leurs noms sont synonymes d'héroïsme.

Le général ayant perdu toute liaison avec les colonnes Laroche et la Robrie, il jugea qu'il ne lui restait plus qu'à pourvoir à la sûreté des hommes demeurés sous son commandement direct. Tout en s'éloignant du champ de bataille, il devait en même temps s'écarter le plus possible de la retraite de Madame. Il songeait à rejoindre la division de Machecoul, quand il apprit que, de ce côté-là non plus, il ne pouvait attendre aucun secours. M. Louis de Cornulier, chef de cette division, le fils de celui-ci, capitaine adjudant-major, et M. Louis de Lespinay, commandant le 1ᵉʳ bataillon, venaient, à la tête d'une centaine de paysans et de quelques réfractaires, de subir une glorieuse défaite, près du château de la Caraterie. Au moment où ils se préparaient à rejoindre Charette, ils s'étaient

---

1. Qu'on nous permette d'ajouter à la liste des blessés du Chêne le nom du plus humble, mais non du moins brave et du moins fidèle des combattants : *Hope*, le petit chien de M. Bruneau de la Souchais, blessé d'un coup de feu à l'attaque du village. Le pauvre animal revint à la Bauche-tue-Loup tout couvert de sang, et les craintes furent grandes dans la famille et dans le village en le voyant rentrer sans son maître.

vu attaquer par un bataillon de ligne commandé par le colonel en personne, auquel vinrent se joindre deux compagnies de grenadiers cantonnées dans le voisinage, et la garde nationale de Machecoul. Malgré la disproportion des forces, Louis de Cornulier ne perdit pas courage ; il tint vaillamment tête à l'ennemi, mais l'arrivée d'un nouveau bataillon rendit toute résistance impossible. M. de Cornulier se replia vers un petit bois où il licencia ses hommes. Ceux-ci se dispersèrent et purent échapper facilement à la poursuite des libéraux.

La position de Charette était maintenant désespérée ; sa troupe fondait comme la neige au soleil. Parmi les paysans, les uns regagnaient leurs foyers, les autres, épuisés de fatigue, s'arrêtaient et ne pouvaient plus ensuite rejoindre la colonne. C'en était fait du IIIe corps.

Il était minuit passé quand les légitimistes — ils n'étaient plus qu'une centaine — entrèrent dans la cour du Claudy. Le général fit aussitôt former le cercle, et s'adressant aux paysans :

« Vendéens ! leur dit-il, la confiance que vous m'avez témoignée en m'acceptant pour votre chef me fait un devoir de vous parler avec franchise... Permettez-moi, d'abord, de vous dire que jamais capitaine ne fut plus fier et plus touché du courage et du dévouement de ses frères d'armes ; avec de tels soldats on pouvait, on peut encore tout espérer !

« Vendéens ! notre position est critique ; la

plus grande partie de nos amis sont dispersés, Madame peut d'un moment à l'autre tomber entre les mains de ses ennemis !

« Deux moyens se présentent : le premier se fonde sur un licenciement immédiat (ainsi le veulent peut-être la raison et la politique); le second est de mourir à votre tête. Croyez, nobles Vendéens, que mieux vaut pour moi la mort des braves que d'aller porter ma tête au bourreau.

« Il me reste encore un devoir sacré à accomplir, celui d'aller veiller à la sûreté de Son Altesse Royale; quarante-huit heures me suffisent : ce laps de temps écoulé, je serai au milieu de vous. »

Après une délibération, où MM. de Couëtus, de la Haye, Edouard de Kersabiec et Convins prirent successivement la parole, officiers et soldats opinèrent pour un licenciement immédiat : ne valait-il pas mieux rester vivants, avec l'espoir de reprendre un jour les armes, que de se faire tuer sans aucune utilité? Seuls quelques braves paysans, consultant plus leur cœur que leur raison, réclamèrent la lutte à outrance.

Le licenciement décidé à une grande majorité, on se sépara avec douleur. A deux heures du matin il ne restait plus au Claudy que Charette et ses deux aides-de-camp, les deux frères Le Romain, officiers payeurs du IIIe corps, et quelques autres royalistes aussi dévoués. Ces messieurs se mirent en route à leur tour, guidés par les du Temple. A la pointe du jour ils arrivèrent à la métairie de la Petite-Vergne, en Saint-Jean-de-Corcoué. Là le général prit congé en pleurant de ses amis les plus fidèles. Accompagné seulement de Zaccharie du Temple, qui le quitta le dernier de tous, il parvint à la Brosse après cinq heures de marche. Madame s'y trouvait encore, avec Mlle Eulalie de Kersabiec, MM. de Mesnard, de Brissac, de la Chevasnerie, Hyacinthe de la Robrie (qui s'était beaucoup exposé au moment de la retraite et que tout le monde croyait tué), et Bruneau de la Souchais dont la princesse avait pansé la blessure de ses propres mains [1].

A peine M. de Charette venait-il d'arriver à la Brosse qu'un paysan accourut tout essoufflé : un détachement de troupe de ligne se dirigeait vers la métairie. Ce fut une chaude alerte. La princesse et ses compagnons allèrent se cacher

---

1. M. Bruneau de la Souchais, perdant son sang, avait dû se retirer du champ de bataille. Ses forces défaillaient quand il atteignit enfin la Brosse. On le fit entrer dans une première pièce où se trouvait un gendarme. Il crut être tombé dans un piège et se mit sur la défensive. « Il entra plus avant, sur l'invitation qui lui en fut faite, et reconnut parmi ceux qui venaient lui parler des chouans, et même des amis. L'un d'eux lui offrit de voir Madame : — « Où est-elle ? demanda M. Bruneau de la Souchais. — Ici, lui fut-il répondu. » On le fit entrer dans une chambre où la princesse se tenait avec plusieurs dévoués serviteurs. Lorsqu'elle vit le bras du blessé soutenu seulement par une petite écharpe, la mère du roi voulut elle-même le panser. Elle fut aidée dans ce pansement par Mlle Eulalie de Kersabiec qui ne la quittait pas, puis Madame donna l'ordre de servir quelque nourriture à *son blessé*, comme elle l'appela toujours dans la suite. Elle s'offrit à être la marraine de son dixième enfant, proposant son fils Henri V comme parrain, ce qui fut accepté avec reconnaissance. » (Notes inédites de Mlle Marie-Caroline Bruneau de la Souchais.)

dans un fossé bourbeux recouvert par une énorme haie d'épines; ils y passèrent de longues heures, et Madame voulut que, pour se réconforter, chacun but à sa gourde une gorgée de vin de Lunel. La nuit venue, on rentra dans la maison. Le fermier Jeanneau et deux autres guides vinrent chercher Madame pour la conduire au Tréjet, propriété de Mme Vassal, située à l'embouchure de l'Ognon, sur le lac de Grandlieu, dont le métayer était un autre Jeanneau, cousin du premier. Son Altesse Royale y arriva le 8 juin avant le jour.

Charette estima qu'il serait plus prudent que Madame, pour entrer à Nantes où elle voulait se réfugier, fût accompagnée seulement par Mlle de Kersabiec; en conséquence, MM. de Mesnard, de Brissac, de la Chevasnerie, Hyacinthe de la Robrie et lui prirent congé de la princesse et tirèrent chacun de leur côté.

Dans la soirée, Madame et sa fidèle compagne, guidées par Georges Jeanneau, s'en allèrent coucher à la ferme de la Haute-Menantie, à cinq cents mètres environ au sud du petit village de la Bauche-tue-Loup. Sans avoir été vu des fugitives, un des fermiers de la Haute-Menantie, Alexandre Pouvreau, les suivait et effaçait les traces laissées par les petits souliers à talons hauts de Son Altesse. Madame l'aperçut dans le crépuscule, au moment où on arrivait à la ferme — « Oh! dit-elle, nous sommes trahies! — Non, dit la métayère, ne craignez rien

Madame, c'est mon beau-frère. » La mère d'Henri V prit alors avec confiance et tranquillité un repos dont elle avait grand besoin.

Cette même nuit Alexandre Binet, après s'être vaillamment battu au Chêne, et le brave et fidèle Jean Pichaud, avec un autre vigoureux gars royaliste, se dirigeaient vers la Bauche-tué-Loup ramenant le *blessé de Madame*. « Les nuits sont courtes à cette époque de l'année ; personne ne reposait au village : la nouvelle de la bataille, l'incertitude sur son issue avaient chassé le sommeil de toutes les paupières. Reverrait-on jamais les absents ? Telle était la pensée de chacun. Mme Bruneau de la Souchais, entourée de ses filles aînées, priait à côté des berceaux des plus jeunes. Près d'elles se tenaient Marie Clouet et Martine Couet, femmes de deux braves paysans auxquels M. Bruneau de la Souchais en partant avait confié sa famille, et qui veillaient tous deux au dehors. Vers le milieu de la nuit, on aperçut trois hommes qui s'avançaient avec précaution. Mlles Bruneau de la Souchais reconnurent avec joie que l'un deux était celui qu'elles attendaient avec une si cruelle angoisse. Alexandre Binet et Jean Pichaud n'avaient pas voulu quitter le blessé avant de l'avoir vu en sûreté au milieu des siens. On comprend l'accueil que l'on fit aux deux chouans ; mais ce fut en vain qu'on les pressa de se reposer quelques heures : ils voulaient être de retour à Montbert avant le jour ; ils consentirent seulement à prendre un peu de nourriture. Mlles Bruneau de la Souchais les reconduisirent jusqu'à la porte du jardin, où ces hommes dévoués leur tendirent la main. — « Au revoir, dirent-ils, priez pour les soldats de la Foi. » Et ils s'éloignèrent [1]. Quant à M. Bruneau de la Souchais, il partit le lendemain pour chercher une retraite plus sûre au Moulin-Robert. Le Dr Pellerin de la Vergne, qui vint y panser ses blessures, lui offrit courageusement de le recevoir dans sa maison, à Nantes. M. Bruneau de la Souchais, une paire de grosses lunettes sur le nez et donnant le bras à Mme Piquet, qui était venue l'attendre à la Maillardière, passa devant les espions embusqués au poste de l'octroi, et arriva sans encombre au logis hospitalier où, pendant sept mois, il déjoua toutes les recherches de la police.

Cependant Mme la duchesse de Berry, après une nuit de repos à la Haute-Menantie, s'était réveillée fraîche et dispose, toute prête à reprendre courageusement la suite de ses aventures. Elle se remit en chemin le matin même (vendredi 9 juin), accompagnée de la fermière Françoise Pouvreau (mariée plus tard à François Binet) et de Mariette Doré, métayère au Moulin-Robert. Madame s'était habillée d'une robe à Françoise Pouvreau; ses compagnes portaient un panier d'œufs qu'on devait lui donner pour franchir l'octroi. Les voyageuses se dirigèrent vers Nantes par des chemins de traverse.

---

1. Notes manuscrites de Mlle M.-C. Bruneau de la Souchais.

Arrivées au village du Chêne-Creux, elles furent croisées par un pêcheur du village de Passay (sur le lac de Grandlieu). Ce pêcheur venait de terminer son service militaire, il avait eu plusieurs fois l'occasion de voir la princesse. En passant auprès d'elle, il arrêta son cheval, et, s'appuyant d'une main sur le pommeau de sa selle, il suivit longtemps Madame du regard avant de reprendre sa route. Rentré chez lui, il dit à ses parents : « La duchesse de Berry est entrée à Nantes, je l'ai rencontrée ce matin. » Plus loin la noble fugitive croisa quelques hommes de la Vincée, village voisin de la Haute-Menantie. Ces hommes revenaient de la ville : — « Donnez-vous garde ! dirent-ils ; à Pont-Rousseau on s'attend à voir passer Madame. » — « Oh ! Madame, s'écrièrent Mariette Doré et Françoise Pouvreau, mettez de la terre sur vos pieds ; ils sont trop blancs, vous seriez reconnue[1]. » A l'octroi, on arrêta Madame pour soulever le couvercle du panier d'œufs que ses compagnes lui avaient mis au bras[2]. Un peu plus loin Madame fit une nouvelle rencontre, qui eût pu lui être funeste si elle n'avait pas eu affaire à un homme

---

1. Madame avait tiré les gros souliers qu'on lui avait prêtés et qui lui faisaient mal ; elles les remit avant d'arriver au pont de Pirmil.
2. Notes inédites de Mlle M.-C. Bruneau de la Souchais. — Ces notes reproduisent textuellement le récit que firent Mariette Dorée et Françoise Pouvreau à Mlles Bruneau de la Souchais, à leur retour de Nantes, c'est-à-dire le soir même des événements. Nous avons vu, à la Bauche-tue-Loup, il y a peu de temps encore, les croix et les cordelières d'or que Madame donna aux

d'honneur : elle fut reconnue par le capitaine Mellinet, du 17ᵉ léger, et elle s'en aperçut au regard que l'officier dirigea sur elle. La princesse voulut absolument entrer dans un magasin, pour acheter une pièce d'étoffe qu'elle désirait offrir à Françoise Pouvreau en lui rendant ses effets. Puis eut lieu l'incident bien connu de la marchande de pommes qui pria les voyageuses de l'aider à replacer son panier sur sa tête, et à laquelle la proscrite demanda gaiement un fruit pour prix de ce service. A huit heures, Madame passait place du Bouffay ; elle vit un rassemblement devant une grande affiche. S'en étant approchée, elle y lut ces mots : « ETTA DE SIÈGE. » La proclamation finissait par un signalement assez exact de sa personne. Ce signalement était sans doute le suivant, dont nous avons trouvé la minute aux Archives de la Loire-Inférieure :

Age........	35 ans.
Taille......	4 pieds 7 pouces.
Corps......	assez frêle.
Cheveux.... Sourcils....	blonds.
Front......	bas.
Yeux.......	bleus clairs, un peu brouillés et louches.

deux fidèles paysannes en souvenir de sa reconnaissance, et qui sont pieusement conservées par leurs familles. Nous avons entendu le récit qu'on vient de lire de la bouche même des vénérables demoiselles Bruneau de la Souchais, qui mirent à satisfaire notre curiosité d'historien une bienveillance que nous n'oublierons jamais.

Nez........ ordinaire.
Bouche..... moyenne.
Menton..... rond.
Visage..... ovale.
Teint....... pâle[1].

Quelques instants après Madame arrivait chez les Kersabiec, rue du Château, n° 8. Là Françoise Pouvreau et Mariette Doré quittèrent l'héroïque duchesse, et coururent à l'église Sainte-Croix pour remercier la Sainte Vierge de l'heureux accomplissement de leur mission. Dans la simplicité de leur dévouement et de leur fidélité, elles ne se doutaient pas qu'une place glorieuse serait réservée à leurs noms dans l'histoire de la Vendée.

Madame fut conduite par Mlle Eulalie de Kersabiec, à travers des cours intérieures, jusqu'à un appartement dépendant de la Psalette, dans une petite maison au fond d'une cour de la rue Saint-Laurent. « Cet appartement avait deux issues, l'une sur cette rue, qui est une impasse, l'autre sur la ruelle qui longe la cathédrale. On s'était ménagé des intelligences avec les Michaud, gens au service

---

1. Avec le signalement de la princesse donnons celui de sa compagne, Mlle Eulalie de Kersabiec, que nous trouvons également à la Préfecture de Nantes :

Domicile	Nantes.
Age	30 ans.
Taille	1^m,51.
Cheveux	châtains.
Sourcils	
Front	haut.
Yeux	roux.
Visage	ovale.
Teint	clair.

de cette église ; en cas d'alerte, un panneau mobile de la boiserie, dans la chambre que la princesse occupait, se déplaçant aurait permis de gagner les caveaux de la cathédrale et de sortir, en passant sous l'édifice, dans la rue de l'Évêché, fort loin de la maison suspectée[1]. »

Si Madame était demeurée dans cette retraite, elle eût certainement échappé aux recherches de la police ; mais le curé de Saint-Pierre prit peur ; il dit qu'il craignait pour son église le sort de Saint-Germain-l'Auxerrois, et, brutalement, il déclara qu'il allait faire murer la porte secrète donnant chez les Michaud, si la duchesse de Berry ne déguerpissait pas. C'est alors que Madame se réfugia à quelques portes plus loin, chez les demoiselles du Guiny. La maison communiquait par les caves avec celle de la famille Guilloré ; mais les demoiselles du Guiny, peut-être sous l'influence de mesdemoiselles de Kersabiec, qui, dans leur dévouement un peu absorbant, n'admettaient pas que la princesse fût sauvée par une autre famille que la leur, firent boucher cette communication. La chose coûta la liberté à Madame ; au mois d'octobre suivant, elle fut prise au fond d'une cheminée comme dans une ratière, alors qu'en sortant par la maison des Guilloré qui donnait sur une rue voisine, il lui eût été facile de s'évader.

1. *Récits et Souvenirs*, par le vicomte de Kersabiec.

CHAPITRE XIV

Les victimes du combat du Chêne. — Les gardes nationaux d'Aigrefeuille massacrent M. Charles Bascher. — Meurtre du comte d'Hanache, de M. de Bonrecueil. — Récit d'un capitaine de la garde nationale. — Les paysans libéraux détroussent les morts. — Mort du vieux la Robrie.

Sous le gouvernement de Juillet, tout mouvement de troupes était invariablement accompagné d'une longue suite de meurtres et de cruautés. La tentative du 4 juin devait en grossir encore le nombre.

Après l'échauffourée de Maisdon, le colonel Bascher qui, malgré son grand âge et sa cécité presque complète, avait si noblement répondu à l'appel de Madame, quand tant de royalistes jeunes et vigoureux disparaissaient à l'heure du combat, le colonel Bascher, disons-nous, avait été conduit dans une retraite sûre par son fils Charles, ancien officier d'infanterie [1]. Ce devoir filial accompli, Charles Bascher avait rejoint, au village de la Hautière, M. Le Chauff et le jeune Henri Le Chauff. Tous trois étaient entrés chez le nommé Poiron,

---

1. Charles Bascher, âgé seulement de quatorze ans, prit les armes en 1815 et servit brillamment pendant toute la campagne; il fut blessé d'une balle à la tête au combat de Rocheservière, aux côtés du général de Suzannet.

dont l'habitation était située entre une cour et un jardin. Fatigués par une longue marche, pendant laquelle ils avaient traversé deux fois la Maine, ils venaient de quitter leurs vêtements humides pour prendre quelques instants de repos, lorsqu'un paysan ouvrit précipitamment la porte donnant sur la cour, en criant : « Voici la troupe ! » M. Le Chauff le père était en train de remettre ses souliers, et M. Bascher encore pieds nus. Les trois royalistes s'élancèrent dehors, résolus à disputer énergiquement leur vie aux philippistes. En escaladant un petit mur, M. Le Chauff tomba; tandis que son fils l'aidait à se relever, Bascher prit sur eux quelques mètres d'avance. Ce dernier venait de dépasser l'angle d'une petite maison quand il s'arrêta brusquement. Ses deux compagnons le rejoignirent, et aperçurent à six pas d'eux une compagnie composée de gardes nationaux d'Aigrefeuille et d'une section de grenadiers, sous le commandement du capitaine de garde nationale Roch. Les royalistes firent demi-tour; les troupes tirèrent sur eux, mais si maladroitement, suivant leur habitude, qu'Henri Le Chauff fut seul atteint d'une balle à la cuisse. M. Le Chauff, s'embarrassant dans les lacets de ses souliers, tomba pour la seconde fois, la face contre terre. On le crut tué. Un garde national lui lança un coup de baïonnette en lui disant : « Tu en as assez, bougre de chouan! » M. Le Chauff portait une blouse très ample; au lieu d'entrer en plein corps, l'arme ne fit que l'effleurer. Comprenant que sa vie dépendait de son immobilité, il se raidit contre la douleur, sans faire aucun mouvement. Le lâche bourreau s'apprêtait nonobstant à le percer d'un second coup, lorsque Charles Bascher, qui s'était blotti derrière un talus, leva imprudemment la tête pour voir ce qui se passait, et attira ainsi l'attention des rouges[1]. Les gardes nationaux et les soldats se précipitèrent de ce côté. M. Le Chauff en profita pour se relever prestement et se cacher dans un buison, tandis que son fils se traînait jusqu'à un taillis voisin.

Pendant ce temps les gardes nationaux, sanguinaires comme tous les lâches, s'étaient jetés furieux sur Charles Bascher, qui, désarmé, ne leur faisait plus peur. Ils lui lièrent les mains derrière le dos, si fortement que les cordes entrèrent dans la peau en faisant jaillir le sang, puis la colonne se mit en marche.

Harassé de fatigue, ne pouvant marcher qu'avec peine, car il avait les pieds nus et écorchés, Bascher pria qu'on desserrât ses liens et qu'on ralentît un peu le pas. Pour toute réponse, un garde national lui envoya dans le dos un coup de poing qui le fit rouler en bas d'un petit ravin bordant le chemin, et un officier donna l'ordre de le fusiller, sous prétexte *qu'il avait cherché à s'échap-*

---

[1]. Notes d'un officier de la division de Vallet. Ce témoignage est confirmé par celui des frères Saillant, également témoins oculaires.

per en se jetant dans ledit ravin. Bascher demanda quelques instants pour se préparer à paraître devant Dieu : on les lui refusa [1]. Le brave royaliste tomba frappé de cinq balles. S'apercevant qu'il respirait encore, ses bourreaux, gardes nationaux et grenadiers, se ruèrent sur lui, lui crevèrent les yeux à coups de baïonnette, lui tailladèrent le visage à coups de sabre, et, à coups de crosse de fusils, lui réduisirent la tête en bouillie, à tel point qu'un espion chargé de reconnaître l'identité de la victime ne put savoir lequel des trois officiers il avait sous les yeux. Deux paysans, les frères Saillant, avaient été arrêtés à la Hautière avec Charles Bascher ; ils furent témoins du meurtre, et Dieu permit qu'on leur laissât la vie sauve pour qu'ils pussent conserver

---

[1]. Voici le rapport fantaisiste qu'envoya le commandant George, du 29e, au bataillon duquel appartenaient les grenadiers qui marchaient avec M. Roch :

« Le 8, un détachement de soixante hommes, dont vingt gardes nationaux, partit d'Aigrefeuille sous le commandement de M. Roch, capitaine de la garde nationale, comme localiste, secondé par M. de Croizilles, sous-lieutenant du régiment, se dirigeant sur le village de la Hautière, où l'on était informé que s'étaient réfugiés quelques chefs de chouans avec l'intention de former une nouvelle bande. Plusieurs individus ayant pris la fuite à l'approche de la troupe, on leur fit quelques décharges sans pouvoir en atteindre. Le village ayant été cerné, un chouan fut aperçu des grenadiers qui coururent pour l'arrêter. Fort heureusement le coup qu'il tira ne blessa personne, et en un instant il fut percé de coups de baïonnette. On présume que c'était un nommé Bascher. »

Ce rapport est en contradiction flagrante non seulement avec notre récit, mais avec celui de M. Roch. Tous les rapports d'officiers libéraux de 1832 sont également véridiques. La Révolution vit de mensonges.

à l'histoire des guerres civiles de l'Ouest ces horribles, mais précieux détails[1].

Le lendemain 9 juin, des perquisitions minutieuses furent opérées dans toutes les maisons de la Hautière, afin de découvrir le *cadavre de M. Le Chauff* qu'on disait avoir été caché par les paysans.

Le jeune Henri Le Chauff avait été recueilli par M. Hallouin de la Pénissière, maire de Saint-Fiacre. Sa blessure, très grave, l'obligeait à garder le lit, et, comme on redoutait la visite des

---

[1]. Notes manuscrites déjà citées.
Les frères Saillant accusèrent *toujours* formellement le capitaine de la garde nationale, M. Roch, d'avoir ordonné qu'on fusillât Bascher. D'autre part, au moment des élections de 1848, M. Roch protesta de son innocence dans un long factum. A l'appui de ses dires, il publia la déclaration du sous-lieutenant de l'armée active qui marchait avec la garde nationale d'Aigrefeuille :
« Je déclare que, le 8 juin 1832, près de la Hautière où nous avions pris le sieur Bascher, que M. Roch, commandant le détachement, avait expressément voulu conserver comme prisonnier, malgré le feu qu'il avait fait sur nous, c'est moi qui, en route et à l'insu de M. Roch marchant en tête avec ses gardes nationaux, ai laissé fusiller le sieur Bascher par mes grenadiers, attendu qu'il refusait de marcher et que je m'attendais à être attaqué par un grand nombre de paysans qui me paraissaient disposés à venir le délivrer. En foi de quoi j'ai délivré le présent certificat.-

« MANOURY DE CROIZILLES,
« *Sous-lieutenant au* 29e *de ligne.*
« Aigrefeuille, 9 juin 1832 .»
Il paraît que les officiers du 29e de ligne tenaient à se signaler par des exécutions sanglantes : après le meurtre de Cathelineau, celui du malheureux Bascher.
Pour sa défense, M. Roch invoque le témoignage *du propre frère de la victime.* Dans le dossier relatif à cette affaire, dossier que nous avons entre les mains, nous trouvons des choses si étranges que nous ne voulons et ne saurions exprimer ici aucune opinion personnelle.

gardes nationaux qui avaient l'habitude révolutionnaire de massacrer les prisonniers, on lui mit sur la tête une coiffe de paysanne. Six semaines plus tard, les *soldats-citoyens* envahissaient la maison de M. Hallouin et la fouillaient de fond en comble. — Ils s'arrêtèrent longtemps dans la chambre du blessé dont la face imberbe, les traits émaciés par la souffrance ne permettaient pas de soupçonner l'identité. Le prenant pour une jeune fille, un des pseudo-soldats lui raconta, avec des gestes de tranche-montagne, que M. Le Chauff était mort, mais que, si on parvenait à découvrir son fils, lequel se cachait dans les environs, l'affaire de celui-ci serait vite réglée.

Cependant l'état du jeune royaliste s'aggravait; l'enflure de la jambe était telle qu'une opération ne semblait plus possible ; d'ailleurs, en ces temps troublés, comment trouverait-on un médecin assez courageux pour venir le soigner à la Hautière, au risque d'être massacré par les énergumènes révolutionnaires? Un honorable médecin de Nantes, M. le Dr Thibaut, répondit sans un seul instant d'hésitation au premier appel de M. Hallouin ; la balle fut habilement extraite, le blessé se rétablit promptement.

Nous avons dit que le comte d'Hanache, ancien écuyer de Madame, était tombé dangereusement frappé sur le champ de bataille du Chêne, inondant de son sang l'étendard fleurdelisé de la compagnie nantaise. Au moment de la retraite, Joseph

Prévost de Saint-Mars l'avait chargé sur ses épaules; mais les souffrances du blessé étaient si atroces qu'il avait supplié qu'on le laissât à terre. Ses camarades, navrés de l'abandonner, le déposèrent dans un champ de blé où, complètement couvert, il aurait échappé à la mort s'il y était resté jusqu'à la nuit. Mais, après trois heures d'attente, souffrant le martyre et n'entendant plus rien autour de lui, il quitta sa retraite. En ce moment un détachement ennemi passait sur la route ; l'officier qui le commandait eut le triste courage d'ordonner qu'on achevât le blessé! D'Hanache mourut comme il avait vécu, en soldat sans peur et sans reproche.

M. de Bonrecueil, capitaine d'infanterie démissionnaire en 1830, avait eu l'honneur de recevoir Madame sous son toit après son débarquement en Provence[1]. La princesse lui avait dit en le quittant: « Au revoir, en Vendée! » Et il l'avait suivie, abandonnant une femme et des enfants bien-aimés, une vie heureuse et calme sous le beau ciel du Midi, consommant le double sacrifice de ses affections et de sa vie, sans que, dans la simplicité de son âme chevaleresque, il crût faire autre chose que son strict devoir. Les genoux traversés par une balle, au moment où il chargeait en tête de ses camarades, on l'avait hissé sur un cheval auprès de M. Reliquet, gravement blessé lui aussi.

1. *Journal d'un chef de l'Ouest.*

L'animal, effrayé par la fusillade, fit un violent écart, et Bonrecueil fut jeté à terre. Il ne put remonter, car le cheval, de plus en plus énervé, ne voulait pas rester tranquille. Sur ses membres broyés, le malheureux officier se traîna péniblement jusqu'au village voisin. Son sang coule à grands flots, ses forces l'abandonnent. Enfin il tombe épuisé sur le seuil d'une maison. Mais c'est chez un révolutionnaire qu'il a frappé, et les *patauds* ne respectent pas les lois sacrées de l'hospitalité. Le fils des sans-culottes veut toucher le prix du sang, les quinze francs que le gouvernement accorde aux délateurs. Après avoir dévalisé son hôte, il court avertir la police, et, le lendemain matin, Bourecueil est conduit à Rocheservière, sur une misérable charrette dont les cahots augmentent ses souffrances. Il y arrive mourant ; cependant on a la cruauté de lui faire subir l'amputation de la cuisse, et de le jeter ensuite, comme un chien, sur la paille d'un taudis infect transformé en prison. Quelques heures plus tard, le capitaine Auguste de Bonrecueil expirait loin de son pays et des êtres qui lui étaient chers, victime d'une fidélité qui fut une leçon, et dut être un remords pour plus d'un Vendéen.

Nous ne pouvons parler ici en détail de tous les braves royalistes qui, au combat du Chêne, versèrent leur sang pour la cause d'Henri V, mais nous ne terminerons pas ce chapitre sans raconter la triste fin dé M. de la Robrie, le plus dévoué, le plus héroïque, le plus infortuné des chouans de 1832.

Après l'assassinat de la malheureuse Céline, presque tous les membres de la famille s'étaient réfugiés à Nantes; mais M. de la Robrie ne voulut pas quitter le théâtre du crime. Deux de ses filles se retirèrent dans leur maison de Louvrardière, tandis que lui-même, sous le coup d'un mandat d'amener, poursuivi par les gendarmes et par la troupe, recherché par les espions et les délateurs rétribués ou officieux dont le pays fourmillait, il vivait dans les bois, se cachant dans les buissons où il dormait enveloppé d'un manteau de toile cirée [1]. Tous les soirs, une des demoiselles de la Robrie déposait dans une cachette convenue un panier contenant des vivres, et parfois des effets de rechange ; le vieux chouan l'y prenait et laissait à sa place le panier vide de la veille. Un signal connu d'elles seules les avertissait des absences ou du retour de leur père. Pour marcher sur les routes, M. de la Robrie mettait des chaussons par-dessus ses souliers, afin de dissimuler la trace de ses pas. Dans les endroits les plus dangereux, il prenait la précaution de marcher à reculons [2]. Tandis que le noble vieillard menait cette rude existence, sa résignation et la tranquillité de son âme étaient parfaites : il avait vu assassi-

---

1. Quand vint l'automne, il arriva souvent que le vieillard, en s'éveillant, trouvait ses cheveux collés au sol par la gelée blanche.
2. Notes manuscrites de Hyacinthe de la Robrie.

ner sa fille, que-lui importait la vie désormais?

Le 30 octobre 1832, le panier vide n'avait pas été remis dans la cachette ; on y laissa néanmoins celui du jour, mais le lendemain on le retrouva intact. Une cruelle inquiétude étreignit le cœur de Mlles de la Robrie ; cependant, comme nulle part il n'était question de l'arrestation de leur père, elles pensèrent qu'il avait dû s'éloigner momentanément, fort étonnées pourtant qu'il ne les en eût pas prévenues, car, la veille, il était entré dans la chaufferie où ses gens étaient réunis, et s'était montré ce soir-là moins triste que de coutume. Trois jours se passèrent en recherches infructueuses ; personne ne savait rien au sujet du vieil officier.

Le 3 novembre, un passant matinal le trouva expirant à l'entrée du village de Saint-Colombin. Se sentant très malade, mais craignant d'attirer de nouveaux malheurs sur sa famille, M. de la Robrie n'avait voulu chercher du secours ni chez sa sœur ni chez aucun des siens. Des paysans l'avaient recueilli chez eux, la chose n'était pas douteuse ; puis, lorsqu'ils l'avaient vu à l'article de la mort, la cupidité et la peur étouffant la voix de la conscience, ils l'avaient déposé sur le chemin, après l'avoir dépouillé de 900 francs en pièces d'or qu'il portait à l'intérieur de ses bretelles et qu'on ne trouva pas sur son cadavre. Sa montre, tout au contraire, qui était fort connue dans le pays parce qu'elle était d'un modèle extraordinaire (elle indiquait les jours de la semaine et le quantième du mois), lui avait été laissée par ses hôtes aussi prudents que peu scrupuleux[1].

Disons à ce propos que si les gardes nationaux avaient pour habitude d'achever les blessés, les *patauds* des campagnes avaient celle de dépouiller les morts. Le sieur Pierron, capitaine de la garde nationale de Vieillevigne, nous apprend dans un récit manuscrit du combat du Chêne, qu'aussitôt les belligérants partis, le champ de bataille fut envahi par un grand nombre de paysans *libéraux*. Ceux-ci trouvèrent des valises contenant des sommes assez considérables : « Je connais, écrit notre garde national, des habitants de la commune qui étaient dans la plus grande misère et qui, maintenant, sont fort à leur aise, ayant acheté et fait bâtir des propriétés qu'ils ont payées avec l'argent du Chêne. D'autres, plus maladroits, ont brûlé un certain nombre de billets de banque, de peur de se compromettre : MM. Bosque, de Bonrecueil et le comte d'Hanache ont été dévalisés par les habitants, et non par les gardes nationaux, comme on a voulu le dire[2]... Le capitaine de la Croix m'avait prévenu

---

1. Le dimanche suivant, des gens de la campagne causant de l'événement dans une maison hostile aux royalistes, et se livrant à des conjectures sur le lieu où M. de la Robrie avait passé ses derniers moments, un enfant s'écria : « Ah ! je sais, moi, où il est mort : c'est chez nous ! » On lui imposa silence. Cet enfant n'était pas de Saint-Colombin. (Manuscrit de Hyacinthe de la Robrie.)

2. Probablement par les uns et les autres. Le récit manuscrit

que le comte d'Hanache, son ami intime (ils sortaient tous deux des gardes du corps), avait une très belle montre à répétition valant sept à huit cents francs. Je savais que L...[1], du village de Lendefrère, l'avait. Je voulus la lui faire rendre ; il me remit une mauvaise montre en argent valant à peu près quinze francs... »

Pour en revenir à M. de la Robrie, nous ajouterons que, même en face de son cadavre, la férocité révolutionnaire ne devait pas désarmer. L'espion qui guidait habituellement les colonnes envoyées pour faire des arrestations, un libéral du pays auquel son triste métier procurait de sérieux bénéfices, fut un des premiers arrivés sur le terrain où gisait le vieux royaliste : injuriant ce corps inanimé, il le poussa du pied, et il se préparait à lui fracasser la tête d'un coup de fusil, quand le brigadier de gendarmerie l'en empêcha.

M. de la Robrie fut enterré dans l'église de Saint-Colombin, trop petite pour contenir la foule émue et pressée autour du cercueil du héros vendéen[2], dont les vertus privées égalaient la vail-

---

du citoyen Pierron, qui raconte à sa façon le combat qu'il a vu peut-être d'un peu loin, se trouve à la Bibliothèque municipale de Nantes. Les impressions de ce petit bourgeois déguisé en soldat, qui parle en tacticien autorisé et traite de peureux les officiers de l'armée régulière derrière lesquels il marchait, sont assez curieuses à lire.

1. Nous ne voulons pas, pour l'instant du moins, donner ce nom qui figure en toutes lettres sur le manuscrit, les descendants du triste personnage étant peut-être d'honnêtes gens.

2. — « Voyez donc comme cela arrive à pleins chemins !

lance. Il était le sixième de sa famille qui, dans l'espace de quarante ans, mourait pour les Bourbons ingrats.

La tentative de Mme la duchesse de Berry avait réveillé toutes les haines, toutes les férocités, toutes les niaiseries révolutionnaires. L'extrait que nous allons donner ci-dessous d'un ouvrage écrit par un libéral[1], nous montrera, entre mille exemples analogues, quels sommets de bêtise et de sauvagerie pouvaient atteindre les *patauds* de Pornic.

« Quelques jours après l'inutile expédition de Machecoul, Dermoncourt vint à Pornic pour y passer la revue des gardes nationaux du canton et de ceux de Bourgneuf. Cette revue eut lieu un dimanche.

« Un jeune enfant, âgé de dix à onze ans, gardait ses vaches dans un champ près le Vieux-Cendier, d'où il voyait flotter au vent les drapeaux des deux gardes nationales réunies. A cet âge on est un peu singe, on aime à imiter ce qu'on voit faire. Il avait une longue gaule qui lui tenait lieu de houlette; il lui prit fantaisie d'en faire une hampe, au bout de laquelle il attacha, en guise de drapeau, son mouchoir originairement bleu, mais devenu blanc à force d'être lavé. Fier de rivaliser avec les drapeaux de la terrasse, et por-

---

disait une *pataude*; on n'a jamais vu autant de monde aux plus grandes fêtes. » — « Sois tranquille, lui répondit le père Padioleau, fermier de M. Gouëzel, on n'en fera pas autant pour toi ! » (Notes de Hyacinthe de la Robrie.)

1. Carou, *Histoire de Pornic.*

tant le sien haut et ferme, il marchait gravement au pas devant ses vaches.

« Ce manège attira l'attention de quelques spectateurs oisifs de la revue. Ils donnèrent l'éveil. Ce drapeau blanc arboré en face du drapeau tricolore ne pouvait avoir d'autre but que d'insulter les couleurs nationales; le provocateur du délit ne pouvait être qu'un légitimiste. Quelqu'un se hasarda à prononcer par hasard, ou *méchamment* peut-être, le nom de M. Desplantes. Ce fut un trait de lumière : on connaissait son attachement aux Bourbons; la maison de campagne de la Massardière qu'il habitait était dans le voisinage, le champ où était l'enfant devait dépendre de sa propriété, et l'enfant lui-même devait être attaché à son service. En fallait-il davantage pour démontrer la culpabilité de celui contre lequel se réunissaient des charges aussi graves ? Déjà on se disposait à marcher sur la Massardière où l'on se serait probablement livré aux excès les plus déplorables, lorsque quelques hommes, plus calmes ou plus sensés que les autres, affirmèrent que l'enfant était le fils de la veuve Lassale, qu'il demeurait à Pornic avec sa mère, et que le champ où il gardait ses vaches n'appartenait pas à M. Desplantes, mais à M. Jean Benoist dont personne ne pouvait suspecter le patriotisme.

« Cette observation, qui était vraie, apaisa l'irritation des esprits. Mais si l'on ne pouvait plus accuser aussi directement M. Desplantes, on s'obstinait toujours à croire que c'était à l'instigation d'un royaliste quelconque que l'enfant avait mis un mouchoir blanc au bout de sa gaule.

« Deux paysans, gardes nationaux de Bourgneuf, courent vers le jeune berger qui continuait à se pavaner avec son drapeau, le saisissent brutalement et le traînent, malgré ses cris, jusqu'au général qui, *pour plaire à la foule*, affecte de croire à un délit et fait subir au jeune conspirateur un interrogatoire aussi long que ridicule[1]. L'enfant ne répond que par des sanglots. »

Informé de cette affaire, l'auteur du récit que nous reproduisons ici, M. Carou, juge de paix à Pornic, accourt en toute hâte sur le théâtre du drame. Il décline ses nom et qualité à Dermoncourt, et lui fait observer, avec les ménagements convenables, que, vrai ou faux, le délit n'appartient pas à la justice militaire, mais est du ressort du juge de paix. Le héros révolutionnaire consent alors à lui livrer l'enfant. Mais les deux paysans qui avaient arrêté le petit pâtre, deux brutes acharnées, veulent escorter leur prisonnier de peur qu'il ne s'échappe. M. Carou y consent, pour ne pas exciter la méfiance de la foule stupide. Arrivé à la justice de paix, il interroge l'enfant et reconnaît immédiatement son innocence :

1. Il y a loin de ce général populacier au soldat chevaleresque, au joyeux soudard en lequel on a voulu transformer Dermoncourt. Le livre fourmillant d'erreurs, prouvées du reste, qu'Alexandre Dumas a publié sous le nom de Dermoncourt, *la Vendée et Madame*, acheva de tromper le public sur le personnage en question.

— « Pourquoi as-tu attaché ton mouchoir blanc au bout de ta gaule?

— « C'était, répond l'enfant, pour faire comme les autres : je ne savais pas que c'était défendu.

— « Quelqu'un ne t'aurait-il pas engagé à te servir de ton mouchoir pour en faire un drapeau?

— « Non, car j'étais tout seul avec nos vaches.

« A ces mots l'un des paysans rugit comme un tigre : — « Tu mens! » s'écria-t-il, avec un accent de voix épouvantable. Et armant son fusil, il en dirigea le canon sur la poitrine de l'enfant, en lui déclarant que, s'il ne nommait pas à l'instant même son conseiller, il allait le tuer comme un chien.

« Le regard farouche de cet homme, ses traits bouleversés par la colère et par l'ivresse, rendirent le pauvre enfant muet de frayeur, et ne me donnèrent que trop lieu à moi-même de craindre qu'il n'ensanglantât mon prétoire par un lâche et barbare assassinat; mais n'ayant aucun moyen de m'y opposer par la force, je m'écriai avec indignation :

— « Malheureux! êtes-vous père?

« A cette brusque question, il me regarda d'un air hébété; mais sans relever son arme, et il me répondit d'un ton bref et dur :

— « Oui, j'ai deux garçons.

— « Eh bien! repris-je, si, au moment où je vous parle, l'un de vos garçons s'amusait à mettre un mouchoir blanc au bout d'un bâton, et qu'un bon patriote comme vous commençât par le tuer d'un coup de fusil, sans s'inquiéter de savoir s'il est innocent ou coupable, quel ne serait pas votre désespoir, lorsque le soir, à votre retour, on vous apporterait le cadavre sanglant de votre fils !

« Cet argument *ad hominem*, et en forme de prosopopée, produisit un effet magnifique. Le féroce paysan, s'imaginant sans doute que le Ciel s'apprêtait à venger sur son fils la mort de l'innocente victime qu'il se préparait à immoler, et croyant déjà voir se dresser devant lui le corps inanimé de son enfant pour lui reprocher son crime, pâlit d'effroi à son tour. Il releva précipitamment son arme, se retira silencieux dans un coin de la chambre, et il me laissa tranquillement achever mon interrogatoire[1]. »

---

[1]. Dans son ouvrage, M. Carou n'échappe pas à la manie générale de donner à Madame le don d'ubiquité. C'est ainsi qu'il la fait cacher à la *Gressière*, à 6 kilomètres de Pornic, où elle ne mit jamais le pied. Nombreuses sont les familles de l'Ouest qui, la même nuit, sur les points les plus différents de la Bretagne, de la Vendée ou de l'Anjou, eurent l'honneur d'offrir l'hospitalité à la mère d'Henri V ! Il est aisé de détruire ces légendes, flatteuses pour la vanité de certains, car les traces de Madame sont faciles à suivre heure par heure.

CHAPITRE XV

Charette recherché vainement par la police. — Madame s'obstine à rester à Nantes. — Perquisitions. — Solignac ameute la canaille. — Il est remplacé par Drouet d'Erlon. — Affaire de la Visitation. — Madame commence à s'inquiéter. — Deutz et Thiers bien faits pour s'entendre. — Mme de la Ferronnays fait conduire Deutz à la retraite de la princesse. — Fin de la Vendée Militaire. — Evasion de Charette et de Bourmont. — La famille royale comble d'avanies ceux qui ont pris les armes pour Henri V.

Lorsqu'il sut Mme la duchesse de Berry parvenue saine et sauve chez Mlles du Guiny, Charette respira plus librement ; il ne lui fut pas difficile de trouver une retraite d'où il pût correspondre journellement avec la princesse, par l'entremise de M. Le Romain. Madame s'entêtait à ne pas quitter le pays ; quoiqu'elle dût être fixée sur le dévouement de la majorité des chefs vendéens, elle ne voulait pas abandonner la partie. De son humble mansarde de la rue du Château, elle entretenait une volumineuse correspondance avec les chefs restés fidèles, et même avec les cours étrangères.

Quant à Charette, la police le cherchait partout et ne le trouvait pas, malgré les récompenses offertes pour sa capture, récompenses propres à exciter le zèle de tous les délateurs et de tous les espions, comme nous le montre une dépêche du ministre de l'intérieur, transmise de Tours à Nantes le 30 juillet 1832 :

« *M. le ministre de l'intérieur à M. le préfet d'Indre-et-Loire.*

« Je vous prie d'envoyer par estafette la dépêche suivante à M. le préfet de la Loire-Inférieure :
« S'il est vrai que M. de Charette ait été aperçu dans le bas-pays, faites-le rechercher avec le plus grand soin. Toutes vos promesses pour prix de son arrestation seront promptement tenues; je ne vous impose aucune limite à ce sujet; je m'en rapporte entièrement à vous.

« Pour le ministre et par son ordre :
« *Le directeur du Télégraphe à Tours,*
« BOURGOING. »

Dermoncourt, qui se croyait un policier très habile, n'était pas plus heureux, et les renseignements qu'il envoyait à Maurice Duval étaient éminemment inexacts :

« Monsieur le Préfet, écrivait-il quelques semaines plus tard, j'ai l'honneur de vous informer que, d'après ce que m'ont dit M. le maire et M. l'adjoint de Saint-Fiacre, il paraît que M. de Charette rôde dans les communes de Maisdon, Saint-Fiacre, la Haie et Château-Thébaud. Dans la nuit du 1er au 2, on croit qu'il présidait à un rendez-vous à la croix de l'Omelette, entre Saint-Fiacre et Maisdon. On m'a désigné comme s'y étant trouvés les nommés Maillard, de Saint-Fiacre, et Thomas, de la Bouchinière en Saint-Fiacre, Cafin, des Herbillés (?) en Château-Thébaud, Bebion, du Doigt-en-Maisdon, et Barbottin, de la Hautière. Le nommé Aventure, de Maisdon, paraît être celui qui porte les nouvelles; je donne avis de cela à M. le commissaire central de police, qui les fera interroger s'il le juge convenable.

« Ci-joint un certificat délivré par un M. Couteau, maître de pension à Nantes, dont je vous prierai de légaliser la signature. Aussitôt cette formalité remplie, je vous serai bien obligé de me le renvoyer.

« Agréez, Monsieur le Préfet, l'assurance de ma haute considération.

« Le maréchal de camp

commandant le département de la Loire-Inférieure,

« Baron Dermoncourt. »

Quant au préfet de la Loire-Inférieure, il demandait au ministre de l'intérieur de faire chercher Bourmont... dans la Lozère[1] !

Pendant ce temps, Madame, comme nous l'avons dit, écrivait des monceaux de lettres relatives à ses nouveaux projets d'insurrection, et chaque jour M. Le Romain faisait parvenir à Charette un ou

---

1. Archives de la Loire-Inférieure.

plusieurs billets de la courageuse, mais trop obstinée princesse.

« J'approuve, mon cher Ambroise, disait-elle au général, le lundi 2 septembre 1832, votre réponse à Mme de G... C'est au *Grand-Paul* qu'il faut s'adresser pour les cinq mille francs. Vos engagements sont très bien. Plusieurs officiers des Ier et IIe corps me font demander où il faut s'adresser, et à qui, pour s'engager. Voulez-vous me le faire dire, car je vous conseille d'être en cache; à moins de bien connaître, il vaut mieux que ce soit d'autres. Dites-moi aussi si les personnes qui se présenteront doivent dire qu'elles appartiennent à un corps d'armée. »

Et la lettre finit par cette phrase :

« Vous savez que madame Louise nous a donné ce matin un petit Athanase?

« Adieu, soignez-vous bien.

« P. P.[1] »

Le petit Athanase en question n'était autre que le futur commandant des zouaves pontificaux, le vail-

---

1. On a raconté que Madame était, pendant son séjour à Nantes, allée trouver son époux en Hollande. A l'objection faite que Madame écrivait tous les jours à ses amis, les partisans de cet invraisemblable voyage répondent : ces lettres étaient écrites d'avance et antidatées. Alors Madame était douée de seconde vue, puisqu'elle savait d'avance la date de la naissance du petit *Athanase* de Charette, l'affaire Demangeat, les événements de Paris, les changements dans la police, etc...??? Malgré l'autorité des personnes qui font campagne pour prouver que Madame quitta Nantes avant son arrestation, nous persistons à regarder tout cela comme un roman.

lant soldat de Patay, qui venait de naître rue du Château, chez Mme Terrien de la Haye, où Mme de Charette se cachait.

Madame s'inquiète beaucoup du sort des royalistes dévoués qui se sont compromis pour elle.

« Je ne veux pas perdre un moment à (*sic*) vous répondre, écrit-elle au même. Voilà un billet à faire porter chez M. Paul, qui vous remettra cinq mille francs que vous ferez passer ensuite à Bras-de-Fer[1]. Je crois cela très utile. Dites bien à Bras-de-Fer *qu'étant moi-même un réfractaire, je dois aider mes frères d'armes.* »

Et un autre jour :

« Dieu nous sauvera des méchants, mon cher Ambroise. Je suis charmée que l'affaire Robien s'est éclaircie. Je ne comprends pas ce qui fait que Bras-de-Fer ne répond pas.

« Voilà Demangeat dans de beaux draps !

« Voulez-vous donner quatre cents francs à ce pauvre T... On ne peut lui donner plus ni moins.

« Adieu, je n'y vois plus. Croyez à l'amitié de Bernardin[2]. »

Cependant Madame commence à se préoccuper de l'arrivée de quelqu'un qu'elle attend.

« C'est désolant que D... ne soit pas encore ici ! Je voudrais bien que nous puissions faire ici de bonne besogne ; avec des zélés comme vous et de l'activité, nous réussirons. Je suis bien

---

1. Joseph Cadoudal.
2. Un des nombreux noms que signait Madame.

d'avis que si *Babylone* se déclare pour Henri V, les *moutons* suivront. Il faudrait bien détruire l'idée qu'on en voudra à la garde nationale de l'appui qu'ils ont donné contre la Vendée...[1] tous ceux qui viendront avec nous pour Henri V contre la République. Du reste, les très mauvais ne viendront pas avec nous. Je vous enverrai demain une idée d'organisation corrigée par le frère de Jules. Vous voudrez bien la montrer à Martin. Adieu, lisez la Quotidienne d'aujourd'hui sur les Français de Charles VII ; j'ai cru y reconnaître certains messieurs de nos amis qui sont bien arrangés comme ils le méritent ! »

La personne que la duchesse de Berry attend et qu'elle désigne par la lettre D... est sans doute le misérable Deutz, qui s'apprêtait à la livrer au gouvernement, et qui, chose curieuse, avait, lui aussi, perdu sa trace, car nous avons sous les yeux une lettre autographe de l'espion juif pour Madame, datée de Lisbonne, 14 juillet 1831, et adressée à *Massa*. C'est une lettre chiffrée, à l'encre sympathique, dont malheureusement nous n'avons pu trouver la clef[2].

---

1. Illisible dans le texte.
2. Au recto est écrite à l'encre ordinaire cette lettre insignifiante, en anglais... de Jérusalem :

« Lisboa, 14th july 1832.

« Dear Sir,

« It is now just a month I am here, and I must confess I never saw a more beautiful climate and more romantical situation as that of Lisboa ; it is a pity that such a fine country shall have to fear a war, which would be anyhow very oppressive for the people. So far I can see is D. Miguel most beloved, and he has

Cependant la police commence à soupçonner que Madame pourrait bien être cachée à Nantes. Le préfet de la Loire-Inférieure se méfie du couvent de la Visitation et de sa supérieure, Mme de la Ferronnays :

« Monsieur le Ministre, écrit-il au ministre de l'intérieur, le 15 août 1832, je continue à avoir l'heur de rendre compte à Votre Excellence des progrès de l'importante surveillance qu'elle m'a confiée. Mme de la Ferronnays a reçu une lettre de Paris ce matin. On s'efforce de suivre la trace de cette lettre comme des autres. Pour le faire plus fructueusement, on cherchera à rendre quelques-unes des lettres futures reconnaissables en y faisant imprimer une tache.

« Les communications sont très actives entre le couvent et les maisons carlistes des environs. Il paraîtrait que Mme Berryer et d'autres dames visitent le couvent. Cette circonstance pourrait être significative.

« Mme Chauffard n'a pas reçu de lettres, ni hier ni aujourd'hui.

« Une nouvelle vérification secrète m'apprend

---

nothing to fear if his brother receives no help from the Powers, and I hope that by and by everything shall be finished and reentered to its due order again. But enough politic. I am anxious to hear news from your family. For about a fortnigth I received a letter from your son, which was dated from 30 april ! Since nothing from your most amiable ladies, nothing since four or five months. »
Au verso de cette lettre sont écrits des chiffres à l'encre sympathique.

que le ballot arrivé vendredi dernier par les Messageries du Commerce se trouve encore entre les mains et sous la garde de M. Biron. Il y a lieu de croire, d'après cela, que le moment de la distribution n'est pas encore venu. On m'assure que le sieur Biron laisse le bulletin en évidence et semble ignorer sa destination. Peut-être l'envoi a-t-il eu lieu à l'insu du sieur Biron, et le véritable consignataire se présentera-t-il quand il en sera temps.

« Le même jour et par la même occasion des Messageries du Commerce, M. Biron a reçu une boîte en bois de dix-huit pouces à deux pieds de long; cette boîte a des poignées; elle n'a point été portée sur la feuille de voiture, et, sans destination apparente, comme le ballot, se trouve déposée à côté de celui-ci. Votre Excellence jugera peut-être utile d'ordonner à cet égard à Paris des vérifications secrètes.

« J'ai l'honneur de rappeler à Votre Excellence la demande que j'ai eu celui de lui faire d'un secours provisoire de quelques hommes *étrangers au pays*. La circonstance rend ce secours urgent pour la ville de Nantes même.

« Je suis, etc.

« *P. S.* — Il paraîtrait que la lettre reçue aujourd'hui au couvent aurait passé soit chez Mme Bascher, déjà signalée à Votre Excellence, soit chez M. Jalabert, ex-maire, dont les opinions sont bien connues. »

Cependant, furieux d'avoir joué un rôle de dupe

entre les royalistes qui lui proposaient de l'argent et Dermoncourt qui s'était taillé, en agissant par-dessus sa tête et grâce à son expédition policière à la Charlière, la renommée d'un grand homme de guerre auprès des petits bourgeois du pays, Solignac avait cru devoir épancher ses griefs dans le sein du journal libéral *Le Breton*, et dans celui de la canaille nantaise, laquelle, sans trop savoir pourquoi, réclamait à grands cris la tête de M. de Kersabiec. Le général Bonnet, commandant en chef des divisions de l'Ouest, se trouvait à Nantes le 25 juin au soir, quand une foule avinée se rassembla sous les fenêtres de son hôtel, place Graslin, hurlant : « Vive Solignac ! A bas Bonnet ! Mort à Kersabiec ! M.... pour Louis-Philippe ! » Le général Solignac marchait en tête des braillards, auxquels il adressait de fréquents discours, et avec qui, finalement, il alla s'échouer au café de l'Univers[1]. A la suite de cette mémorable soirée, Solignac avait été relevé de son commandement et remplacé par le général Drouet, nom sonnant agréablement aux oreilles de Louis-Philippe. Le nouveau divisionnaire brûlait de montrer son zèle au gouvernement. Le 12 septembre, avant le lever du jour, toutes les troupes de la garnison étaient mobilisées pour perquisitionner à la Visitation. Neuf heures durant, les religieuses et leurs vingt-sept élèves durent subir les grossièretés et les

---

1. Rapport de police.

plaisanteries ordurières des gendarmes et des soldats dont les officiers, par leur attitude indifférente, encourageaient les excès et l'indiscipline. « Les propos les plus obscènes, les discours les plus injurieux, écrit Mme de la Ferronnays, dans une lettre à un journal libéral de Nantes qui avait raconté cette visite d'une manière mensongère, n'ont cessé de retentir à nos oreilles. Les troupes qui encombraient la communauté ont pu s'enivrer impunément ; une foule d'objets ont disparu pendant ces heures de désordre et d'oubli des convenances. Nous n'avons su qu'une visite allait avoir lieu qu'en entendant nos portes voler en éclats, sans avertissement, sans sommation préalable. »

Les excès en question étaient si bien prévus, pour ne pas dire prémédités par les autorités, que le préfet, M. de Saint-Aignan, eut le cynisme d'envoyer demander à Mme de la Ferronnays sa nièce âgée de onze ans, « pour la soustraire aux inconvénients inhérents à l'invasion des troupes dans le couvent ». La supérieure s'y refusa tout net, et répondit au préfet « que les inconvénients existant pour sa nièce existaient pour toutes les compagnes de celle-ci, et que, s'il était inquiet, il y avait un moyen de faire cesser ses craintes, c'était d'ordonner que le désordre cessât ».

Le même jour et les lendemain et surlendemain avaient lieu, également au lever du jour, les perquisitions suivantes, ayant pour but principal l'arrestation de M. de Charette :

12 *septembre*. — *Couvent des Dames de la Charité du voile blanc.* Commissaire central, Amalry et commissaire Martin. — Saisie d'un fragment de lettre paraissant compromettant.

Cloître des Chartreux.

Chez Mlle Durville. Arrestation de M. l'abbé Michon, curé de Ligné; de M. Arthur de Maublanc, combattant du Chêne; de M. Baugé, prévenu de fabrication clandestine de poudre pour l'intérêt de l'insurrection; de M. Lansier, ex-employé des droits réunis, prévenu d'avoir pris part à l'insurrection. Commissaire Hémery.

Chez Mme du Deffant : arrestation de M. de Girardin le père (relâché).

Chez M. Besnier, officier de santé : sans résultat. Commissaire Hémery.

M. Lansier, 7 rue Saint-Clément : saisie de plusieurs lettres et de gravures représentant le duc de Bordeaux en manteau royal, avec cette souscription : « Henri V, roi de France. » Arrêté et relâché. Commissaire Hémery.

Local dépendant de la Visitation, 97, rue Saint-Clément : deux lits encore chauds trouvés inoccupés; saisie du passeport de M. du Doré, de sa montre en or, de vêtements, d'un alphabet en chiffres et de quelques notes. Commissaire Triomphe.

13 *septembre*. — *Couvent des Carmélites*, rue Saint-Clément, n° 118 : vérification exacte des lieux et du personnel. Commissaires Amalry et Martin.

Couvent des Ursulines, rue Saint-Clément : idem. Commissaires Prévost et Hémery.

Couvent des Dames de Saint-Vincent-de-Paul, place Saint-Jean : idem. Commissaire Rivoët.

Couvent de la Providence, rue des Orphelins : idem. Commissaire de Larralde.

Maison du Refuge, rue du Refuge : idem. Commissaire Bretault.

Petit couvent de la Providence, rue du Collège : idem. Commissaire Triomphe.

Couvent de la Charité : Dames du voile noir : idem. Saisie de pièces relatives à une association religieuse, dite Confrérie du Mois angélique. Commissaire Calbris.

Rue Saint-Clément, 102. Mme Bascher, belle-sœur de l'un des chefs de l'insurrection. Sans résultat. Commissaire Bretault.

Rue des Carmes n° 18. *Mme Chauffard* : idem. Commissaires Rivoët et de Larralde.

Place Louis XVI n° 6. *M. Gety, chanoine* : idem. Commissaire Martin.

Haute-Grande-Rue. M. Jalabert : idem. Commissaire Denyvieux.

14 septembre. — *Rue du Marais* n° 6. *M. Menoud* : idem. Saisie de lettres insignifiantes. Commissaires Triomphe et Calbris, de Paris.

Rue de Briord. Vve *Nidelet* : sans résultat. Commissaire Martin.

Rue de la Rosière n° 8. Vve *d'Hectot :* Saisie d'une lettre écrite à un individu compromis, actuellement à Rome et dont la lettre initiale est un C... Commissaire Calbris.

Route de Rennes, la Barberie, maison de campagne du Grand Séminaire : saisie d'une lettre contenant l'ordre de se tenir sur ses gardes contre une visite domiciliaire. Commissaires Prévost et Denyvieux.

Route de Rennes : maison de M. de Raimond, ferme de M. de Raimond : sans résultat. La première maison servait de retraite au sieur Saint-Hubert, qui a dû être prévenu à la suite des apprêts militaires. Commissaires Amalry, Bretauld, de Larralde et Hémery.

Rue Saint-Vincent n° 7. M. Deshéros avocat : saisie d'une lettre de M. Guibourg (Honoré), ainsi que d'un plan de contre-révolution en minute, de la main du sieur Deshéros. Commissaires Hémery, Amalry et Martin.

Rue de la Fontaine, ancien domicile de M. de Saint-Hubert : sans résultat. Commissaires Prévost et Denyvieux.

Total, *vingt-cinq perquisitions*.

A la suite de cette grande, mais peu fructueuse opération policière, M. de Montalivet, ministre de l'intérieur, adressa la lettre qui suit, datée du 19 septembre, au préfet de la Loire-Inférieure :

« Monsieur le Préfet,

« L'extrait suivant d'un rapport de haute police, en date du 17 de ce mois, vous prouvera : 1° que tous les fils dirigés pour la découverte des intrigues de l'agence carliste à Paris ne sont pas rompus; 2° à combien peu de chose a tenu le succès des perquisitions faites à Nantes.

« *M. de Cour...*, porte cette note, *a dit à M. de Calvimont que la duchesse a failli être prise dans un des couvents de Nantes.*

« Voici comment la même raconte les circonstances de l'évasion de Charette :

« Fait en quelque sorte prisonnier, M. de Charette s'est réfugié dans une écurie; il en est sorti aussitôt vêtu en palefrenier, avec un cheval qu'il a pansé en sifflant et chantant pour mieux détourner les soupçons des agents de l'autorité publique. Saisissant le moment favorable, il veut sortir avec son cheval, qu'il conduisait en laisse, par une porte gardée par deux gendarmes; le passage lui est refusé. Il insiste pour conduire son cheval à l'abreuvoir... le passage lui est accordé. Après avoir cheminé lentement, il s'arrête à deux cents pas, enfourche son cheval et s'échappe au galop. »

« Gardez pour vous la connaissance de ces détails, Monsieur le Préfet. Vous vous êtes convaincu que tous les entourages de M. le comte d'Erlon n'étaient pas également sûrs[1]. Si ce qui a été écrit de Nantes à Paris revenait en narration dans cette dernière ville, la contre-police, déjà si menacée

---

1. A l'état-major de ce dernier, il y avait tout au moins un officier n'aimant pas les délateurs. M. de ... vint un jour à la division et dit à l'officier en question : « Marié à une jeune fille

d'être compromise, le serait sans retour. Mais une observation résulte de ce récit dont j'ai cru devoir vous donner connaissance : c'est que, lors des perquisitions, il importe d'éclaircir la véritable position de chaque individu, sous peine, à défaut de cette précaution, d'être continuellement dupe des travestissements les plus ordinaires. Tout dépend de l'expérience et de la fidélité des agents d'exécution.

« Agréez, etc...

« *Le pair de France, ministre de l'intérieur,*

« Montalivet. »

Malgré son optimisme et son courage, Mme la duchesse de Berry commence à trouver la situation menaçante :

« J'ai reçu vos deux mots, mon cher Ambroise, dit-elle, dans un billet à Charette ; les jugements de Blois sont bien heureux pour nos amis !

« Ce que vous me dites d'Amalry et de son remplaçant ne me paraît pas bon pour nous ! Tâchez de savoir un peu de quel caractère est le nouveau. Méfiez-vous de tous les tours qu'on vous jouera. Je n'aime point cet envoyé de Mme de Robien. Vous n'ayant rien reçu de lui, moi je n'en sais rien. Je

---

de l'aristocratie nantaise; et, par conséquent reçu dans la société légitimiste, on parle devant moi sans se cacher, et, si vous le désirez, je puis vous fournir de précieux renseignements sur les chouans. » Son interlocuteur le mit à la porte sans l'écouter.

Drouet d'Erlon, par contre, exagéra le zèle ; ses illégalités le firent condamner par le tribunal.

crains que ce ne soit un nouveau tour de la police. Dieu vous protège tous et nous donne du courage !

« Adieu, mon cher Ambroise. Les nouvelles du Midi sont bonnes, et Dieu nous aide !

« BERNARDIN. »

Cette lettre est la dernière que nous ayons de Madame avant sa captivité. Nous ne reviendrons pas sur les détails bien connus de la trahison de Deutz. Au mois d'octobre celui-ci avait eu des entrevues mystérieuses avec Thiers, aux Champs-Elysées, et 6, rue Richepanse, et il avait communiqué au ministre vingt-deux lettres qu'il devait remettre à la princesse. Le Juif perfide, et le nain sans scrupules qu'on avait vu assister avec des ricanements indécents au sac de l'Archevêché, ne furent pas longs à se mettre d'accord. Simon Deutz, pour cinq cent mille francs, s'engageait à livrer sa bienfaitrice[1]. Le 22 octobre il arrivait à Nantes avec le commissaire de police Joly, qui, après avoir laissé assassiner le duc de Berry à l'Opéra, venait pour arrêter sa femme[2].

1. Nous ne croyons pas à la légende des cinq cent mille francs remis à Deutz avec des pincettes. Les fonctionnaires de 1830 respectaient trop les Juifs et les billets de banque pour agir avec eux d'une façon aussi cavalière.
2. Ce commissaire était, on le sait, le protégé du duc Decazes Après avoir laissé assassiner le mari, après avoir arrêté la femme, il fut choisi pour surveiller à Blaye le gouverneur de la citadelle, le colonel de gendarmerie Chousserie, et le lieutenant Petitpierre, hommes qui, s'ils étaient esclaves de leurs devoirs mili-

Mme de la Ferronnays, avec lequel il s'était tout de suite mis en relations, fut séduite par les paroles mielleuses du Juif; elle pria la duchesse de Berry de lui accorder une entrevue, et on sait quelle fut la suite de cette folle imprudence. Après être restée seize heures dans une étroite cheminée, sur le point d'être brûlée vive, Madame sortit de sa cachette avec Mlle Stylite de Kersabiec, MM. de Mesnard et Guibourg. Arrêtée par les gendarmes Hacher et Lavolée [1], de l'escadron du 1er régiment de gendarmerie mobile, qui l'avaient connue à Dieppe, elle fut conduite au château et eut à subir les grossièretés célèbres du préfet Maurice Duval, puis à Blaye, où Bugeaud accepta la honteuse mission de policier qu'ont si bien dévoilée dans toute sa hideur le Dr Mesnière et le lieutenant Petitpierre.

Madame prisonnière, Charette n'avait plus rien

taires, avaient trop de générosité et d'honneur pour se plier au honteux métier d'espion que le gouvernement confia plus tard à l'ambitieux Bugeaud. Voici le portrait que le lieutenant Petitpierre donne du sieur Joly :

« Un homme d'environ cinquante ans, et aussi grossier de physique que de manières. C'est précisément parce qu'il a fait le voyage avec nous que nous avons pu le juger. Le sieur Joly a été le valet de Jérôme Bonaparte, et il a eu la sottise de nous dire qu'il vendait jusqu'à trois cents francs par mois de bouts de bougie. »

M. Debord, commandant la place de Blaye, ayant appris que, proposé pour officier de la Légion d'honneur, il avait été noté favorablement par le policier en question :

« Si je savais jamais devoir quelque chose à M. Joly, dit-il, j'en mourrais de honte, et je foulerais aux pieds tout ce qui pourrait me venir par le canal d'un pareil homme. » (*Journal de la captivité de la duchesse de Berry*, par F. Petitpierre.)

1. Lavolée est mort aux Invalides, en novembre 1881.

qui le retînt en France. Alors seulement il songea à sa propre sûreté. Caché dans une barrique qui était censée contenir des pommes de terre, il fut embarqué sur un navire en partance pour l'Angleterre. Cette barrique demeura quelques instants sur le quai ; un douanier vint s'y appuyer pour fumer sa pipe. D'Angleterre M. de Charette gagna la Suisse, où il fut rejoint par sa famille et où il resta jusqu'à l'amnistie de 1837. La police, d'ailleurs, n'eut pas connaissance de son départ, et pour le trouver, le 19 décembre 1832, elle opéra au Petit Séminaire une visite domiciliaire aussi tapageuse que celle de la Visitation. Le scandale fut considérable cette fois, si considérable que le ministre de l'intérieur crut devoir rappeler Maurice Duval à plus de modération :

« Monsieur le Préfet, lui écrivait-il le 27 décembre, j'ai reçu votre lettre du 23 de ce mois, copie du procès-verbal de la perquisition qui a eu lieu le 19 et les jours suivants au Grand et au Petit Séminaire, et à celui des philosophes de la ville de Nantes. Cette opération a été déterminée par l'avis donné à M. le lieutenant général comte d'Erlon de la présence du sieur Charette dans l'un de ces établissements. Les bonnes intentions de l'auteur de l'avis, l'adjoint au maire d'une commune voisine, vous étaient parfaitement connues[1]. Toutefois la visite a été infructueuse. Mais vous

---

1. Voir la lettre de Maurice Duval à laquelle il est fait allusion aux *Pièces Justificatives*.

suivez la trace du sieur Charette et de quelques-uns de ses affidés.

« Vous pensiez avec raison qu'il serait d'une véritable importance de mettre sous la main de la justice un chef d'insurrection qui n'avait cessé de figurer auprès de la duchesse de Berry. Il n'en est pas moins à désirer qu'une sage réserve préside désormais à l'emploi de mesures telles que celle à laquelle il vous a paru indispensable d'avoir recours. Plus de *cinq cents* personnes ont été obligées à la fin, dit le procès-verbal, d'évacuer les trois séminaires. Une semblable disposition n'était pas sans inconvénient. Je vois avec satisfaction, au surplus, qu'il n'a été fait aucune autre réclamation que celle du payement du prix de la consommation faite de bois de chauffage par la troupe qui a occupé les séminaires.

« Continuez, je vous prie, à m'informer des incidents qui se rattacheraient à cette affaire.

« Agréez, etc...

« *Le ministre secrétaire d'Etat de l'intérieur,*

« A. THIERS. »

Tout aussi zélé que le préfet de la Loire-Inférieure, son collègue de la Vendée, M. Alexis de Jussieu, informait le commissaire central de Nantes, le 6 mars 1833, que M. de Charette « se rendait quelquefois de la Vendée dans les environs de La Rochelle, déguisé en paysan ».

Bourmont, comme Charette, n'ayant plus rien à faire en France après l'arrestation de Madame, avait pu songer à sa sûreté personnelle. Pour gagner la Bretagne, il dut traverser la Vilaine, près de son embouchure. Au moment où il arrivait au bac, guidé par M. de Boisfleury, les deux royalistes aperçurent des gendarmes qui se préparaient à s'y embarquer. — « Ça ne fait rien », déclara le maréchal. Et son compagnon et lui entrèrent dans le bateau. M. de Boisfleury, s'approchant des gendarmes, leur dit à voix basse : — « Ce monsieur est un médecin que j'ai fait venir. Il n'a pas l'habitude du cheval ; vous me rendriez service en m'aidant à le remettre en selle tout à l'heure, mais sans paraître croire qu'il est trop maladroit pour le faire tout seul, car c'est un vieil original pas commode du tout. » Les gendarmes sourirent d'un air entendu, et, une fois débarqués, ils hissèrent sur son cheval le maréchal qui se laissa faire avec toutes la gaucherie d'un cavalier inexpérimenté. Bourmont les remercia d'un air grognon, piqua des deux, et arriva sans encombre dans les Côtes-du-Nord. Réfugié au château de la Vieuxville (près la baie de Saint-Cast), où il avait déjà reçu asile au temps des grandes guerres, il put se procurer une barque qui le déposa sur les côtes d'Angleterre.

. . . .

La capture de Madame avait marqué la fin de la Vendée Militaire. « En forçant la bru de

Charles X, la régente, à mettre au monde devant les autorités militaires, administratives et judiciaires l'enfant qu'elle avait eu du comte Lucchesi-Palli, on comptait la déshonorer et porter un coup droit à la légitimité. En somme le déshonneur rejaillit bien moins sur la détenue que sur ceux qui la gardaient, et qui, pour servir des rancunes de famille et des ambitions dynastiques, la frappaient dans sa pudeur de femme et dans sa dignité de mère. Des armes de ce genre atteignent rarement ceux qu'on vise, et se retournent fréquemment contre ceux qui les emploient. En incarcérant la duchesse de Berry, ce n'est pas la branche aînée qu'on rendait impopulaire, c'est l'idée même de la monarchie qu'on rendait méprisable et impossible[1]. »

Charles X, lui du moins, avait quitté la France en souverain, entouré de sa garde et le drapeau blanc déployé ; Louis-Philippe et les siens furent chassés comme des laquais par ce même peuple qu'ils avaient tant flagorné. La duchesse de Berry, indiscutablement coupable d'avoir contracté d'abord, puis caché un mariage qui faisait reposer sur un faux son titre de régente, disparut pour toujours de la scène politique. Quant au vieux roi et à sa famille, leur horreur pour tout ce qui était net, pour tout ce qui était viril, ne fit que redoubler. Avoir pris les armes en faveur

---

1. *La République Française*, numéro du 29 août 1882, article de M. Albert Leroy sur le livre du Dr Ménière.

d'Henri V était un titre certain à l'exécration des princes[1]. L'ingratitude des Bourbons éclata d'une façon intense, lors du voyage à Prague des trop dévoués royalistes de la Bretagne et de la Vendée. Laissons une dernière fois parler Chateaubriand :

« Des jeunes gens viennent féliciter Henri sur sa majorité, écrit-il à ce propos ; plusieurs sont sous le coup d'un arrêt de mort ; quelques-uns blessés dans la Vendée, presque tous pauvres, ont été obligés de se cotiser pour porter jusqu'à Prague l'expression de leur fidélité. Aussitôt un ordre leur ferme les frontières de la Bohême [2]. Ceux qui

---

1. Dans ses *Souvenirs*, le général d'Hautpoul raconte l'entrevue (qui faillit devenir orageuse) de Charles X avec M. de Courson, chef de la division de Vitré, lequel avait reçu une balle dans la cuisse à Toucheneau et était sous le coup d'une condamnation à mort :

« La réunion se composait de toutes les personnes de la maison, et on y avait appelé aussi les voyageurs français qui étaient encore à Prague ; c'était cette réception que j'avais tant sollicitée de M. de Blacas et que j'étais heureux de voir enfin se réaliser. Les Vendéens s'y trouvaient : l'un d'eux, M. de C..., boitait encore d'une blessure qu'il avait reçue à la cuisse. Le roi, en passant devant lui, lui demanda ce qu'il avait : — « C'est une balle, lui dit-il avec une sorte de fierté, que j'ai reçue dans la Vendée. » Mais le roi, trop prévenu encore contre l'expédition de la duchesse de Berry, lui fit une réponse qui ressemblait plutôt à un reproche qu'à un témoignage d'intérêt : je vis M. de C... prêt à s'oublier ; j'eus le temps de lui faire un signe et il garda le silence. Mais combien je déplorais les pénibles préventions qu'on avait inspirées au roi contre les serviteurs les plus dévoués de la légitimité ! C'étaient ceux que M. de Blacas appelait des *intrigants*, des *ennuyeux*, et qu'il signalait même comme des hommes dangereux. »

2. ... « Je vis plusieurs des Français qui étaient parvenus à arriver à Prague, malgré tous les obstacles qu'on leur avait opposés, écrit encore le général d'Hautpoul. Ils me racontèrent qu'on les avait traqués comme des bêtes fauves sur toutes les frontières de l'Autriche, et que les trois quarts au moins des députa-

parviennent à Butshirad ne sont reçus qu'après les plus grands efforts ; l'étiquette leur barre le passage, comme MM. les gentilshommes de la chambre défendaient à Saint-Cloud la porte du cabinet de Charles X, tandis que la Révolution entrait par les fenêtres. On déclare à ces jeunes gens que le roi s'en va, qu'il ne sera pas à Prague le 29. Les chevaux sont commandés, la famille royale plie bagage. Si les voyageurs obtiennent enfin la permission de prononcer à la hâte un compliment, on les écoute avec crainte. On n'offre pas un verre d'eau à la petite troupe fidèle ; on ne la prie pas à la table de l'orphelin qu'elle est venue chercher de si loin ; elle est réduite à boire dans un cabaret à la santé d'Henri. On fuit devant une poignée de Vendéens, comme on s'est dispersé devant une poignée de héros de Juillet.....

« Au surplus, il est impossible d'être mieux traité que je ne le fus. Mon arrivée avait jeté l'alarme ; on craignait le compte rendu de mon voyage à Paris. Pour moi donc toutes les attentions ; le reste était négligé. Mes compagnons dispersés, mourant de faim et de soif, erraient dans les corridors, les escaliers, les cours du château, au milieu de l'effarement des maîtres du

tions royalistes avaient été obligées de rétrograder. L'un d'eux, M. de la Garde de Saigne, qui avait un passeport parfaitement en règle, insista avec énergie auprès de la police autrichienne, en demandant qu'on motivât sur son passeport même le refus qu'on lui avait fait de passer outre ; et on inscrivit que c'était *sur la demande expresse de M. de Blacas*. Cette annotation fut connue, et elle excita une grande exaspération parmi les voyageurs. »

logis et des apprêts de leur évasion. On entendait des jurements et des éclats de rire...

« Un grand déjeuner fut servi dans mon auberge, les riches payèrent l'écot des pauvres. Au bord de la Moldau on but du vin de Champagne à la santé d'Henri V qui courait les chemins avec son aïeul, dans la peur d'entendre les toasts portés à sa couronne. A huit heures, mes affaires fixées, je montai en voiture, espérant bien ne retourner en Bohême de ma vie. »

. . . .

Cependant, tandis que les royalistes fidèles qui avaient pris les armes en 1832 et qui, pour la plupart, avaient été condamnés par contumace à la peine capitale, vivaient en proscrits à l'étranger, n'ayant gagné, comme récompense de leur dévouement, que l'inimitié poussée jusqu'à la haine de la petite cour de Prague où les derniers Bourbons de la branche aînée s'éteignaient, enveloppés d'un linceul de déplorable niaiserie [1], les *pancaliers*, d'abord un peu honteux de leur défection, relevaient la tête en Vendée. Profitant de l'absence de leurs ennemis, ils prétendaient maintenant se faire leurs accusateurs. L'opinion publique, dit l'abbé Pineau, dans ses notes manuscrites que nous avons publiées *in extenso* dans un précédent ouvrage, s'était prononcée contre eux

---

1. Les *Souvenirs du Général marquis Amand d'Hautpoul*, gouverneur du duc de Bordeaux pendant quatre mois, ne nous laissent aucune illusion à cet égard

d'une façon désobligeante. « Les railleries, les quolibets, rien ne leur était épargné[1]. Des gens sans passion auraient usé de patience et laissé au temps le soin de tout faire tomber dans l'oubli ; il n'en fut pas ainsi d'eux. Ils profitèrent des chagrins et de la triste position de la princesse pour la dénigrer de plus en plus, comme si ses malheurs devaient les justifier. L'emprisonnement de la princesse d'abord, ainsi que l'émigration de la plupart de ses amis, les encouragea à lever la tête. Ils commencèrent à prendre le titre d'hommes habiles, et bientôt, d'accusés ils devinrent accusateurs. Après avoir dressé leur plan, ils firent venir M. Johanet, assez complaisant pour écrire leur mémoire justificatif sous le titre de *la Vendée à Trois Epoques*. Ce pauvre homme vint passer quelques jours à la Grange, et au château de Bois-Corbeau, chez M. de Cornulier où il prit ses renseignements ; mais son ouvrage n'est qu'un blâme continuel et une critique amère de la conduite de Madame et de ses amis, pour justifier ses propres clients. Les erreurs mensongères y sont assez fréquentes, ce qui n'est point étonnant quand on se borne à n'entendre que les personnes que l'on veut jus-

---

[1]. Une marchande de la halle connue pour son ardeur royaliste, la mère Bontemps, fit à l'un d'eux une plaisanterie qu'il trouva d'un goût douteux. Ce gentilhomme reçut, au milieu d'une réunion mondaine, un volumineux paquet contenant un chou pancalier, auquel était joint un billet : « Ce chou est comme monsieur de... : il n'est pas mauvais, mais il manque de cœur. »

tifier, et que l'on évite même les autres [1]. Je fus invité à dîner chez le baron de la Brousse, qui m'avait placé à dessein à côté de cet écrivain. Une personne qui vit mon nom sur le couvert à côté du sien, en fit la remarque d'un ton significatif et que je saisis bien, et qui me fit comprendre qu'ils lui avaient parlé de moi. Ce fut une raison de plus pour moi, une fois à table, de lui adresser quelques paroles obligeantes, qui me valurent une réponse... d'un *gros monosyllabe* qui mit fin à toute conversation particulière entre lui et moi. Au reste il fut assez maussade toute la journée, se promenant seul dans le jardin, rêveur, comme s'il avait eu la conscience du rôle qu'on lui faisait jouer. Je suis bien convaincu que si ces messieurs avaient prévu que M. le baron de Charette fût rentré en France si prochainement, ils auraient été moins provocateurs dans leur justification, qui ne leur en eût été que plus favorable. »

Comme l'écrit l'abbé Pineau, les combattants de 1832 une fois en exil, leurs adversaires vendéens eurent beau jeu pour les attaquer. L'his-

---

[1]. Ce qu'avance l'abbé Pineau est parfaitement exact; Johanet est d'une grande partialité ; il passe sous silence les faits d'armes glorieux de la rive droite de la Loire, tels que le combat de Talhouet, où La Houssaye et ses amis furent les émules des héros de la Pénissière, la victoire de la Rochemacé à Riaillé, etc... Il parle de la division de Vitré, mais comme son chef avait épousé une demoiselle *de Charette*, il ne le nomme pas, et donne à cette division un chef qui n'est pas le véritable. Bien entendu il ne dit pas que si Cadoudal et Guillemot, avec leurs vaillants Bretons, ne bougèrent pas le 4 juin, c'est qu'ils avaient reçu un contre-ordre qui, *portant la signature imitée* du maréchal, était un *faux* (dont nous connaissons l'auteur).

torien Johanet composa le deuxième volume de la *Vendée à Trois Epoques* sous l'inspiration de ceux-ci, et en se servant exclusivement des renseignements fournis par eux. Ce fut le commencement d'une polémique acharnée, violente de part et d'autre. En avril 1840, Charette publiait une brochure intitulée : *Quelques mots sur les événements de 1832 en réponse à l'ouvrage de M. Johanet*[1]. Cette brochure rectifiait les nombreuses inexactitudes de l'historiographe des *pancaliers*, qui d'ailleurs avait offert de retirer son second volume de la circulation, mais qui s'était refusé à reconnaître ses erreurs par la voie des journaux. A son tour M. de Goulaine fit paraître une plaquette pour riposter à M. de Charette : il se défendait contre le reproche de n'être point tout au moins accouru personnellement rejoindre Madame, quand la fusillade du Chêne retentissait à quelques kilomètres de chez lui. M. de Charette contre-riposta[2] et enferma son adversaire dans le dilemme suivant : « Ou vous vous regardiez comme démissionnaire, et alors rien ne vous empêchait de venir avec nous défendre les jours de Madame ; ou vous vous regardiez encore comme chef de la division de Legé, et alors vous auriez dû occuper avec vos hommes la position indiquée par l'ordre que vous aviez reçu : « Legé (Goulaine) se tiendra avec le plus de monde possible entre Legé et Saint-Etienne, et

---

1. Dentu, éditeur.
2. *Réponse à la brochure du marquis de Goulaine*, Dentu, 1840.

attendra l'armée qui se réunira sous les murs de Legé. » Mais ce que Charette reproche amèrement au marquis, c'est cette phrase de la page 18 de sa brochure : « Au Chêne, bien peu de paysans sont restés au feu, qui a été soutenu presque uniquement par les officiers et des jeunes gens venus des différentes parties de la France, formant une compagnie d'élite [1]. »

Ce reproche est en effet injuste, car dans toutes les divisions qui ne firent pas leur devoir, ce furent les *officiers* qui donnèrent le signal de la débandade [2], tandis qu'au contraire, dans celles qui prirent les armes, on eut grand'peine à décider les paysans à abandonner la partie.

« Dites-nous, monsieur de Goulaine [3], répond Charette avec indignation, n'étaient-ils pas des

---

[1]. Nous avons donné précédemment la composition de cette compagnie.

[2]. On l'a vu notamment dans ce que nous racontons de la division Le Chauff.

[3]. Il existait déjà, au temps des grandes guerres, une inimitié étrange (et dont nous nous efforcerons de trouver l'origine), entre un membre de la famille de Goulaine et le grand Charette. La marquise de Goulaine nourrissait contre le célèbre général vendéen une haine qui faillit coûter la vie à ce dernier, les paysans excités par elle l'ayant attaqué à Rocheservière. (Voir *Charette et la Guerre de Vendée*, par Bitard des Portes, p. 49.) Ajoutons que plusieurs Goulaine jouèrent un rôle brillant dans les armées royales. Deux furent exécutés après Quiberon. L'interrogatoire de l'un d'eux est fort intéressant. Le chevalier de Goulaine invoque formellement la capitulation, à la fin de son interrogatoire : « ... A de plus observé que, d'après la capitulation faite entre les généraux, entendue des officiers, sous-officiers et soldats qui composaient l'avant-garde républicaine, il avait mis bas les armes ; en outre, il a attesté l'armée de le jurer. » (Commission militaire de Quiberon, 14 thermidor.)

On sait que la presque totalité des interrogatoires de la com-

Vendéens les hommes que commandait le brave du Chillou, et qui culbutèrent l'ennemi à l'affaire de Saint-Aubin ? Reniez aussi le plus beau fait d'armes de ces temps modernes, la sublime défense de la Pénissière. Poursuivez votre accusation, elle ne changera pas les malheureuses conditions où vous vous êtes placé. Est-ce donc que l'Anjou, cette terre d'héroïsme, n'a pas fourni son contingent de braves? Avaient-ils aussi des auxiliaires qui les ont empêchés de fuir devant l'ennemi? Est-ce donc encore que, sur la rive droite de la Loire, les fidèles Bretons n'ont pas défendu pied à pied le terrain, n'ont pas enlevé à la baïonnette l'ennemi qui voulait s'opposer à leur passage? Demandez-le au général en chef de la rive droite (le général Clouet), aux Pontfarcy, aux Gaulier, aux Courson, aux la Rochemacé, etc.; ils pourront vous dire s'ils comptaient bon nombre d'officiers étrangers au pays. »

Ces querelles entre royalistes étaient regrettables, la duchesse de Berry s'en affligeait profondément.

---

mission de Quiberon invoquent la capitulation verbale, et que le général Lemoine commit l'iniquité de *défendre* qu'on laissât figurer aucune allusion à ladite capitulation sur les interrogatoires. Les membres de la commission, indignés, refusèrent d'obéir et furent arrêtés en pleine séance. C'est en vain que les historiens républicains cherchent à disculper Hoche : *Il nia sa parole*, qu'on avait eu l'imprudence de ne pas lui faire donner par écrit, parce qu'il avait *peur* d'être lui-même victime du monstre révolutionnaire, sacrifiant ainsi à la sienne des centaines de vie, et commettant un acte de lâcheté suffisant pour ternir sa gloire militaire. Hoche était d'ailleurs un fourbe de haute envergure.

Les interrogatoires des commissions militaires se trouvent aux Archives du Morbihan, et tous ils nous ont passé sous les yeux.

« Je ne puis que déplorer avec vous, écrit-elle à M. de la Rochemacé, le 9 août 1835, la conduite de ceux qui, pour tâcher d'excuser leur tiédeur et leur inertie, jettent un blâme injuste sur la conduite des plus courageux de mes amis. En effaçant de mon souvenir la faiblesse qui empêcha les premiers de répondre à mon appel, je ne saurais oublier le dévouement qui entraîna les seconds au milieu des périls à mon premier signal. » Le 7 juillet 1840, la princesse écrivait encore à M. de la Rochemacé : « La polémique soulevée par M. Johanet m'a fait bien du chagrin ! Charette a répondu avec beaucoup de dignité et de modération. Je regrette qu'on ait été obligé de montrer à nos ennemis les plaies de notre parti. »

Il ne faudrait pas cependant se montrer trop sévère envers les *pancaliers*. Ils eussent été certainement plus chevaleresques en venant, tout au moins de leur personne, défendre les jours de Madame ; mais, d'autre part, celle-ci avait manqué au pacte de la Fétellière en voulant soulever la Vendée après son échec de Marseille, comme elle avait manqué de loyauté en exerçant illégalement ses pouvoirs de régente de France, que son mariage secret avec un principicule italien lui enlevait *ipso facto*. Si tous les timides s'étaient réfugiés dans le *parti pancalier*, tous les *pancaliers* ne manquaient *pas de cœur*, comme le chou qui leur valut ce surnom peu flatteur. Il y avait parmi eux des hommes portant un nom glorieux dans les annales de la Vendée Militaire, et que l'entêtement, la vanité froissée ou l'égoïsme poussa à prendre une attitude qui, à leur grand étonnement et à leur profond chagrin, fit soupçonner leur courage. Mais ils eurent tort de vouloir, pour excuser leur prudence peut-être exagérée, tourner en ridicule les hommes braves et dévoués qui, sans se faire plus d'illusions qu'eux sur le succès d'une entreprise hasardeuse par elle-même, et que l'insuccès de Marseille, le mauvais vouloir de beaucoup et la trahison[1] de quelques-uns avaient rendue désespérée, marchèrent sans raisonner au combat, simplement parce qu'une femme s'était fiée à leur honneur. Celui qui brave la mort n'est jamais ridicule. Les sages du parti pancalier, les intellectuels opulents des comités de Paris, si on les eût écoutés, eussent-ils fait une meilleure besogne que les têtes chaudes et les cœurs généreux groupés autour de la duchesse de Berry? Il est à supposer que non.

Ne voyons-nous pas aujourd'hui les soi-disant *grands chrétiens*, les catholiques démocrates, les socialistes en dentelles, ces *pancaliers* nouveau jeu, chaponner toutes les énergies, encenser tout ce qui est au pouvoir? Ont-ils fait autre chose, avec leur prétendue habileté, qu'accélérer la course

---

1. Nous avons eu entre les mains de nombreux papiers très compromettants pour certaines personnalités connues; les événements dont nous écrivons l'histoire ne sont pas assez lointains pour que nous puissions nommer les coupables.

du torrent révolutionnaire qui engloutira bientôt la société actuelle, aveulie par le trop grand bien-être et l'égoïsme? D'ailleurs, intransigeants ou ralliés, hommes d'action ou bavards, braves ou pusillanimes, les efforts ou les manœuvres des uns et des autres ont été impuissants pour arrêter la marée montante du mal, comme si Dieu voulait montrer aux hommes que c'est en vain qu'ils s'agitent si ce n'est pas sa main toute-puissante qui les conduit.

Nous ne parlerons pas de la captivité de Madame à Blaye : les livres du Dr Ménière et du lieutenant Petitpierre, deux libéraux, mais avant tout deux hommes d'honneur, nous ont montré le rôle odieux que jouèrent à ce moment Louis-Philippe et l'hypocrite Marie-Amélie, Thiers, le maréchal Soult, et surtout le futur maréchal Bugeaud, qui, dans son zèle policier, avait l'œil aux serrures des endroits les plus retirés de l'appartement de Madame, et qui réussit à se rendre aussi ridicule qu'odieux[1]. Madame sortit de sa prison non pas avec l'auréole du martyre, mais, grâce à ses cachotteries relativement à sa grossesse et à sa mésalliance, en butte aux soupçons injurieux de ses amis les plus fidèles, qui ne croyaient pas non plus à

---

1. Proposé pour capitaine, le lieutenant Petitpierre répondit à Bugeaud qu'il n'accepterait pas un grade octroyé comme récompense de son service à la citadelle, donnant ainsi à son supérieur une leçon méritée..., qui ne porta d'ailleurs aucun fruit, car le geôlier de Blaye n'avait pas l'âme assez élevée pour la comprendre.

l'authenticité de son mariage. La famille royale profita de l'occasion pour lui fermer sa porte, et quand enfin Madame se fut décidée à exhiber à Charles X le fameux acte du P. Rozaven que nous avons donné précédemment, le duc de Blacas manifesta un mécontentement peu conforme tout au moins à la saine morale : « M. de Blacas, écrit le général d'Hautpoul, désignait Madame par l'expression triviale de : *la femme Lucchesi*. Il me donna à entendre *qu'une faute aurait pu s'oublier*, mais qu'après son mariage elle n'appartenait plus à la famille royale... Il faut jeter un voile pour ne pas se livrer à de trop pénibles réflexions. »

Le même général raconte que Charles X et le duc de Blacas ne craignaient pas de parler en termes offensants de la duchesse de Berry devant son fils, le *dressant*, pour ainsi dire, à la mépriser. La duchesse d'Angoulême, la plus maussade et la plus irascible des saintes, poursuivait, elle aussi, Madame de sa haine. La princesse Louise parlait souvent de sa mère avec affection ; il en était résulté pour elle d'être traitée quelquefois avec beaucoup de sévérité. « Bientôt, écrit le général, le prince fut moins bien pour elle, et, malgré mes remontrances, il cherchait toujours, en présence de ses parents, à la tourmenter et à la contrarier, sans qu'on parût le trouver mauvais. Un jour même, à la visite de famille du matin, je le vis s'approcher d'elle et la pincer assez fort pour lui faire jeter un cri ; j'allais à lui pour le gronder, lorsque Mme la Dauphine me dit en sa présence que *c'était Mademoiselle qui avait tort!* J'avais vu le contraire, mais je ne pus obtenir de faire changer cette injuste accusation. »

Une autre fois le marquis d'Hautpoul s'aperçut que le duc de Bordeaux avait fait enlever de son appartement les miniatures du duc et de la duchesse de Berry, qu'il avait reléguées dans la pièce où couchait M. Colas, son valet de chambre, et il fit à ce sujet une verte semonce au jeune prince : — « Vous n'ignorez pas, Monseigneur, lui dit-il, quelle est la position de Mme la duchesse de Berry. Si le roi a été mécontent, le roi, comme père, a le droit de lui montrer sa sévérité; mais ce n'est ni vous ni moi qui devons contrôler ses actions; vous surtout, Monseigneur, qui ne devez jamais oublier l'amour et le respect que vous devez à votre mère. Or c'est une insulte à faire à vos parents que de reléguer leurs portraits chez votre valet de chambre, et il n'y a que les enfants dénaturés qui osent renier leur père et leur mère. »

M. d'Hautpoul avait une franchise trop gênante, il avait des idées trop téméraires : n'avait-il pas demandé qu'on enseignât au jeune prince l'histoire de la Révolution, et qu'on ne lui laissât pas ignorer que Napoléon avait régné et remporté des victoires? La coterie du duc de Blacas, en lui rendant la vie intenable, trouva promptement le moyen de lui faire résilier ses fonctions, quatre mois après son arrivée à Prague.

Quant à Mme la duchesse de Berry, bannie de la petite cour de Charles X, elle s'en consolait, il faut le dire, assez facilement. Son rôle politique était fini, et piteusement fini, alors qu'il eût pu être si glorieux. Désormais nous la voyons surtout occupée de ses joies familiales fréquemment renouvelées, et sa correspondance, toute pleine de tendresse pour le *Pacha* (Lucchesi) et pour sa nombreuse progéniture, n'offre qu'un intérêt médiocre au point de vue historique.

L'héroïne de 1832 était presque entièrement tombée dans l'oubli, quand, le 16 avril 1870, elle s'éteignit à Brunsee, et disparut au milieu de l'indifférence générale.

PIÈCES JUSTIFICATIVES

Mme DE LA ROCHEJAQUELEIN AU MARÉCHAL DE BOURMONT

24 octobre 1831.

Les personnes qui ont résolu d'envoyer jusqu'à vous, Monsieur le Maréchal, et particulièrement Gaspard [1], paraissent désirer que je me joigne à elles pour vous exposer le fâcheux effet de la manière dont on vient d'en agir avec notre pays, et en second lieu pour vous faire connaître l'état de ce pays, et particulièrement les sentiments de ces messieurs sur le premier point, nullement sur le second. Et c'est à la condition de m'expliquer avec toute franchise que j'ai consenti à joindre ces lignes à celles dont M. de Kersabiec est porteur. Tout le monde a été froissé par les ordres et contre-ordres qui ont jeté le pays dans la plus fâcheuse position, compromis toutes les existences, livré en quelque sorte les malheureux royalistes pieds et poings liés à leur ennemis. Que de bouches ont retenti de ces paroles : « On ne se joue pas ainsi d'une population dévouée! On n'agit pas avec cette légèreté dans des questions de vie et de mort. » Les plus froids récriminent sur un ordre donné sans bases certaines de succès; les plus zélés, les plus dévoués, ceux qui ont vu le pays de plus près, gémissent d'un contre-ordre arrivé trop tard pour éviter bien des maux, et qui a paralysé un mouvement qui avait, malgré

---

1. Nom pris par Charette dans la correspondance secrète.

bien des difficultés, bien des apparences de succès. Le gant était jeté... Les esprits étaient animés par l'attente d'un mouvement prochain. Ils avaient reçu l'ordre de soulèvement très généralement sans surprise ni peine, et un bon tiers des paysans, avec joie. Par une sorte de miracle, rien de positif n'avait transpiré jusqu'au jour fixé ; quelques bruits vagues avaient suffi pour mettre l'alarme au camp des libéraux, qui fuyaient en foule avec leur famille et leurs meubles vers les villes. Les gentilshommes et les chefs les plus froids du pays avaient commencé à agir ouvertement pour s'assurer de leurs gens ; ils se sont compromis, et leur mécontentement est violent aujourd'hui.

Partout où les chefs, zélés ou tièdes, se sont mis en rapport avec les paysans et ont sondé leurs dispositions, ils ont été surpris de leurs réponses et de les trouver prêts. J'avouerai que beaucoup de paysans eussent agi dans la confiance que les étrangers attaqueraient en même temps qu'eux, mais l...[1] était que le résultat fût le même. L'enthousiasme et la confiance font tout ; le malheur est que les paysans en ont moins quand leurs chefs en manquent, et c'est ce dont la Vendée se ressent d'une façon désastreuse. La lettre de Saint-Hubert en fait mention. Lui, son fils, M. de Girardin, M. du Chillou, ont depuis un an, ainsi que quelques autres, accompli leur devoir, et plus que leur devoir, en s'occupant du pays, en pressentant les paysans, en mettant la confiance dans leurs esprits. Il est vrai que le peuple désire et espère les étrangers, mais il n'a jamais imaginé d'en faire une condition *sine qua non*. On les eût enlevés parfaitement et dirigés à volonté. Tous les matériaux existent dans ce pays, il n'y a qu'à les mettre en œuvre. Si tous les paysans ne sont pas dans la main de leurs chefs, c'est la faute d'une...[2] Je ne parle pas seulement du IIe corps, mais aussi des autres. La division du vieux La Robrie eût marché, parce que son chef le voulait ; la division de M. de Cornulier eût marché ; pourquoi ? parce que sa division avait été travaillée, qu'en l'absence de Charette, j'ai envoyé un jeune homme dévoué exciter

---

1. Illisible. Probablement l'*essentiel* était...
2. Illisible.

et nourrir les chouans de ce côté, et que ce même chef de division a un beau-fils, M. de L'Epinay, plein de cœur, d'âme et de dévouement, qui les a depuis visités et encouragés, ainsi que les braves gens de la division. Avant-hier, ce jeune homme m'assurait que toute cette division de Machecoul eût marché et réussi à désarmer tous les postes dès le premier moment, et cependant M. de Cornulier a soutenu, dans le conseil qu'a tenu Gaspard[1], et où j'étais présente, que sa division ne marcherait pas sans la présence des étrangers... Pourquoi la division de Légé est-elle froide ? Parce que M. de Goulaine a passé l'été aux eaux, et qu'il ne s'est mis en rapport avec ses gens que tout récemment : « Vous ne ferez rien sans les étrangers, » dit-il. J'aurais beaucoup d'autres exemples à citer à l'appui de mon opinion, mais je m'arrête pour éviter les détails et résumer en peu de mots toute ma pensée, et je regarde que je ne fais qu'user d'un droit inhérent au nom que je porte, à mon long séjour dans ce pays, et au soin que j'ai pris de le bien connaître, de m'élever contre tous ceux qui oseraient le calomnier et *substituer l'expression de leurs sentiments pusillanimes à ceux des braves Vendéens*. Je déclare fausse l'assertion que la Vendée ne marchera qu'avec telle ou telle condition ; il n'est pas dans l'esprit, encore moins dans le cœur des paysans de mettre des conditions à leur dévouement. M. Lejeune[2] ayant tout récemment le commandement, vous tiendra probablement à peu près le même langage que Gaspard, mais...[3] qu'il a encore bien peu le sentiment de sa force et la connaissance de ce que peut être son influence, et qu'il subit peut-être encore celle de quelques vieux chefs de division soufflés par des inspirations de faiblesse... et qui sont restés dans une inaction condamnable depuis dix mois, et je dirais inaction *honteuse* si l'absence de toute nouvelle, de tout rapport avec leurs chefs ne leur était pas une excuse. M. Lejeune me disait, il y a peu de jours, que plusieurs curés ne pouvaient retenir l'élan de leurs paysans. Ces braves gens-là faisaient-ils des conditions ?

1. Charette.
2. Cathelineau.
3. Illisible.

Je sais que le curé de Saint-Étienne-des Corcoué en Bretagne, paroisse étendue, disait : « Je réponds de ma paroisse sans les étrangers. » Le malheur est qu'on ait voulu entretenir l'illusion de ce secours. Si, dès le commencement, en désabusant les chefs, on leur avait enjoint de désabuser les paysans et de s'appuyer, pour exciter le mécontentement intérieur, en leur faisant pressentir l'arrivée de Madame dans le Midi comme le signal à attendre, on aurait aujourd'hui tout l'Ouest dans la main. Et si maintenant on prenait ce grand parti, et qu'enfin les chefs eussent la véritable connaissance de l'état des affaires en Europe, des instructions positives pour s'occuper de la direction du pays dans le sens que j'indiquais plus haut, nul doute qu'avant peu la Vendée ne soit ce qu'elle peut être. Mais, Monsieur le Maréchal, un envoyé chargé de colporter une unique lettre pour tous, lettre signée la plupart du temps de *Charles*[1], n'en impose nullement. Cette voie pour transmettre les ordres est insuffisante, même inconvenante ; elle a exposé Gaspard et d'autres, et moi-même, à des doutes offensants de la part des hommes auxquels il fallait transmettre ces ordres, témoin ce passage de la lettre de M. de Bagneux : « Voilà donc encore un voyage échoué, et c'est pour la troisième représentation ! Quelle que soit la cause du retard, ces fausses alertes produisent le plus mauvais effet sur le moral des petits comme des grands ; elles altèrent la confiance et porteraient à croire que l'on vit au jour le jour ; qu'on ne compte nullement sur des ....[2] puissances étrangères ; qu'il n'y a aucun plan d'arrêté. Mais ce dernier avortement est-il bien réel ? Ne serait-ce pas un moyen pour échauffer ceux qui, ne voulant pas se laisser aller aux illusions, sont accusés d'être froids, parce qu'ils cherchent à connaître le fort et le faible de notre position, qu'ils veulent approfondir les choses et ne se dissimulent pas les obstacles. Telles sont les idées de bien des personnes que j'ai vues, idées que je repousse ouvertement pour ne pas semer le découragement, mais que je serais portée à croire fondées par l'assurance positive que j'ai qu'en Bretagne,

---

1. Madame.
2. Illisible.

dans la partie de Rennes et de Fougères, les chefs n'avaient encore reçu aucun avis quelconque le 9 du mois dernier. Outre l'infamie de pareilles menées qui ne peuvent émaner du point le plus élevé, *de faux ordres*, de quelque nature qu'ils soient, seraient impolitiques et éloigneraient beaucoup de personnes qui sont disposées à faire leur devoir, tout aussi bien que ceux qui crient très haut. Ceci est une affaire entièrement de confiance, et on ne peut tromper ainsi sans nuire essentiellement à la cause, etc., etc... »

Qant à moi, Monsieur le Maréchal, je vous supplie, tant qu'Auguste sera absent, de m'envoyer toujours deux exemplaires de vos instructions ou ordres, un destiné à Saint-Hubert, maréchal de camp commandant la 1re brigade du IIe corps d'armée, l'autre à M. Allard, maréchal de camp commandant la 2e brigade ; le tout et toujours signé de votre main. C'est une garantie indispensable, étant sûr que les ordres arrivant ainsi auront une tout autre portée que ceux que vous avez envoyés jusqu'ici. Il fallait se donner une peine infinie pour les accréditer, et certes les instructions dont l'authenticité pourrait être douteuse ne sont pas celles qu'on exécute avec zèle.

Je me résume, Monsieur le Maréchal, à vous supplier de bien examiner les choses et de les peser avant de les juger. Gaspard est un peu dans le découragement, et encore froissé de sa nomination contestée. Cadoudal est dans la douleur à cause de la perte de son second[1] et abattu. M. de Coislin subit l'influence d'un chef d'état-major sans caractère aucun[2]... Tous sont un peu aigris par ces ordres et contre-ordres intempestifs et imprudents!... Est-ce sous ces impressions, Monsieur le Maréchal que vous..... [3] de la Vendée?

Si quelques têtes vives du comité de Paris vous ont exagéré la bonne disposition de l'Ouest,... [4] que d'autres personnes vous peignent faussement la situation actuelle. Les caractères froids et timides, les hommes d'un certain âge

1. Guillemot.
2. M. de L'Aubépin.
3. Illisible.
4. Illisible.

qui ne savent plus que raisonner et consulter une froide expérience, sont des conseillers à redouter, et qui trompent sans le vouloir tout autant que les exaltés, surtout dans les temps difficiles. Les prodiges de la Vendée n'ont pas été opérés par les cheveux gris et après de trop mûres réflexions... Prenez garde de méconnaître le pays; en dépit de tout, croyez qu'il sera le bras droit de Henri V. Lejeune, Auguste et Gaspard peuvent tout faire pour la cause si leur action n'est pas paralysée. Leur union est indissoluble; c'est pour qu'elle ait toute sa force et son utilité que je pense que vous devez leur donner de pleins pouvoirs sur-le-champ. Quand ils jugeront que le moment sera venu, comme aussi dans le cas où des ordres de vous transmis aux généraux tarderaient de vingt-quatre heures à leur parvenir [1].

Lejeune répond à tout ce que vous attendez de lui; il semble rentrer dans sa position naturelle et première.

La position des chouans est affreuse, cependant je pense que peu se rendront; aussi il faut leur assurer leur pain et leurs vêtements pour l'hiver. Je calcule, d'après des renseignements exacts, que 400 dans le IIe corps d'armée... [2]. Il est impossible de les soutenir à moins de 40.000. Je les réclame au nom de la cause de Henri V, au nom de l'humanité; je les réclame en mon nom, Monsieur le Maréchal. Après les avoir encouragés dans le parti qu'ils ont pris, me mettrez-vous dans la cruelle position de les abandonner? Je réclame aussi des fonds pour me procurer des armes et des munitions; tous les habitants ont touché des fonds d'Angers, excepté celui-ci. J'ai pourvu jusqu'à présent à beaucoup de choses avec l'argent que j'avais mis à la disposition de Madame, je lui en rendrai compte. Je vous engage de toutes mes forces à correspondre directement avec Nantes pour tout l'Ouest, et donner à M. de Kersabiec pleins pouvoirs pour un emprunt. Vous savez, Monsieur le Maréchal, mes sentiments d'estime et de dévouement.

FÉLICIE.

1. Phrase incomplète, par suite d'une distraction de Mme de la Rochejaquelein, sans doute.
2. Illisible.

BOURMONT A M. HÉBERT DE SOLAND

1ᵉʳ janvier 1832.

Il est pressant que vous fassiez savoir à M. Corbières que M. de Foresta lui est envoyé par le duc de Blacas *sans autorisation de Madame;* que M. de Blacas, qui voulait que l'autorité royale fût encore exercée par Charles X, malgré le renouvellement de son abdication, ne fait plus partie du conseil de Madame; qu'il est parti pour ne plus revenir et qu'il a été rappelé par Charles X lui-même à Edinburgh où il a dit avoir l'intention de se rendre; qu'en conséquence il est au moins inutile pour le service de *Henri V,* que M. Corbières fasse des confidences à M. de Foresta, et que Madame lui recommande par-dessus tout *de ne se dessaisir sous aucun prétexte de l'autorisation écrite de la main de Charles X,* au mois de mars dernier, pour reconnaitre Henri V comme roi et Madame comme régente du royaume. Cet acte de Charles X est si utile à conserver que Madame ne croit pouvoir le trop recommander aux soins de M. le comte Corbières, et qu'elle le prie de ne le confier à personne sous aucun prétexte, *quand même on le lui demanderait de la part de Madame.*

Vous êtes à Paris, à ce qu'on m'assure; j'espère que vous aurez vu M. de Kersabiec. Je désirerais savoir si des fonds ont été donnés suivant les besoins dans les différentes parties de l'Ouest; Madame tient beaucoup à en être sûrement informée. Vous pouvez mieux que personne, Monsieur, la satisfaire à cet égard en m'envoyant l'état des sommes qui ont été remises à chacun.

EXTRAIT DU MANUSCRIT DE M. LE COMTE DE VILLE-NEUVE-BARGEMON SUR LE VOYAGE DE MADAME

COMMUNIQUÉ PAR M. LE COMTE DE VILLENEUVE-BARGEMON

Nous arrivâmes vers neuf heures du soir à Toulouse [1]. Quelques heures auparavant Madame nous avait dit que le chapeau de paille noir que lui avait donné Mme de Bonrecueil la gênait pour s'appuyer et pour dormir en voiture; qu'elle voudrait bien se procurer une capote à Toulouse. Elle voulait même jeter le chapeau incommode sur la grande route. Je la priai de me permettre de le conserver, ainsi que le verre dont elle se servait et que je garderais toujours comme souvenir de notre voyage. Elle y consentit avec beaucoup de grâce, et me dit en souriant : — « Mais, si je vous laisse mon verre, vous connaîtrez toutes mes pensées ! Au reste, je n'en ai point à vous cacher, et mon secret, si j'en avais, serait en de bonnes mains. »

Il avait été convenu qu'aussitôt arrivés à l'hôtel de la poste, le fidèle *Denis* [2] irait acheter le chapeau de soie dans le magasin de modes le plus voisin, et que, dans le même temps, j'irais parcourir les journaux dans un cabinet de lecture, pour m'informer des nouvelles et savoir s'il était question de Madame et de son entreprise. Je parcourus rapidement les feuilles de Paris et du Midi. Les premières commençaient à rendre compte des dépêches de Marseille et sur les événements du 30 avril. Les journaux de cette ville parlaient aussi de la capture du *Carlo-Alberto* et de l'arrestation de Madame sur le bateau à vapeur. Rassuré par cette lecture et par l'ignorance où l'on paraissait être à Toulouse de la disparition de Madame, je vins en toute hâte la rejoindre. Elle était restée dans la voiture avec M. de Mesnard. Le Marquis de Lorges avait rapporté la capote, et attendait à la porte de la remise. Il me fit signe de le suivre dans l'intérieur, et là il me dit qu'il venait de se rencontrer face à face avec le comte de Puylaroque, un de

1. Samedi 5 mai 1832.
2. Le marquis de Lorges déguisé en laquais.

ses amis et camarades de la garde royale ; que celui-ci l'ayant reconnu malgré son déguisement, et étant persuadé que Madame était dans cette voiture, voulait absolument dire quelques mots importants à Son Altesse Royale. M. de Lorges, pressé par ses instances, avait été obligé de convenir qu'il accompagnait Mme la duchesse de Berry avec M. de Mesnard et moi. M. de Puylaroque était au fond de la remise et désirait me parler. Je m'approchai de lui aussitôt et il m'exprima, comme à M. de Lorges, le plus vif désir de causer un instant avec Madame à qui il avait des communications de la plus haute importance à faire. Il ajouta que son frère et lui étaient les correspondants à Toulouse de Son Altesse Royale pour les intérêts de Henri V, et que Madame ne se refuserait certainement pas à lui accorder un moment d'entretien. « Ce ne peut être ici, lui répondis-je ; mais allez attendre sur la route d'Agen, et là, s'il n'y a pas de témoins, vous pourrez monter sur le siège et conférer avec Son Altesse Royale sans arrêter sa marche. »

Ce colloque fut rapide ; M. de Puylaroque partit pour le rendez-vous donné. Les chevaux furent bientôt attelés, et nous prîmes la route de Bordeaux. J'avais prévenu Madame de sa prochaine entrevue avec M. de Puylaroque. « Lui et son frère sont en effet nos amis bien dévoués, dit-elle, et je serai charmée de le voir. » A peu de distance de la porte de la ville, nous l'aperçûmes qui nous attendait. Personne ne se trouvait sur la route. Il s'approcha, se plaça sur le siège de la voiture, et, en se retournant vers Madame, il lui dit que, depuis les événements de Marseille, son cœur l'avertissait que Son Altesse Royale traverserait Toulouse, et qu'il passait ses journées à observer toutes les voitures qui s'arrêtaient à la poste aux chevaux ; qu'il bénissait le Ciel de l'avoir si bien inspiré ; qu'au reste il croyait devoir supplier Madame de s'arrêter à Toulouse où une retraite sûre lui était préparée, et où elle trouverait les éléments de succès qui lui avaient manqué à Marseille, et qui probablement seraient aussi insuffisants dans la Vendée. « Toulouse, dit-il, doit être le centre des opérations et le quartier général de Madame. La population est excellente, des ressources immenses sont à la disposition du parti royaliste. De Toulouse on peut communiquer à la fois avec la

Provence et avec la Bretagne ; que Madame daigne se confier à moi, elle pourra demeurer parfaitement cachée pendant tout le temps nécessaire à l'accomplissement de ses vastes desseins. » Madame répondit avec bonté, mais elle dit qu'elle ne pouvait ni ne devait rien changer à ses projets. Elle était attendue dans la Vendée où tout était prêt et combiné pour une prochaine prise d'armes. Une fois arrivée dans l'Ouest, elle transmettrait les ordres et les instructions à Marseille et à Toulouse. Elle connaissait le bon esprit de cette dernière ville, et le dévouement des fidèles serviteurs des Bourbons; elle aimait à y compter, et particulièrement sur celui de Puylaroque et de son frère ; mais il ne fallait pas insister, car sa résolution était prise et inébranlable. Madame recommanda vivement, dans le cas où un mouvement aurait lieu à Toulouse, d'éviter les réactions et les vengeances populaires. Elle comptait à cet égard sur la fermeté et la sagesse des chefs du parti royaliste. M. de Puylaroque dit à ce sujet à Madame qu'il était difficile d'espérer que, dans un semblable mouvement, tout se passerait *à l'eau de rose*, mais que ses amis et lui étaient résolus à éviter à tout prix les violences et les actes sanguinaires. Il ajouta que, puisque Madame voulait combattre en Vendée, il ne voulait pas, lui, rester à Toulouse. Il lui demanda la permission d'aller la rejoindre sans retard. Madame lui tendit la main qu'il baisa respectueusement, et lui recommanda d'assurer de toute son affection et de toute sa confiance son frère, ainsi que ses amis dont elle nomma un grand nombre. Profondément ému, il descendit du siège de la voiture, et nous le suivîmes des yeux regagnant la ville à grands pas. Peu de temps après, M. de Puylaroque figurait dans les rangs de l'armée vendéenne.

A quatre heures du matin nous traversions le pont de Moissac. Madame avait reposé quelques heures, mais d'un sommeil agité. Elle rêvait de ses enfants, elle les voyait en danger, et elle s'était réveillée au milieu d'un saisissement douloureux. Ce moment douloureux fut bientôt calmé. Madame me demanda où nous étions. Sur ma réponse, elle parla de la ville de Montauban, où elle comptait de nombreux amis qu'elle n'avait pas oubliés. La comtesse de la

Tour, sa gouvernante, mère de Mme de Meffray, avait une sœur mariée à Montauban, la comtesse de Gironde, qui avait beaucoup parlé à Madame du séjour qu'elle avait fait dans cette ville en 1815, époque où j'étais préfet du département du Tarn-et-Garonne. Je pus lui donner quelques détails sur cette famille à laquelle elle prenait un si vif intérêt. Elle revint sur ce rêve pénible dont un magnifique lever de soleil achevait de dissiper les fâcheuses impressions. « C'est que j'aime tant mes pauvres enfants ! dit-elle, ils sont si tendres, si caressants pour moi ! Louise est charmante, pleine d'esprit et de raison. Voici comment elle avait jugé les événements de juillet dans sa petite tête, lorsque nous cheminions tristement vers Cherbourg : « Qu'as-tu pensé, petite, de ce qui vient de se passer depuis quelque temps ? — Maman, tant que j'ai su qu'on se battait, je pensais que chacun faisait son devoir. Depuis que j'ai vu que nous partions sans combattre, j'ai pensé qu'on n'avait fait que des sottises ! » Et Henri ! comme il est déjà courageux, aimant et doué d'un noble cœur ! Oh ! mon cher fils ! mes chers enfants ! Combien je les aime et combien il m'est doux de penser que je me dévoue à leur fortune. »

Après ces touchantes expressions qui débordaient d'un cœur maternel, Madame se plut à regarder et à admirer le magnifique pays que nous traversions en ce moment. Le bassin de la Garonne est en effet une des plus belles contrées de France, et Madame convenait qu'elle n'avait rien vu de plus riche ni de plus varié. Elle demanda quel serait le prochain relais. Je répondis que, vers les sept heures, nous devions arriver dans un bourg appelé la Magistère, où nous pourrions nous reposer sans inconvénient une heure ou deux. « Mais à quel jour sommes-nous ? ajouta-t-elle, car j'ai perdu le compte de la semaine. — C'est aujourd'hui dimanche 6 mai. — Comment, déjà dimanche ! Je voudrais cependant bien entendre la messe ! — Il ne serait pas prudent de vous montrer dans une église ; il y a des dispenses pour les voyageurs, et surtout pour certains voyages ! »

Le hasard fit que Madame put accomplir ce devoir religieux, ainsi qu'on le verra tout à l'heure. Nous arrivâmes en effet à la Magistère entre sept et huit heures du matin. Pendant que Madame prenait quelque repos et renouvelait sa toilette, j'écrivis quelques lignes à Aix, à mon cousin de Beausset, pour rassurer ma famille et mes amis. Je fus porter ma lettre à la poste. Je voulais en même temps prendre quelques informations sur la résidence actuelle du marquis de Dampierre, chez lequel je devais conduire Madame. Sa principale habitation était le château de Plassac, dans la Saintonge, mais je savais qu'il avait une terre dans les environ d'Agen, à peu de distance de la Magistère, où il venait quelquefois. Je savais encore que la famille de sa femme (Mlle de Saint-Germain) habitait le département des Landes, et qu'il s'y rendait souvent; il était très important pour nous d'être bien fixés sur le lieu où il se trouvait en ce moment, car il n'était nullement prévenu de l'arrivée de Son Altesse Royale. Les renseignements que je pris auprès du directeur de la Poste ne purent rien m'apprendre de positif : on attendait depuis quelque temps M. de Dampierre au château de Saint-Denis, mais il ne savait pas qu'il fût encore arrivé. « Au surplus, m'avait-on dit, si vous tenez à être informé d'une manière certaine, vous n'avez qu'à le faire demander chez son cousin, le comte de Dampierre, dont vous pourrez apercevoir l'habitation de l'autre côté de la Garonne. »

De retour à l'auberge où Madame déjeunait, je lui fis observer l'importance qu'il y avait à nous assurer du lieu où se trouvait le marquis de Dampierre, peut-être était-il à ce moment bien près de nous, à sa terre de Saint-Denis ? « Ce qu'il y aurait de mieux, ce serait que j'allasse moi-même voir le comte de Dampierre et prendre près de lui des renseignements. Mais je l'avoue, je serais bien inquiet si je laissais Madame dans cette auberge de village, où, le dimanche surtout, une voiture de poste est l'objet de l'attention de tous les curieux. Le temps est admirable, nous pouvons passer l'eau dans un bateau, et Madame se promènera sous les beaux arbres pendant que je prendrai mes informations. Le premier relais n'étant pas loin, nous pourrons nous y rendre en bateau si nous ne trouvons pas Dampierre; le fidèle Denis irait avec la voiture nous attendre à la poste voisine. »

Madame goûta fort cette proposition : nous laissâmes donc le marquis de Lorges, qui profita de ce moment pour dormir sur une meule de foin. Madame, M. de Mesnard et moi nous descendîmes au bord de la Garonne. Un batelier se trouvait là, et nous eûmes bientôt traversé la rivière dont l'habitation de M. de Dampierre était voisine. La terrasse de ses jardins dominait une allée ombragée où Madame et M. de Mesnard demeurèrent pendant que je me rendais à la maison.

M. de Dampierre, auquel je m'annonçai comme un ami de son cousin, me dit qu'il ne croyait pas que ce cousin fût à Saint-Denis : « Le curé de Sainte-Riste, paroisse voisine, ordinairement chargé de ses affaires, pourrait vous fixer sur ses projets. Si vous voulez le voir je ferai seller un cheval, et vous serez bientôt rendu. » J'acceptai, et j'allais prévenir Madame de ma courte absence lorsque Mme de Dampierre, qui avait entendu ma conversation avec son mari, et qui de la terrasse avait aperçu Son Altesse Royale et M. de Mesnard, me pria d'engager la personne qu'elle croyait être ma femme à venir se reposer chez elle jusqu'à mon retour : — « Nous allons aller à la messe à une église voisine ; si Mme de Villeneuve veut l'entendre, nous l'y conduirons, sinon elle restera ici à se reposer. » Je remerciai et j'allai rendre compte à Madame de ma course projetée et de l'invitation qui lui était faite. Elle accepta avec plaisir ; je la conduisis au château de Saint-Phillipe, et la présentai comme ma femme à Mme Dampierre, ainsi que M. de Mesnard qui passait pour mon oncle. La comtesse Guy de Dampierre (Mlle de Vassal) était une fort belle personne, gracieuse, de manières distinguées, et d'une prévenance hospitalière la plus aimable et la plus délicate. Elle avait deux jeunes enfants nommés Hector et Godefroy, que Madame regarda avec un grand intérêt ; l'aîné avait à peu près l'âge de son Henri. M. de Dampierre, beaucoup plus âgé que sa femme, avait habité longtemps les colonies ; il était assez souffrant et ne devait pas aller à la messe avec sa famille.

Il était six heures lorsque Madame et M. de Mesnard partirent avec Mme de Dampierre et ses enfants, pour se rendre à l'église du hameau de Saint-Nicolas. Quant à moi, je montai à cheval et je fus bientôt rendu à Sainte-Riste. Le curé était au confessionnal, près duquel beaucoup de vieilles femmes attendaient leur tour. Dès que la pénitente qu'il écoutait, et dont je trouvai la confession bien longue, se fut retirée, je m'approchai et demandai un moment d'entretien secret hors du confessional. Je me donnai comme ami d'Aymar de Dampierre, et je demandai où je pourrais le trouver positivement. « Il n'est pas à Saint-Denis, me répondit le curé; je le crois à Plassac, cependant il devait bientôt faire un voyage à Bordeaux. Au surplus, M. de Pleineselve, ancien conseiller de préfecture, son ami, qui arrive de cette ville, vous fixera complètement à cet égard. Voyez-le donc en passant à Agen. » Je laisai donc le bon curé à ses saintes occupations, et je revins au château dans l'espérance de trouver Madame de retour. Mais, ce jour-là, il y avait dans l'église champêtre une Première Communion de jeunes enfants, un sermon, une grand'messe, et de plus la lecture d'un mandement épiscopal au sujet du choléra qui sévissait alors violemment à Paris et ailleurs. Il était donc plus de midi et demi lorsque la cérémonie fut terminée. Cette absence prolongée, dont j'ignorais la cause, m'inquiétait, et j'allais au-devant de Madame quand je la vis arriver avec Mme de Dampierre.

La chaleur avait été étouffante dans la petite église encombrée de monde, et où les fleurs et les lumières étaient en profusion. Madame paraissait fatiguée ; Mme de Dampierre la supplia de se reposer quelques instants et de déjeuner avec eux : « Vous aurez trop chaud sur la rivière, ajouta-t-elle ; nous vous ferons conduire jusqu'au prochain relais en voiture. » Tout cela était dit avec une grâce et une politesse charmante, qui plurent infiniment à Madame, et dont je remerciai de mon mieux l'aimable châtelaine. Le déjeuner était fort élégant, et Mme de Dampierre en fit les honneurs à merveille. Un magnifique pâté de foie gras, une des richesses gastronomiques du pays, fut trouvé excellent par M. de Mesnard. Peu de moments auparavant, je venais de lire dans la quotidienne que le marquis de Chauvelin était mort du choléra, après avoir mangé de ce même pâté. Je recommandai donc à *ma femme* d'en user très modérément. Madame ayant demandé s'il y avait quelques nouvelles, je dis que M. de Châteaubriand avait fait distribuer des secours aux indigents malades de douze arrondissements de Paris au nom de Mgr le duc de Bordeaux. Alors la conversation devint politique. M. et Mme de Dampierre nous demandèrent avec un vif intérêt des nouvelles du Midi, et surtout de Mme la duchesse de Berry dont ils admiraient le courage et dont le sort les inquiétait vivement. Je répondis qu'on avait tout lieu de croire que Son Altesse Royale était en sûreté. Madame, en ce moment, me regardait du coin de l'œil en souriant. Je fis ensuite diverses questions à M. et Mme de Dampierre sur beaucoup de personnes que j'avais connues autrefois à Agen et dans le département, pendant que mon frère aîné en était préfet. Le déjeuner terminé, et après quelques moments d'entretien où Madame se montra fort aimable, Mme de Dampierre lui dit qu'elle serait très heureuse de la garder plus longtemps, mais que la voiture était prête, et à ses ordres. Nous nous séparâmes alors de cette famille si hospitalière, et je pris la liberté de dire à Madame, habituée à recevoir les hommages et qui avait un instant oublié qu'elle n'était pas *Altesse Royale* : « Emma, remerciez-donc avec moi Mme de Dampierre de ses bontés pour nous. J'espère que nous la reverrons un jour pour elle-même. »

Vers les trois heures et demie nous arrivâmes en face du relais de poste qu'on appelle Croqueladre, nom qui amusa Madame. Nous passâmes la rivière, et nous trouvâmes le marquis de Lorges.

RÉCIT DE Mlle GUILLORÉ [1]

Vers le soir, mon père et son domestique Denis Papin revenaient de Maisdon avec M. de Kersabiec, quand ils se trouvèrent en face d'une colonne composée de gardes na-

---

1. Ce récit, que nous écoutions la plume à la main et que nous reproduisons, nous pouvons dire textuellement, nous a été fait en 1898, à Nantes, par Mlle Guilloré, qui était âgée de 16 ans au moment des événements de 1832 dont elle fut le témoin.

tionaux et de gendarmes. Mon père ne voulut pas abandonner M. de Kersabiec, vieux et accablé de fatigue ; c'est ce qui le fit prendre, car il eût pu s'échapper d'autant plus facilement qu'un cheval sellé et bridé s'arrêta auprès de lui, comme pour l'inviter à se mettre en selle. D'où venait ce cheval ? on ne le sut jamais.

Pendant la route, les prisonniers furent sans cesse roués de coups, non seulement par la populace, mais aussi par les gardes nationaux qui leur donnaient des coups de crosse dans les jambes. M. de Kersabiec reçut un coup de baïonnette au côté gauche. En traversant la ville, les trois légitimistes ne touchèrent littéralement pas la terre, étant *portés* par la populace qui se ruait sur eux pour les arracher aux mains des gendarmes et les écharper.

Ils furent d'abord conduits au château. Le procureur du roi Demangeat[1] vint les y voir. « Surtout, leur dit-il, qu'on ne sache pas qu'on va vous transférer ce soir à la prison nouvelle, car vous seriez massacrés par le peuple. » Ce magistrat, en sortant, n'eut rien de plus pressé que d'aller annoncer aux gardes nationaux, au corps de garde du château, que les chouans allaient être transférés le soir même à la prison neuve. C'était préparer sciemment un guet-apens pour les prisonniers qui, cette fois encore, purent échapper aux fureurs sanguinaires de la populace.

Le capitaine O'Keef, avocat du gouvernement, était comme le général Solignac altéré du sang du colonel de Kersabiec et de M. Guilloré. Il était d'une grossièreté inouïe vis-à-vis des

---

1. On connaît les mésaventures de ce magistrat fantaisiste, lors du procès Berryer. Demangeat avait la spécialité des compromis ingénieux. M. Alexandre de Monti nous racontait à ce sujet, en 1895, le trait suivant. Après le combat du Chêne, ses trois frères et lui avaient été condamnés à mort. Mais le procureur du roi, qui avait reçu une plainte pour de nombreux vols et excès très graves commis par les soldats au château de Rezé, vint trouver la comtesse de Monti : — « Si vous voulez, Madame, lui dit-il, nous allons faire un petit arrangement : vous retirerez votre plainte, et moi je m'arrangerai de façon à ce que l'arrêt de mort prononcé contre trois de vos fils soit passé sous silence. Quant à votre fils Edouard, il est trop compromis pour que je puisse le sauver. » (C'est à tort que *Joseph* de Monti est omis sur la liste des combattants du Chêne.)

femmes. Plusieurs dames étant venues lui demander des renseignements au sujet de parents dont on instruisait le procès, elles attendaient à la porte du capitaine. Il s'en aperçut : — « Gendarmes, cria-t-il, débarrassez-moi l'escalier ! » Solignac était également d'une grossièreté révoltante, et affectait de garder son chapeau sur la tête devant les femmes.

Le conseil de guerre eut lieu à l'hôtel Rosmadec (où se trouve actuellement l'école des Frères) ; O'Keef y fut d'une odieuse injustice : les témoins à charge savaient mal la leçon qu'on leur avait apprise d'avance, et se coupaient entre eux. D'accord avec l'autorité, un complot était formé par le peuple pour jeter à l'eau la voiture qui ramenait à la prison mon père et ses deux compagnons, au moment où elle passerait sur le pont Morand. Deux ouvriers charpentiers dévoués à notre famille, les frères Gaillard, se dirent entre eux la veille du grand jour : « Vraiment nous ne pouvons pas laisser assassiner M. Guilloré ! Demain, au passage du pont, nous nous mettrons près des portières et nous le défendrons. » Comme il était prévu, la foule se rua sur la voiture dès qu'elle fut arrivée au pont Morand. Le cocher était un *patriote* exalté, sorte d'énergumène qui aurait volontiers lui-même égorgé les prisonniers. Mais quand il vit la foule enlever la voiture sans se préoccuper de lui, et qu'il se vit menacé de partager le sort des carlistes, il se mit à crier comme si on l'écorchait : « Je suis *Dardar !* Mes bons amis, je suis des vôtres ! Ne me reconnaissez-vous pas ! » Peine perdue ! la canaille nantaise ne tenait aucun compte de ses protestations, et la voiture portée à bras atteignait presque la hauteur du parapet, quand les frères Gaillard, risquant généreusement leur vie, crièrent : « Vive Henri V ! » La foule se rua sur eux pour les mettre en pièces ; le cocher profitant de cet incident fouetta ses chevaux à tour de bras et partit à toute bride vers la prison. Là encore d'ignobles gredins attendaient les royalistes qui, pendant le court trajet de la voiture à la porte, faillirent cent fois être écharpés. Mon père n'en voulut franchir le seuil qu'après avoir fait passer devant lui M. de Kersabiec et Denis Papin.

La maison où habitaient mes parents communiquait avec les caves de Mlles du Guiny, et si ces dernières avaient voulu s'entendre avec eux, Mme la duchesse de Berry se serait échappée par là. Plusieurs visites domiciliaires furent faites chez nous ; un gendarme originaire de Basse-Goulaine se confondait en excuses, et disait son chagrin d'être obligé de perquisitionner chez une famille qu'il aimait et respectait.

Ma sœur [1] était pensionnaire à la Visitation lors de la fameuse visite qui y fut opérée au mois de septembre 1832. Les élèves savaient que les religieuses cachaient un certain nombre de personnes proscrites. Un soldat s'empara de vive force du dé d'argent de ma sœur.

Nous connaissions très bien les fermiers de la Pénissière. Ces braves gens avaient, dans leur style naïf, raconté le fameux combat. Que sont devenus leurs enfants ? Le manuscrit existe-t-il encore ? Il serait intéressant de le savoir.

Après l'arrestation de Madame, M. du Guiny, qui, sur la demande de Mme de la Ferronnays et d'après l'ordre formel de la princesse, avait conduit Deutz à la célèbre maison de la cachette, se désolait à l'idée qu'on pourrait le prendre pour un complice du misérable. Il fut arrêté quelque temps après. Ma mère, en arrivant visiter son mari à la prison, le vit un jour au nombre des prisonniers. Il sauta au cou de ma mère et lui dit avec des transports de joie : — « Enfin ! m'y voilà aussi ! Je suis enfin arrêté [2] ! »

Les fidèles de Madame réclamaient tous un morceau de la robe qu'elle portait dans la cachette, et celle-ci ne pouvant suffire aux demandes pria ma mère de lui donner une des siennes, exactement pareille, pour combler l'insuffisance du métrage de la précieuse relique. C'est ainsi que bien des familles conservent pieusement de petits carrés d'étoffe qui n'ont jamais eu l'honneur d'être portés par la princesse.

---

1. Mme de Quéral, morte à Nantes en mai 1906, a bien voulu nous raconter en détail les très curieux incidents de l'affaire de la Visitation.
2. M. Senot de la Londe a publié, dans le *Bulletin de la Société Archéologique de Nantes*, des lettres fort intéressantes relatives à l'attitude pleine d'épouvante qu'avait Deutz au moment de l'arrestation de Madame.

INDEX ALPHABÉTIQUE

A

Achard, 162.
Adelaïde (Mme), 143.
Aignelot, 15.
Aimé (Louis de Bourmont), 133.
Allard, 136, 150, 151, 335.
Amalry, 306, 308, 310.
André, 210.
Angoulême (duc d'), 25.
Angoulême (duchesse d'), 60, 105, 214, 328, 329.
Arnaud, 143, 228.
Arnold (duc d'Escars), *passim*.
Artois (comte d'), *passim*.
Aubépin (de l'), 211, 335.
Aubron, 63.
Autichamp (d'), *passim*.
Aventure, 298.

B

Baconet, 223.
Bagneux, 135, 334.
Baguenault, 137.
Baillet, 161.
Balestan (capitaine de), 23.
Barante, 109.
Barbançois (Hélion de), 210.
Barbereau (Jacques), 210.
Barbereau (Charles), 210.
Barbier, 208.
Barbot, 222.
Barbottin, 298.

Barré (général), 147, 211.
Barthe, 165.
Barthélémy, 12.
Bascher, 225, 237, 279.
Bascher (Mme), 303, 307.
Bascher (Charles), 234, 235, 279, 280 à 283.
Basso, 108, 109.
Bastien (Berryer), 118, 120.
Baugé, 306.
Bayard, 194.
Bayart, 86.
Beauchamp (de), 261, 267.
Beaudichon, 223.
Beaumont (de), 135.
Beaumont (Christophe de), 137.
Beauregard (Jules de), 88.
Beausset-Roquefort (de), 171, 342.
Bebion, 298.
Becdelièvre (de), 138.
Bellune (maréchal duc de), 49, 136.
Beloneau, 223.
Benoist, 292.
Benoit, 178.
Bermont (de), 170.
Bernadotte, 1.
Bernardeau, 22, 228.
Bernardin, 311.
Bernetti, 139.
Bernier de Maligny, 193.
Bernis (de), 32.
Berry (duchesse de), *passim*.
Berryer, *passim*.
Berryer (Mme), 302.

Berthier (de), 33.
Berton, 7.
Bertrand (commandant), 17.
Bertrand, 205.
Besnier, 306.
Besseau (Louis, Jacques et Jean), 210.
Bétand, 244.
Betu (Jean et Pierre), 210.
Billet, 208.
Billot, 36.
Billou (Mme), 62, 190, 225.
Billou, 223.
Binet, 273, 274.
Biron, 303.
Bitard des Portes, 323.
Blacas (duc de), *passim*.
Blin de Bourdon, 137.
Boigne (comtesse de), 143.
Boisfleury (de), 315.
Boisguy (du), 1, 73.
Boisselot, 220.
Bollet, 5.
Bonald, 32.
Bonaparte, 74, 75, 115, 116.
Bonhomme, 223.
Bonnechose (Louis de), ch. VI, *passim*.
Bonnet (général), 144, 146, 147, 304.
Bonrecueil (de), 222, 264, 265, 266, 267, 285, 286, 289.
Bonrecueil (Mme de), 285.
Bonvouloir (de), 138.
Bordeaux (duc de), *passim*.
Bosque, 289.
Bourbons (les), *passim*.
Bourbon-Busset (général de), 106, 133.
Bourmont (maréchal de), *passim*.
Bourmont (Amédée de), 43.
Bourmont (Charles de), 43, 86.
Bourmont (Louis de), 43, 133, 181, 182, 190.
Bourmont (César de), 43, 133.
Bourmont (comtesse de), 143, 196.

Bousquet, 137.
Bras-de-Fer (Cadoudal), 300.
Brèche (général), 135.
Brémond (de), 208, 209, 210.
Bret, 208, 210.
Bretagne, 268.
Bretault, 307, 308.
Bretesche (de la), 159, 160.
Brian (de), 137.
Bricqueville (Aubin de), 205, 210.
Bricqueville (Urbain de), 205, 210.
Brissac (comte de), 45, 271, 272.
Brousse (Baron de la), 321.
Bruc (de), 22, 67.
Bruc (neveu du précédent), 68, 70.
Bruneau de la Souchais, 260, 261, 263, 267, 268, 271, 273, 274.
Bruneau de la Souchais (Mlles), 254, 271, 273, 274, 276.
Bruneau de la Souchais (Mme), 273.
Buffard, 7.
Bugeaud (général), 22, 312, 327.
Buisson, 15.
Bureau, 162.

C

Cadoudal (Georges), 72.
Cadoudal (Joseph), 133, 135, 179, 300, 321, 335.
Cafin, 298.
Calbris, 307, 308.
Caillaud, 70.
Calvières (de), 32.
Calvimont (de), 309.
Candaule, 170.
Capellari (Cardinal), 139.
Caqueray (de), 8, 16.
Caro, 165.
Caroff, 224.
Carrier, 112, 253.
Cars (duc des), voir d'Escars.
Carou, 290 à 295.
Casi (Blacas), 109.
Casicat, 253.

Casimir-Périer, 5, 110, 118.
Cathelineau, passim.
Chabot (Constant de), 70.
Chalopin, 24.
Chalouineau, 23.
Chantreau (abbé), 2.
Charbonnier, 124.
Chardron (commandant), 17.
Charette (Athanase de), passim.
Charette (Mme de), 299, 300.
Charette (Ludovic de), 61.
Charette (Louis de), 61.
Charles X, passim.
Charles-Albert (roi de Sardaigne), 27, 28, 80, 90.
Charles, 108.
Charon, 263.
Chateaubriand, passim.
Châtelier (Michel du), 223.
Châtelier (Auguste de), 223.
Chauffard, 302, 307.
Chauvelin (de), 344.
Chavigny (Leroy de), 138.
Chazelles, 136, 157.
Checchi, 85.
Cherisey (de), 137.
Chevalier, 223, 244.
Chevasnerie (de la), 218, 219, 271, 272.
Chièvres (Emile de), 204.
Chièvres (Paul de), 204.
Chillou (baron du), 163, 324, 332.
Choulot (de), 216.
Chousserie, 311.
Civrac (de), 213, 214.
Clabat (de), 163.
Clausel, 84, 116, 118, 120.
Clément, 124.
Clercy (de), 222.
Clermont-Tonnerre (de), 138.
Clouet (général), passim.
Clouet (Marie), 273.
Clouet (baron), 202.
Cœur-de-Lion (Terrien dit), 133.
Coëtlosquet (du), 138.
Coislin (général, marquis de), passim.

Coislin (Mlle de), 13.
Colas, 329.
Colombier, 253.
Combarel (capitaine de), 205.
Conny (de), 136.
Contanceau, 210.
Convins, 222, 270.
Corbières (comte de), 135, 157, 337.
Cormerais, 224.
Corniet, 175.
Cornu, 204.
Cornulier (Louis de), 77, 199, 203, 246, 268, 269, 332, 333.
Cornulier (Victor de), 199, 200, 320.
Cotteux, 239.
Couet (Martine), 273.
Couëtus, 218, 270.
Couëtus (Albert), 224.
Cour... (de), 309.
Courbejollière, 70, 77.
Courson (général de) 73.
Courson (de), 133, 226, 317, 324.
Cousin, 164.
Coutant, 15.
Couteau, 298.
Crétineau-Joly, 5, 71, 128, 131.
Croix (de la), 227, 259, 264, 289.
Croizilles (Manoury de), 282, 283.
Crouillebois, 223, 263, 267.

D

Damas (Baron de), 60.
Dampierre (Aymar de), 138, 172.
Dampierre (comte et comtesse de), 172, 343 à 345.
Dardar, 347.
Dardillac, 204.
Daviais, 223, 262.
Debord, 312.
Decazes (duc), 71, 109, 311.
Decazes (baron), 27, 109.
Deffant (Mme du), 306.
Delaage-St-Cyr (général), 10, 160.

Delaunay (père), 7, 8, 14, 15, 17 à 20.
Delaunay (fils), 14, 16.
Demangeat, 299, 346.
Deniaud, 176.
Dentu, 91, 322.
Denyvieux, 307, 308.
Dermoncourt (général), *passim*.
Deshéros, 107, 308.
Desplantes, 292.
Deutz, 139 à 143, 155, 296, 301, 311, 348.
Dion-Daunot (de), 205.
Diot, 7 à 12, 22, 160, 161, 204.
Dodières (Robert des), 222.
Dodières (François des), 222.
Donard, 22.
Donnadieu, 121.
Doré (du), 22, 23, 306.
Doré (Mariette), 274, 275, 277.
Doré, 210.
Doué, 8.
Dreux, 241.
Drouet (d'Erlon), 296, 304, 310.
Dubois, 222, 267.
Dubot (colonel), 16.
Duchamps, 118.
Dumanoir, 223, 263, 267.
Dumas (Alexandre) 22, 293.
Dumoustier (général), 2, 160.
Dumoustier, 224.
Dupérat, 72.
Durieu, 131.
Durville, 306.
Duval, 297, 312, 313.
Duverger, 209.
Duvivier, 160, 241.

E

Eon (capitaine), 16.
Épinay (de l'), 333.
Eric de Suède, 38.
Erlon (d'), 309, 313.
Escars (duc d'), *passim*.
Etienne (Bourmont), 109, 210.
Etourneau, 223.

Eugène (le roi de Sardaigne Charles-Albert), 108.

F

Fauveau (Mlle de), 87 à 89.
Félicie, 156, 336.
Félix, 107, 117, 118, 121, 124, 131.
Ferdinand II, 85, 86.
Ferrand, 22.
Ferronnays (Mme de la), 296, 302, 305, 312, 348.
Feuillant, 52.
Fitz-James (de), 136.
Fleury, 162.
Fleury de la Caillère, 136, 205.
Floirac (de), 136, 157.
Fonsbelle (Mlle de), 43.
Forbin des Issarts (de), 138.
Foresta (de), 137, 337.
Foucaud, 223.
Fouché, 71.
Fourmont (de), 50.
François, 142, 143, 196, 223.
François IV (duc de Modène), 28.
Frappereau, 16.
Fréron, 197, 206, 207, 210.
Fressinet (de), 43, 44.
Frion, 210.
Frouin (Sœur), 97, 100.

G

Gaboriaud, 162.
Gaillard, 205, 347.
Galleran, 24.
Gangler, 136.
Garde de Saigne (de la), 318.
Garreau (de), 205.
Gaspard, 156, 331, 333.
Gaufreteau, 204.
Gaulier, 226, 324.
Gautier, 251, 252.
Genoude, 137.
George I, 70.
George (commandant), 242, 243.
Gety, 307, 332.

INDEX ALPHABÉTIQUE

Gilard (Marie), 174.
Girard, 253.
Girardin (de), 159, 306, 332.
Girodeau, 227.
Gironde (comtesse de), 341.
Gobin, 260, 268.
Goujon (du). Voir Goyon (Benjamin).
Gontaut (Mme de), 106.
Gonzague (Hyacinthe de), 139.
Gouëzel, *passim*.
Goulaine (marquis de), *passim*.
Gouraud (les époux), ch. VI, *passim*.
Gouraud (fils), 195.
Goyon (Benjamin de), *passim*.
Goyon-Matignon (famille de), 77.
Grandsaignes (de). 205, 208, 209, 210.
Grangeard (Nicolas), 210.
Grangeard (Joseph), 210.
Gravaret (de), 205.
Grégoire XVI, 139.
Grenou, 205.
Grimaud, 223, 278.
Grimeau, 267.
Guerineau (curé), 205.
Guesdon (capitaine), 9.
Guibourg, 106, 107, 135, 155, 157, 177, 308, 312.
Guignard, 77, 173.
Guillebaut, 267.
Guillemot, 321, 335.
Guillet, 210.
Guillomont (de), 218.
Guilloré, *passim*.
Guilloré (Mlle), 345 à 348.
Guilloré (Mme), 348.
Guinebaud (de), 222.
Guinehut, 213.
Guiny (du), 224, 296, 347, 348.

H

Hacher, 312.
Hallouin (de la Penissière), 283, 284.
Hanache (d'), 222, 224, 267, 279, 284, 285, 289, 290.
Hauterive (d'), 205.
Hautpoul (général marquis d'), 6, 27, 83, 120, 137, 317, 319, 328, 329.
Haye (Auguste de la), 199, 200, 218, 270, 278.
Hébert de Soland, 133, 153, 337.
Hectot (d'), 307.
Hémery, 306, 307, 308.
Henri V, *passim*.
Hensh, 15.
Herbaut (dit Gonzague, dit Deutz), 139.
Herquely, 165.
Hervé, 177.
Higonet, 32.
Hillerin (de), 205.
Hitte (général de la), 120.
Hoche, 324.
Hommet, 231.
Horric (général), 138.
Houssaye (de la), 321.
Hun junior (pseudonyme d'inconnu), 107.
Hyde de Neuville, 132, 136.

I

Isnard de Ste-Lorette (commandant), 17.

J

Jacques II, 57.
Jalabert, 303, 307.
Jamier, 21.
Jasson (de), 70, 199, 200.
Jauge, 112, 137.
Jeanneau, 220, 272.
Johanet (historien), 2, 320, 321, 322, 325.
Joly, 109, 311, 312.
Josselin, 21.
Joubert, 15, 223.
Journée, 223.

Joussenet, 208.
Jublin, 23.
Jussieu (Alexis de), 314.

K

Keremar (de), 77.
Kergorlay (comte de), 49, 52, 54, 136.
Kermel (de), 222.
Kersabiec (vicomte de), 194, 244, 278.
Kersabiec (Charles de), *passim*.
Kersabiec (Edouard de), *passim*.
Kersabiec (colonel de), *passim*.
Kersabiec (Mlle Stylite de), 277, 312.
Kersabiec (Mlle Eulalie de), 61, 215, 218, 271, 277.
Krieg (général), 5.

L

Lachau (colonel), 170.
Lachaux (commandant), 17.
Ladvocat, 162.
Lafaille (de), 222.
Lamarque (général), 1, 3, 10, 70, 84, 116, 131, 146, 160.
Lambot, 131.
Lamotte de Savatte (de), 205, 210.
Lansier, 306.
Laroche, 220, 228, 248, 264, 265, 268.
Larralde (de), 307, 308.
Lasnier de Chauvigné, 15.
Lascale, 292.
Latour-Maubourg (général de), 40, 86, 136.
Latour-Maubourg (ambassadeur), 86.
Laurentie, 137.
Lavelène, 21.
Lavolée, 312.
Lebeaupin, 210.
Lebrun, 10.
Le Chauff de Blanchetière, *passim*.
Le Chauff de Blanchetière (Mme), ch. XII, *passim*.
Le Chauff de Blanchetière (Henri), 234, 239, 279, 280, 282, 283.
Le Chauff de Blanchetière (Mlle Henriette), 235.
Le Chauff de Blanchetière (Amand), 236, 239.
Le Huédé, 223, 267.
Lelimonier de la Marche, 15.
Lemoine (général), 324.
Le Maignan, 70, 77, 199, 200.
Lemas, 1.
Lenoir, 23.
Lenormand, 173.
Léon XII, 139.
Lepot, 222.
Le Romain, 174, 176, 218 à 220, 223, 270, 296, 298.
Le Romain (Henri), 223.
Leroy, 316.
Lespinay (de), 268.
Libault de la Chevasnerie, 174.
Logette, 222.
Lorges (de), 171, 172, 223, 338 à 340.
Lorois, 21.
Louis-Philippe, *passim*.
Louis XVIII, 59, 71, 72, 137.
Louis XVII, 59, 71, 77.
Louis XVI, 83.
Louis, 71.
Louise (princesse), 328, 329.
Lucchesi-Palli (comte de), 48, 84, 85, 107, 330.
Lupi (Montholon), 123, 124, 125.
Lur-Saluces (de), 137.
Lusseau, 240.

M

Maillard, 298.
Mallet, 205.
Mandavy, 210.
Maquillé (de), 135.
Marbot (général), 1.
Marcé (de), 206, 207, 210, 211.
Marconnay, 160.

Marie (la duchesse de Berry), 109.
Marie-Amélie, 327.
Marrast, 120.
Martin, 228, 301, 306, 307.
Martin (commandant), 17.
Martrais (du), 200.
Massion, 209.
Mathurin (la duchesse de Berry), 120.
Maublanc (de), 222.
Maublanc (Amedée de), 224.
Maublanc (Arthur de), 306.
Mauguin, 132.
Mauvilain, 177.
Maynard (Benjamin de), 2, 67, 70, 144, 145, 202, 205, 209.
Maynard (fils), 209.
Meffray (comtesse de), 341.
Mellinet (capitaine), 90, 101, 276.
Ménard, 14, 15, 214.
Ménière, 312, 316, 327.
Menou (de), 133.
Menoud, 30.
Merian (père et fils), 210.
Mercié, 7.
Mesnard (Comte de), *passim*.
Mesnard (Charles-Ferdinand), 6, 204, 206, 210, 224.
Metayer, 128.
Metternich, 53, 108, 143.
Meunier, 187.
Mezion, 213.
Michaud, 223, 277.
Michon, 306.
Michot, 223.
Miguel (dom), 128, 141, 142, 144, 154, 301.
Mocquery (général), 147.
Mongelas (lieutenant-colonel de), 16.
Monnier, 204.
Montalivet (de), 5, 143, 308, 310.
Montbel, 53.
Montbron (de), 137.
Montcalm (de), 32.
Montholon, 84, ch. VII *passim*, 132.
Monti (Edouard de), *passim*.
Monti (Madame de), 63, 346.
Monti (Alexis de), 222.
Monti (Alexandre de), 148, 195, 223, 258, 262, 346.
Monti (Joseph de), 346.
Montmorency, 139.
Montsorbier (de), 200.
Morand, 255, 260, 264, 265.
Moreau (capitaine), 11.
Moricet, 213, 214.
Mornet du Temple (voir ce dernier nom).
Musseau, 210.

N

Nacquart (de), 70, 173, 199, 200.
Naples (roi de). 76.
Napoléon (Louis), 84.
Napoléon Ier, 83, 112, 118, 126.
Napoléon II, 30.
Narp (de), 138.
Naundorf, 77.
Nidelet, 307.
Noel, 120.
Nouë (de la), 221.

O

Odilon-Barrot, 25.
O'Egerthy, 222.
O'Keef, 346, 347.
Oret, 223.
Orfeuille (d'), 2.
Orioli (le Père), 139.
Orléans (duc d'), 56.
Oudinot, 120, 121.

P

Padioleau, 291.
Palme (de la), 224.
Palvadeau, 210.
Papin, 345, 346.
Parmeré, 115.
Pasquier, 71.

Pastoret (marquis de), 52, 136.
Paul, 300.
Pellerin de la Vergne, 274.
Pelloutier (Ulric), 76, 80.
Périer (voir Casimir Périer).
Perraud, 224.
Perrot, 241.
Petit-Paul, 61, 215, 218, 271, 272.
Petitpierre, 22, 277, 311, 312, 327.
Petit-Pierre (la duchesse), 61, 190, 215, 311.
Pervenchère (Richard de la), 135.
Philippe, 78.
Piaud, 208.
Picard (capitaine), 21.
Pichaud ou Picheau, 175, 273.
Pierron, 289, 290.
Pincédou, 210.
Pineau, 177, 178, 182, 213, 214, 216, 319, 321.
Pinière (Henri de), 89, 223.
Pinoteau (général), 1, 145.
Piquet, 274.
Pleineselve (de), 344.
Ploesquellec, 222.
Ploquin, 177, 214.
Poiron, 279.
Pontbriant (vicomte de), 1.
Pontfarcy (de), 76, 133, 135, 324.
Porte (abbé de la), 139.
Pouvreau, 262.
Pouvreau (Françoise), 274, 275 à 277.
Prévost de St-Mars, 174, 218, 248, 259, 265, 285, 308.
Prévost, 307.
Prisset, 160, 161.
Proust, 163.
Puylaroque (de), 172, 224, 339, 340.
Puyseux (Henri de), *passim*.
Puytesson (de), 70.

Q

Quillet, 268.
Quéral (Mme de), 348.

R

Racine, 16.
Raimond (de), 308.
Raison (avocat), 22.
Rayet, 207.
Redoi, 220.
Régnier, 210, 213.
Reichstadt (duc de), 110, 115.
Reliquet, 222, 267, 285.
Renaud, 122.
Renaudineau, 251, 252.
Repaire (du), 204.
Reth, 223.
Retz (de), 227, 234 à 236.
Rigaut (de), 32, 137.
Ringeard, 162.
Rivail, 91, 97.
Rivoët, 307.
Robert (second de Diot), 204.
Robert (du Marais), 67, 70, 77, 144.
Robert (inconnu), 107.
Robespierre, 112.
Robien (Mme de), 310.
Robineau, 190.
Robrie (de la), chef de division, *passim*.
Robrie (Hyacinthe de la), *passim*.
Robrie (Céline de la), 218, 245, 251 à 254, 267, 287.
Robrie (Pauline de la), 177, 247.
Robrie (Sophie de la), 177.
Robrie (Luce de la), 247.
Robrie (Maximilien de la), 70.
Robrie (Mme de la), 250.
Robrie (Henri de la), 252, 253.
Robrie (Mlles de la), 288.
Roch, 280, 282, 283.
Rochard (Henri), 18.
Rochecotte, 121.
Rochette (Emerand de la), 222.
Rochejaquelein (Auguste de la), *passim*.
Rochejaquelein (comtesse de la), *passim*.

Rochemacé (de la), 133, 135, 145, 203, 321, 324, 325.
Roche Saint-André (de la), 70, 173, 177 à 179, 190, 248.
Rohan (cardinal de), 84.
Ronsey, 222.
Rosetti (général), 147.
Rousse, 206.
Rousseau (général), 144, 147.
Rouillé, 210.
Roussy (de), 138.
Rozaven (le Père), 84, 85, 328.
Ruellan, 244.

S

Saigne (de la garde de), 318.
Saillant, 281 à 283.
Saint-Aignan, 305.
Saint-Arnaud (maréchal de), 16.
Saint-Hubert, 133, 136, 145, 150, 308, 332, 335.
Saint-Marsault (de), 138, 154.
Sardaigne (roi de), 53.
Saulot, 137.
Savatte (Léon de), 210.
Savatte (Alexandre de), 210.
Schmidt (lieutenant), 16.
Schwin, 259, 264.
Scionnière, 16.
Secondi, 7, 16, 17, 165.
Senot de la Londe, 348.
Servat, 210.
Séze (de), 136, 210.
Sicotière (de la), 1.
Sidoli (abbé), 100.
Simailleau, 178, 214 à 216.
Simonet, 23.
Solignac (général), *passim*.
Sorin, 178, 187, 189, 214, 215.
Sortant, 7.
Soulet, 22.
Soult, 212, 327.
Soyer (Mgr), 2.
Suleau (de), 136.
Surville (de), 32, 137.
Suzannet (de), 67, 279.

T

Talleyrand, 71.
Talon, 120.
Taradel (Guy de), 168.
Temple (Mornet du), 248, 257, 260, 267, 268, 270.
Temple (Zaccharie), 271.
Tendron de Vassé, 21.
Tenier, 205.
Terrien (dit Cœur-de-lion), 135.
Terrien de la Haye (Mme), 300.
Terrier de Lannaz (du), 137.
Texier, 244.
Teyssier, 243.
Thalé, 266, 267.
Thébaud (général), 143.
Theignié, 223.
Thibaut (le D^r), 284.
Thiers, 143, 296, 311, 314, 327.
Thirria, 84, 139.
Thomas, 220, 298.
Tierré, 229, 230.
Tinguy (de), 178, 190, 193.
Tordo, 223, 267.
Tour (comtesse de la), 341.
Tour du Pin (Aymar de), 88.
Touzeau, 210.
Trastour (Messieurs), 96, 97.
Trégomain (de), 133, 135, 222, 267.
Triomphe, 306, 307.
Tryé (de), 206, 207, 210.

V

Vandœuvre (comte de), 137.
Varanghien (général), 147.
Vassal, 271.
Vassal (de), 343.
Vaublanc (capitaine de), 205.
Verna (de), 137.
Verne (du), 138.
Verra, 15.
Veyral, 11, 22.
Vidocq, 112, 118.
Vieille (capitaine), 204.

Villeneuve-Bargemon (Alban de), 137, 168, 171, 172.
Villeneuve-Bargemon (Ferdinand de), 138, 167, 168, 171, 172, 338 à 345.
Villeneuve-Bargemon (Mme de), 167, 168, 171, 172.
Villeneuve-Bargemon (comte de), 338.
Villiers (de), 217, 224.
Virieu (de), 137.

Voyrie (de la), 66.
Vrignaud, 210.

W

Wampers, 204.

Y

Yvon, 15.
Yemenitz, 137.

TOURS

IMPRIMERIE DESLIS FRÈRES

6, RUE GAMBETTA, 6

www.ingramcontent.com/pod-product-compliance
Lightning Source LLC
Chambersburg PA
CBHW050249170426
43202CB00011B/1620